孫中山的左右手

信執
民漢
朱與胡

汪希文、張叔儔——原著
蔡登山——主編

朱執信先生於清末留影，彼時尚未剪辮也。

先烈朱執信於宣統辛亥年三月廿九日起義之前，在廣東法政學堂，與全體同事拍照留念之影。

朱執信照片

胡漢民

胡漢民（左四）與孫中山（左五），攝於一九一五年東京，孫中山回國反對袁世凱稱帝前夕。

導讀／《孫中山的左右手：朱執信與胡漢民》及其作者

蔡登山

在孫中山的手下最得力的助手，早期就是朱執信、胡漢民、汪精衛這三個人。就如同作者汪希文所說：孫先生在世時，最推重胡漢民與汪精衛，胡汪二氏常能左右孫中山之行動與主張，偶然發生某項問題，孫中山擬出一項處置辦法，若胡汪均表示同意，便即施行，倘胡汪二氏未同意，或另有不同的主張，孫中山可能放棄自己的意見而從胡汪，此為司空見慣之事。由是黨中有一部分同志，每謂胡汪乃是「太上總理」。而朱執信是汪精衛之外甥，比汪年輕兩歲，他更厲害，當時在黨內，若他同意孫中山之主張，或是另有折衷辦法，結論是孫中山及胡汪又每能接納執信之意見。因此執信當年又有「太上上總理」之稱。

光緒三十年（一九〇四）朱執信官費留學日本，入東京法政大學速成科讀經濟。在日本期間，他結識了孫中山。一九〇五年七月他在日本東京加入中國同盟會，和汪精衛、胡漢民先後任評議部評議員。自是追隨孫中山，為革命效力，舉凡丁未（一九〇七）廣州巡防營之役、庚戌（一九一〇）廣州新軍之役、辛亥（一九一一）黃花崗之役，武昌起義後粵省之光復，民國定鼎，討袁、護法，直至粵軍還鄉驅桂在虎門遇害，凡有關廣東之革命運動，幾無役不預。且臨事不避艱險，事後不爭名位，不計毀譽，極受孫中山之倚重。黨人重其志節，致有「革命聖人」之稱譽。

一九二〇年九月二十一日，朱執信到虎門調停桂軍與東莞民軍衝突，不幸被亂槍擊中身亡，時年三十五歲。孫中山聞訊自上海南下，曾非常感傷地說：「吾嘗言張靜江有文無武，陳英士有武無文，若朱執信者可謂兼之矣，今桂系雖已驅逐，得一廣東不足以償朱執信之死，我們付出之代價太大，痛哉！朱執信出殯之日，孫中山親臨執紼，潸然下淚，胡漢民等亦不勝悲悼，白馬素車，極一時之榮哀！胡漢民有哭執信詩，詩云：「豈徒風誼兼師友，屢共艱虞識性情。關塞歸魂秋黯淡，河梁攜手語分明。盜猶憎主誰之過，人盡思君死太輕。哀語追摹終不是，鑄金寧得似平生。」

胡漢民自一九〇五年在日本東京加入中國同盟會，輔佐孫中山從事革命運動，一直至一九二五年孫中山逝世前後二十一年中，追隨孫先生，參與決策，精誠無間。孫中山的許多重要文稿多由胡漢民執筆，孫、胡二人在艱苦歲月中共同奮鬥，相濡以沫所形成的密切關係是十分穩固而持久的。儘管胡漢民常書生意氣、固執己見，甚至與孫中山發生過多次爭執，但是在大是大非問題上，他總是遵從孫中山，或站在孫中山一邊，孫中山曾對人說：「余與漢民論事，往往多所爭持，然余從漢民者十之八九，漢民必須從余者十之一二。」儘管在孫中山晚年他們對一些重要問題有了認識上的分歧，但胡漢民仍一如既往地追隨孫中山，而中山先生也始終信任、重用胡漢民。

一九三六年五月十二日胡漢民因腦溢血在廣州顒園病故，終年僅五十七歲。南京國民政府悼胡漢民的輓聯是：

乾坤正氣，黨國元勳，偉業贊共和，心力卅年匡大局；
道德恭持，文章經世，精神迴同儕，英靈萬里護中樞。

《孫中山的左右手：朱執信與胡漢民》一書之作者之一汪希文，與朱執信有有姑表之親，朱執信的母親，是汪希文的姑母，而朱執信雖比汪希文人五歲，但童年同在沈孝芬先生書塾讀書，共筆硯者有年。自幼同窗，長又相從，共事於革命工作者|餘年，因此對於朱執信的一切，知之甚深。汪希文說：「朱執信比精衛先生少兩歲，以輩數論，他與精衛雖是舅甥，以年歲論，若兄弟手足而已。」而汪希文又是汪精衛的姪兒，這雙重的關係，使得汪希文是寫朱執信傳的不二人選，他說：「雖然全憑記憶，拉雜成篇，但文內一事一物，皆為有關此一革命先烈之最真實史料。」

汪希文，號子申，是汪兆鏞之子，汪精衛的胞姪。汪希文生於光緒十六年九月初六日（一八九〇年十月十九日），只比汪精衛小七歲而已。汪希文是國民黨元老古應芬的高足，民國六年，護法之役，孫中山在粵稱大元帥，汪希文在內政部為簽事（居正、葉夏聲分任部長、次長）。汪希文在抗戰前，不過曾任廣東番禺縣長，後來任國民政府財政部簡任秘書、汪偽政府時任行政院參事，外放浙江省政府委員，兼糧食局長，又調社會福利局局長，再調浙江省第四行政區行政督察專員兼區保安司令，論官階不過簡任一級。

說到汪希文外放浙江省政府委員，兼糧食局長，是民國三十一年汪精衛遣其返紹興掃墓，道經杭州，浙江省長傅式說設筵為之洗塵，席間詢問他在行政院擔任何工作，汪希文答稱核閱財政、實業、糧食三部之公事。傅式說乃邀其擔任浙江糧食局長，汪希文婉謝道：「你的好意，自當感謝，但我此次係奉命返紹興掃墓，倘省署於此時提出此事，家叔可能誤會我來鑽營做官，實有不便，請你另請他人吧！」。翌日傅式說竟電呈南京行政院，請任命汪希文為浙江省政府委員，兼糧食局長。汪精衛接電後，乃徵詢行政院秘書長陳春圃意見。陳春圃答道：「部方與省方鬧意見，歷兩月而無法委出浙省糧食局長，以致影響民食，若由行政院內銓選人員出任，倒是折衷的辦法，今既由傅省長呈請，似可照准。」於是，遂提出行政院會議通過，由汪府任命。

汪希文晚年流落香港，他也是命理學家，於當時的術數界頗負盛名。汪希文於遲暮之年，而尤需賣文為活；以他的詩書傳家，竟效君平賣卜，我們可以體味到他晚景的孤寂淒涼，與生活的清苦艱窘。一九五九年十二月三十日汪希文在香港《天文臺報》發表〈紀文已死吾猶生〉一文，記錄了自己的命造。他說：「我今年七十歲，現仍行癸巳運，今年太歲是己亥，己亥與癸巳，是天剋地沖，老早我認為今年該死，但不過四季多病而已，是否臘月可以壽終正寢，只有『天曉得』！幸而乃是太歲剋沖大運，不是大運犯太歲，災咎可望減輕，如能交到明年農曆正月立春節，則以後尚有四年好運，或者因我文字債欠得太多，上天要我還清債務，不容我早日息勞也。書至此，不能無感，因口占兩句云：『海濱寄跡苦岑寂，猶是塵勞未了身』可慨也哉！」四十六天後，也就是一九六〇年二月十五日，他服安眠藥自殺於香港沙田萬佛寺。

《孫中山的左右手：朱執信與胡漢民》一書的另外一位作者是張叔儔。張叔儔（一八九七－一九六二），廣東番禺人。他的父親張德瀛，字采珊，號清音堂。光緒十七年（一八九一）舉人。長於詩詞，亦能繪畫，尤長於畫梅。著有〈耕煙詞〉五卷、〈詞徵〉六卷。張德瀛曾為胡漢民的老師，胡漢民在〈耕煙詞〉序云：「漢民僅八歲時，從師受業句讀，其後格於人事，不復能獲文學之教於師門，每展遺編，未嘗不引以為憾。」胡漢民工書能詩，著有《不匱室詩鈔》。張叔儔與胡漢民及其兄清瑞先生，均為同學，張叔儔是三、四十年代的詩詞家，曾寫過不少詩詞在當時的廣東日報《嶺雅》副刊上發表。如〈得不匱室主人來書賦答〉及〈梅子黃時雨·聽雨〉等。他與黃詠雩也常有詩詞唱和，在雅集中切磋詩藝。一九四七年他與黎季裴、張蔭庭、黎澤闓、胡隋齋、劉伯端、冼玉清、張瑞京、張紉詩等在北園宴集，賦詩唱酬。一九四八年仲冬他與黃詠雩、黎六禾、胡伯孝、朱庸齋、黃耀燊、張紉詩、許菊初，填詞與和答，黃詠雩填一闋〈摸魚子〉，咏木棉絮。他們又同作〈梅子黃時雨〉詞。一九五七年黃詠雩與他離別九年相見，聽說張叔儔擬去南洋，互相倚聲敘別，次韻和答，情誼深厚。

目錄

輯二：憶胡展堂先生

輯三：胡漢民先生外傳

輯四：粵事憶舊談

輯一：朱執信先生外傳

汪希文　著

朱執信先生外傳之一

先烈朱執信先生在國民黨裡是一個核心，創造國民黨是國父孫先生，但孫先生在世時，最推重胡漢民與汪精衛，胡汪二氏常能左右國父之行動與主張，偶然發生某項問題，國父擬出一項處置辦法，若胡汪均表示同意，便即施行，倘胡汪二氏未同意，或另有不同的主張，國父可能放棄自己的意見而從胡汪，此為司空見慣之事。由是黨中有一部分同志，每謂胡汪乃是「太上總理」。

執信是汪之外甥，比汪年輕兩歲，他更厲害，當時在黨內，若他同意國父之主張，或是另有折衷辦法，結論是國父及胡汪又每能接納執信之意見。因此執信當年又有「太上上總理」之稱，這是民九以前的情形。執信於民九殉國於虎門，距今已近四十年，現在五六十歲以上之人，大多知有朱執信其人者！而四十歲以下人士，或知其名而未詳其人。筆者與執信有姑表之親，自幼同窗，長又相從，共事於革命工作者十餘年，對於執信的一切，知之甚深。茲以《春秋》編者索稿頻頻，乃寫此「外傳」以應，雖然全憑記憶，拉雜成篇，但文內一事一物，皆為有關此一革命先烈之最真實史料。當為廣大讀者所樂聞。

誕於廣州城乳名曰阿舉

朱先生名大符，字執信，號蟄伸，浙江蕭山縣人。其先世幕遊於粵，即世所稱為「紹興師爺」，遂家焉。父啟連，字棣垞（徐世昌所纂《晚晴簃清詩滙》，採錄其詩，惟目錄及小傳，均誤作朱啟運，附誌其誤於此），配汪氏，乃紹興汪芙生先生（瑔）之女。芙生先生以學行為諸侯所禮重，於前清同治、光緒年間，繼續在兩廣總督幕府者二十餘年，棣垞先生從遊為入室高弟，芙生先生弟子甚眾，獨賞識棣垞之文行，妻以女。其時汪門鼎盛，而棣垞先生少孤而寒微，是招贅入汪門，粵諺稱為「招郎入舍」。光緒十五年，南皮張之洞為兩廣總督，芙生先生以年老乞休，薦棣垞先生以自代，棣垞先生亦以名幕終其身。

棣垞先生先誕兩女，執信行三。故國民黨同志當年咸稱執信曰「朱三哥」。執信自刻圖章亦曰「朱三」。唐末之朱溫亦行三，蓋隱然以朱溫自比。公元一八八五年十月十二日（即農曆光緒乙酉年九月初五日辰時），執信誕生于廣東省城內豪賢街汪氏隨山館中，是年芙生先生之哲嗣兆銓（字莘伯）考中乙酉科舉人，捉金捷報至，執信適於其時呱呱墮地，是為芙生先生之外孫。外祖父為之命其乳名曰「阿舉」，紀念其親舅父中舉人。執信比我長五歲，故我自幼稱之曰「舉哥」。

芙生先生藏書十五萬卷，著述滿家。子兆銓，姪兆鏞（字伯序，號憬吾，即先君子），與棣垞先生，在光緒中葉，均以詩文名於時，各有詩詞文集傳世，海內外各圖書館多有收藏。棣垞先生又精於鼓琴，能以琴音辨人之清濁，著有《琴說》二卷，刻圖章自稱「琴皇帝」。執信之太夫人，即為我之姑母，家學淵源，能詩、能詞、能文，與棣垞丈有唱隨之雅（詳見江陰金武祥所著《粟香叢書》）。執信秉受如此的遺傳，蓋生有自來者矣。

幼小同窗課執信最聰明

吾家三姑丈沈孝芬先生（名藻清）是老秀才，前清光緒年間，在穗市豪賢街本宅，設書塾授徒，從遊者數十人。光緒乙未年，我六歲入塾讀書，精衛四先叔與我兄弟四人及執信均同窗（四先叔僅長我七歲），我在塾中眼見精衛先叔及執信，讀書均有過人之聰明，老師有問，二人對答如流，月中逢三逢八是課文之期，二人下筆千言立就，同窗各人皆斂手佩服，自問不如也。

執信十幾歲以前，只有和學問接觸，未有和人世事接觸，他的天資聰穎，加以他的精勤，自然而然進入深博的地位。他為人不止沉潛，而且渾樸，事親尤至孝，光緒二十三年己亥，執信年僅十五歲，值廣州鼠疫盛行，染病死者踵相接。棣垞丈伉儷同時瓔疾，皆發大熱，皆迷不省人事。棣垞丈臥病八日而歿，幸而太夫人獲痊。執信侍護雙親維謹。衣不解帶，恒徹夜不眠，偶然假睡二三小時又復起，積疲之餘，往往坐立之間，不能自持而倒下。及其太夫人病況脫離危險，執信就床一寢，經三日三夜而後醒，家人不忍驚動之。光緒二十八年壬寅，其太夫人又疾篤，執信看護如前，太夫人病終不起，大殮之後，執信亦一寢三日夜，其天性之篤如此。

棣垞丈是入贅於汪門的，婚後終身與莘伯先伯父同居於隨山館中（先叔祖芙生先生遺著《隨山館集》，凡數十卷），故執信與兩姊兩妹一弟，皆誕生於汪家。棣垞丈學問人格均極高，生平不會要

「錢」，他去世時，只剩得幾張古琴，和數千卷圖書法帖。執信丁憂時，僅得十多歲，弟妹更加幼弱，他們的生計，便放在莘伯先生的肩上了。記得莘伯先生輓棣垞丈的聯語有云：「志屈偃經綸，徒留著述文章，夫豈素心所願；情深若兄弟，囑為撫存孤弱，敢忘在耳之言！」由是觀之，執信幼年的遭遇，是孤苦伶丁的。

替人做槍手不肯入粵籍

棣垞丈在世時，終身居留於粵，足跡未出過省門一步，但他始終自署是浙江蕭山縣人，不肯占廣東籍，執信亦如之。前清規例，外省人不准在廣東應試，必須經過呈請批准入粵籍有案，方能在粵應試。先伯父及先君子奉准占籍番禺縣捕屬，先後中舉人。我兩位叔父同時以府縣案首入庠。棣垞丈喬梓因不肯入粵籍，故始終在粵未有應過考試。

光緒庚子拳匪亂後，清廷準備廢科舉，改設學堂。光緒三十年甲辰之春，為最後一科的歲試，莘伯先伯父之長子（名嶔，字彥平），時年十七歲，先伯父命其應縣試，照例要考十場，報名應考的文童，有數千人之眾，番禺縣衙門不能容納這許多人，故第一場由應考之童生，領取了試題及卷，可以攜回家中寫作，完卷後呈交縣衙。執信是年二十歲，他自己本身既不應考，乃代彥平兄起草作文，由彥平兄自己繕寫，送縣衙之後，越數日開榜，彥平兄名列第一圈第十六名（每圈榜列一百名，凡數十圈）。凡第一場考試，名列第一圈，第二場便要親到縣衙門筆試，彥平要親自出馬了，第二場考試放榜，彥平的姓名，跌落第十圈。第三場又可以領卷回家寫作了，當然又是執信做槍手，第三場放榜，彥平姓名復超升在第一圈內。縣試共考十場，凡是執信做槍的，必定取列前茅，彥平自己在縣衙所作卷，注定跌出第一圈之外，即此一端，足以證明執信之才華，自幼已經不同凡響的了。縣試十場完畢，彥平名列第一圈第十名，再經過府考之後，最後是學院考試，由「提督學政」主持。向例：凡縣試名列十名前者，至少取八名入庠，彥平兄是科獲售，皆執信之力也。

赴日習法政加入同盟會

光緒三十年甲辰之夏，其時清廷已下決心維新，厲行新政，兩廣總督西林岑春煊，發出佈告，考選生員及童生五十名，送往日本東京學習法政速成科，優給官費，規定一年零六個月畢業，應考者數百人。考試之結果，精衛先叔名列第一，執信名列第四。此外，則李文範、金章、古應芬、杜之杕、陳融、曹受坤、陳鴻慈等，皆榜上有名。其餘的已記不清楚，僅記得當年隸屬於保皇黨之孔昭炎（字希白）亦同時被考取，各人向學務公所領取了旅費、置裝費、學費等，一齊聯袂出發東渡，其明年，歲次乙巳，國父孫先生由檀香山到日本東京，首先由胡毅生介紹其兄漢民及精衛、執信等晉見國父，交換排滿革命的意見，大家相見恨晚，過從極密。先是，湖南人黃興（字克強）、宋教仁等已成立「華興會」，孫先生則早已組識「興中會」，是年兩派合流，改組為「同盟會」，以「驅除韃虜，建立民國，平均地權，節制資本」為革命之鵠的。復在東京首先發行《民報》，大張旗鼓，倡言革命不諱。《民報》每期署名「蟄伸」之作者，即執信之筆名也。

《民報》在東京發行時，我已經十六歲，執信每期均寄一冊給我，那時滿清的官廳，並沒檢查郵件，每期均可寄到。我輒付與同學傳觀，本來我所有的《民報》，是齊全的，但不幸得很，我父親當時是不以革命為然的，發覺之後，概被沒收，現在一冊也無存了。

留學日本的法政速成科，每月及每學期，均有小考試，大多數是精衛先叔之分數居首，執信亦名列前茅，獨最後一次之畢業大考，學校當局竟取孔昭炎為第一，精衛先叔屈居第二。執信大憤，謂恥居保皇黨人之下，糾率各同學之已入「同盟會」者，不參加畢業典禮，不領取畢業證書，以示抗議。校方亦無如之何，執信亦即回粵，從事革命的地下工作。

策動倪映典牛王廟起義

凡東渡留學人士，大多數都會將辮髮剪去的，獨執信堅持不肯剪，因此常與同志爭論到面紅耳熱，蓋執信準備回國為地下工作，有辮髮在，不受嫌疑，較易活動也。光緒三十三年，歲次丁未，執信回國，時年二十三歲。是年冬，與其表姊楊道儀結婚，我曾參加其喜筵，他倆不是自由結合，是自幼由父母為之文定，俗稱盲婚，但他倆相當恩愛，偶然或有爭吵，不久即言歸於好。其時廣東開始創辦法政學堂，貴州人夏同龢任監督（即校長）。夏氏聞有一批留日習法政人士歸國，禮聘諸人為該堂教員，執信自在其列。學生中有海豐人陳炯明，年齡尚比執信長幾歲，執信賞識之，介紹其祕密到香港，加盟入「同盟會」。

光緒末年，廣東已開始訓練新軍，設督練公所主其事，軍營設在廣州市東郊之燕塘。倪映典為營長，執信祕密與之連絡，倪亦加盟。宣統元年己酉之大除夕，新軍與警察發生不大不小的磨擦，搞到滿城風雨，廣東水師提督李準，急由外間調巡防營回省城戒備，執信認為機不可失，敦促倪氏起義，倪即在東沙馬路之牛王廟，舉起義旗，準備攻城。乃另有新軍教練官黃士龍，是反革命者，率其他未起義之新軍，會同李準所統之巡防營，兩面夾攻，義軍不支而瓦解，倪映典被俘。

李準親自提倪映典審訊，倪直認企圖排滿革命不諱，李準再訊其同謀人，倪初不肯承，嗣以酷刑難捱，供出是朱執信所主使。李準為之愕然，先伯父莘伯先生時在李準幕府為總文案，素為李準所禮重，莘伯先生為執信緩頰曰：「小孩子頑皮荒謬，我當嚴加約束之便是，希望軍門推愛，大事化小，小事化無。」李準點頭，竟置不問。且命人將供詞塗去，倪映典竟殉國。這次革命行動是失敗的。事在宣統庚戌年春初，執信當時年二十六歲。

朱執信先生外傳之二

執信先生於民九之秋，在虎門殉國；民國十年二月廿七日，國民黨同人在廣東省議會大禮堂開追悼大會，眾推精衛四先叔講述執信的平生。我記得四先叔在會場僅簡單說了幾句話，大意謂：「講述執信的生平，實在十分困難，不是兩三句言語所能說得完，更不是兩三篇文章可以寫得盡，將來要由一班後死的朋友，將他的著述搜輯起來，再將各人所見所聞執信的事跡，纂集起來，方能髣髴其全貌。斷不是今天短時間內所能詳細報告的」等語。執信殉國已近四十年了，過去中華民國黨史編纂委員會是否已經有人寫過執信的「正傳」？筆者不得而知，亦未見過。今由筆者寫此「外傳」，刊諸《春秋》，實在太過大膽，可能有人說我不度德量力。不過筆者為此文，有一個鐵則，那便是：只將當年身親目擊之事，據實記述出來，不詳不盡的事，皆在摒除之列。如此或可聊備今後負責編纂黨史諸公之參考。

新軍事敗旬日行蹤不明

執信生長於汪氏隨山館中，直至與楊道儀女士（我們以後皆稱呼為朱三嫂）結婚後，仍住在汪宅約一年。彼時因先伯父莘伯先生子女五人，皆逐漸成年；執信之弟妹數人，亦漸漸長大，朱三嫂婚後不久亦懷了孕。汪氏隨山館地方不多，有不敷居住之勢。執信此時在廣東法政學堂為教師，待遇尚好，足以自給，乃於光緒戊申年（即婚後一年）遷居於汪氏隨山館之左鄰，賃屋而居，翌年誕生一女。執信既為地下革命工作，雖然準備自己犧牲，雅不願因此拖累其親舅父一家，深以遷離汪宅為宜。執信之胞弟，名大猷，字克壯，號秩如（今尚生存，年七十二歲），曾撰有〈先兄執信行狀〉，文內有左列一段記載，茲節錄於下：

> 先兄常以殉國殉民為己任，斷脰斷腹，是其素懷。前清末年，運動革命甚力，在外間與同志祕密會商大計，常至五鼓而後歸家，狂風怒號，冷雨侵骨之夜，家人皆已熟睡，獨老僕婦候門靜坐而待，聞叩門三聲，歇而復續者，必先兄之歸家也。前清宣統二年庚戌正月，廣東新軍起義，烈士倪映典於農曆十二月大除夕，尚宿於吾家之客廳。翌日元旦，倪烈士晨起，即由吾家趨赴東郊軍次起事。先兄亦自是日起，旬日內行蹤不明。正月初三日新軍事敗，倪烈士殉國，搜捕之吏役士兵；常過吾家門外，鎖鏈琅鐺之聲，銃劍鏗鏘之響，皆足使吾驚魂失魄，蓋吾知先兄之必預謀，其遭難與否，亦不可得而知故也。

由港返穗甥舅相持而泣

讀此記載，可知庚戌年廣州東沙馬路牛王廟起義之舉，執信實與有密切之關係。且倪映典烈士在廣東水師提督行臺，供出主使人朱執信之姓名住址，若在別人，必無法逃脫殺身之禍。執信當時之職業，是站在廣東法政學堂教師的崗位，時在農曆的新年，剛值學堂放寒假期中，執信以起義軍事失利，恐被株連，乃走避於香港，多日不敢回家，幸而仗著其舅父莘伯先生之大力支援，替他洗刷罪名，廣東水師提督李準亦能容情推愛，面囑承審員將倪映典之供詞塗去。到了農曆正月初十之後，法政學堂開課期近，莘伯先生派親信人赴港，將銷案經過情形通知執信，囑其速即安心返穗上課。執信其時家中有一妻、一弟、兩妹、一幼女，一家數口之生活，全靠執信一人維持，倘執信此時而亡命他往，則莘伯先生之負擔勢必加重，先伯父這樣做法，不論為人謀，與為己謀，皆出於「事非得已」也。

執信早歲失怙恃，莘伯先生對之視同猶子，飲食教誨，完全負責者多年，執信亦視之如父。他避居香港多日，正在徬徨無所措手足之際，忽然接獲舅父的親筆信，知道「大事化小，小事化無」，當然信賴舅父的說話，翩然退廣州住宅，準備仍返法政學堂的崗位。初抵穗，首先謁見舅父，莘伯先生以尊長身分，苦口教訓一番，猶憶先伯之言曰：「自從你雙親先後去世，我負擔你兄弟姊妹數人的教養，已歷多年，這是你父臨終時所囑託，我認為是我應盡之責任，難得你東渡留學成才，克自樹立，且已成家立室，我自問對得住你的雙親，我亦老懷欣慰，豈意你會如此荒唐，鬧出此次滔天大禍，倘不是李軍門（前清提督稱軍門，指李準）看在我的面上，你一人喪命或亡命，我知道你一定不自惜，但你家中有妻弟姊妹及幼女，她們此後將依靠何人？我已年老，命不久矣，你忍令你妻、弟、妹、幼女餓飯？他日你死在九泉，試問有何面目見你的雙親？」先伯說畢，痛揮老淚。於是，舅甥二人，相持而泣。

時先君子亦寓穗垣豪賢街，距離先伯父之居，約百餘步，聞執信返抵穗，即攜同我到先伯父處。先君子當時亦責備執信曰：「大逆不道之事，豈可妄為，慎之慎之！」云云，我時年二十一歲，這是目擊耳聞之事。

謁見李提督要求遊虎門

執信經過兩位老年舅父的教訓，演完一幕「悲劇」之後，尚有一幕「或悲或喜」的好戲繼續排演：原來廣東水師提督李準（字直繩，四川鄰水縣人）答允先伯父之要求，寬恕執信之時，曾對先伯父曰：「令甥如此年輕，又這般大膽，確屬驚人！汪老夫子既然負責此後予以嚴加約束，自當如命，請即通知令甥回穗，照常在學堂教課。他此後肯安份，我一定不追究，但我為好奇心所驅使，極想和他一見，請汪老夫子攜同他來我處一晤如何？」先伯父當然滿口答允。執信既由港回穗，此時便不能不兌現了。執信膽量真夠，竟坦然隨著舅父，赴提督行臺謁見李準。

李準看見莘伯先生果然偕同執信來見，喜曰：「老夫子真信人也！」以客禮相待，三個人心照不宣，當場並未有提及半句倪映典口供事。李準僅問執信在法政學堂擔任什麼功課，和詢問日本的風景與風俗，閒談十餘分鐘，始辭出。此是李準之豁達處，在當時說來，值得佩服。執信看見李準並無惡意，他確夠膽，逕問李準曰：「不知軍門何時去虎門？我甚想隨同舅父到虎門一遊，因從未有到過其地。」李準答曰：「很好！我去之時，請莘伯老夫子通知你便是。」（按前清廣東水師提督衙門是設在虎門要塞的，在廣州卻是另設一所行臺。）

兼旬之後，李準因公赴虎門，果囑莘伯先生約執信同乘兵艦前往一行。原來執信精於「幾何學」，他那次到虎門曾參觀炮台要塞之位置與方向，在參觀時，用目力測度，一一默誌於心，歸而繪成地圖，準備他日革命軍再起，如何乃可攻下虎門炮台。其別有用心，為李準及莘伯先生所不知也。古人云：「士各有志」，父母且未能約束兒子，何況舅父又安能約束外甥呢？

奉國父命勸阻精衛北行

那次廣東新軍牛王廟起義失敗，告一段落，不在話下。先是，前清光緒末年及宣統元年己酉，同盟會先進黃興、趙聲、胡漢民、胡毅生等，先後在鎮南關、欽廉等處揭竿起義，亦均告失敗。精衛四先叔以為欲達到排滿革命之目的，決非少數人努力所能濟事，必須喚起全國民眾，包括軍人在內，使大多數人同情革命，乃易成功。因此精衛四先叔立意要幹出一件「一鳴驚人」的行動，以期振奮全國的人心與軍心。他於前清宣統二年己酉歲，偕其同志四川人黃復生及陳璧君等，潛赴北京，謀行刺滿清的攝政王載灃。精衛四先叔事前會以此項計張報告於國父孫先生，孫先生認為犧牲太大，不以為然，予以阻止。但精衛先叔已下決心，偕同志離開新加坡，經香港而北上京師，留函報告於國父。國父閱函大驚，急電主持香港《中國報》館之馮自由等，囑其攔阻精衛先叔之北行，並以精衛先叔與執信有舅甥關係，自幼同窗，感情密切，若由執信勸之，自較有力，故特囑馮自由等速即函邀執信到港，共同力阻。而精衛先叔主觀很強，志在必行，執信抵港勸阻，舅甥二人徹夜談至天明，依然無效。及後，精衛先叔行刺攝政王之舉，亦告失敗，被逮下獄，判無期徒刑。事在宣統庚戌年三月，距牛王廟起義之役僅兩月餘耳。

筆者隨執信赴香港加盟

是年我在廣州北華醫學院學醫，其年底即可畢業。是年我看見先後發生兩件大事：一為牛王廟新軍起義；一為精衛先叔行刺攝政王。雖然兩件事均未成功，因數年前執信由日本寄《民報》給我看，我早已贊成革命，至是，我亦見獵心喜，鼓起勇氣，向執信表兄表示願意加盟，參加革命的活動。執信曰：「革命要準備犧牲的，你不怕死麼？你考慮清楚方可，毋貽後悔。」我答曰：「人生不免一死，不過是遲早問題，苟利於國，又利於民，犧牲既有代價，死何足惜，我決不怕死。」執信曰：「好！好！」與我熱烈握手，問我能否去香港機關部加盟？我答曰：「我日日要去光華醫學院上課，今年底畢業，近來課程比較緊張，僅得禮拜日休息，待至學院放暑假，我跟隨三哥去香港加盟便是。」此是庚戌年夏初，精衛先叔被判無期徒刑之後，我好像給此事打了一口強心針，而有此決定。是年六月，法政學堂放暑假，執信和我均有暇，遂聯袂赴香港，在同盟會的祕密機關加盟。在機關內遇著胡漢民、古應芬、李文範、鄧鏗、馮自由等人。胡李二氏，原與二先叔仲器先生友好，我早經認識。古湘翁是我的受業師。惟鄧鏗與馮自由兩位，還是初次見面。以上皆粵人。此外，尚有許多位外省人，以閩籍居多數，因言語難通，僅作筆談。經過執信的介紹，他們知道我與精衛先叔的關係，均加我以青睞。其中有一位是方聲洞先生，和我特別要好，並謂我的相貌，有幾成似乃叔。事隔已經五十年，回憶起來，我自問不肖是真，慚愧而已。

自願出力負責運輸工作

我在香港同盟會的祕密機關，加盟手續辦妥後，執信莊嚴地告我曰：「加盟參加革命運動，你不可視同兒戲，要有大犧牲精神，肯冒險，死生置之度外，有錢出錢，有力出力，我們每一個同志，都是這樣，你年僅及冠，未曾出而任事，我明白你一定沒錢，但你年富力強，你要出力的。」

我答曰：「三哥所教，自是應有之義，我願意出力，且可不遺餘力，我力量所能辦得到的，當遵從三哥的指揮，說一句老實話，我對三哥絕對信仰，機關部內人數眾多，在我未曾了解他們之前，我不願意聽從他們的支配，單獨願在三哥領導下服務，現在請問一句：三哥要我出什麼力？」

執信曰：「好老弟！我先以一件比較輕鬆的工作給你做如何？」

我問曰：「是什麼事？」執信曰：「我想你負責由港運輸炸彈手鎗到廣州，化整為零，分多次帶去，你辦得到嗎？」

我答曰：「我願意辦這件事，但運輸的技術，要三哥指教，且須有合作之人，首尾互相關照，以期達到目的，完成任務。」

執信曰：「我們的機關內，有幾位女同志，你可以與她們合作，我可以保證十分安全。」

我問曰：「哪幾位女同志？」

執信曰：「一位是鄭毓秀女士，一位是梁煥真女醫生，你認識嗎？」我答曰：「梁煥真我所素識，她有一位胞妹梁劍眉，和我在廣州光華醫學院同學，劍眉低過我兩班，平日很談得來，劍眉家在西關十八甫保和堂藥行，我常與同學們去訪問她，即在她家認識其胞姊梁煥真，運輸炸彈手鎗往穗的任務，即由我與梁氏姊妹三人合作便夠了，鄭毓秀我不認識，慢一步再商量合作為妙。再請問三哥，運輸的技術怎樣安排？」

與梁氏姊妹圓滿的合作

執信曰：「我們於此事有經驗，有十分安全的辦法，你可預備兩個中型皮喼袋，要一式一樣的，喼袋的外面，貼一張同樣的符號，甲喼袋全載衣物，並無違禁物品，乙喼袋滿載炸彈或手槍，或是製造炸彈的材料，你和梁女士合買一間或兩間西餐房船位，要買來回船票，聲明翌日返港，來回指定要坐第某號房間，由香港開行時，你們僅攜甲喼袋上船，我由機關部委託有經驗的同志，將乙喼袋帶上輪船，在西餐房交與你們，輪船開行後，記得優給侍應生的茶資，告以翌日必乘原船返港，仍留原房，以買了來回船票為證，囑其將門匙交與你們，侍應生收到優厚茶資，自必遵命，船到廣州泊岸，你和梁女士僅攜甲喼袋離船，當然可以順利登岸，乙喼袋留在西餐房內，喼袋鎖好，房門亦鎖好，廣州碼頭的規例，香港輪船到穗時，必定檢查搭客行李，由穗開行返港時亦然，惟在穗未開行之前，搭客由船上攜回行李上岸，照例不再檢查的，那麼，乙喼袋所載炸彈手鎗，這時你便可順利運輸入廣州城了。」

執信如此指導我做，我於宣統庚戌年暑假期中，照此辦法做過四次，均未有露出破綻。暑假期滿後，光華醫學院復課，我已接近畢業期，有數月暫停工作。是年冬，我考完畢業試，很興奮的繼續活動，運輸的次數已忘記，所有運入廣州的炸彈手槍，我交到執信家中，由朱三嫂點收，便算任務完成。執信如何運用支配，我未有過問。辛亥三月廿九之役，革命軍所用武器，自然有一部分是由我和梁煥真、梁劍眉三個人負青運去廣州的。劍眉於抗戰期間已病故，煥真後來嫁台山人鄺次崑，賢伉儷至今均健在，隱居本港新界，皆已年逾古稀矣。回憶我少年時有此傻勁，完全接受執信偉大人格之所感召，抑亦初生之犢不畏虎也。

朱執信先生外傳之三

我幼年與精衛四先叔及執信表兄同在沈孝芬三姑丈書塾同窗之時，我尚記得很清楚，精衛先叔愛讀《三國演義》，執信兄則愛讀《水滸傳》，兩人輒於夜間臨睡之前，各持著心愛的小說，看得津津有味，不忍釋手，而且不厭百回讀，看到疲倦始入睡。語云：「先入為主」，此語確有至理。精衛先叔於國父孫先生逝世後，他忽而繼承總理遺志而容共，忽而反共；忽而反蔣，忽而與蔣先生合作；忽而主張抗日，忽而又主張與日本言和，倘與三國時代相比論，孫權劉備曾經合兵破曹，及至劉備入川稱霸，變為孫曹合作，襲取荊州，殺關羽。迨劉備起兵東征，敗死於白帝城，諸葛亮秉政，復與東吳和好。即初期的劉備，亦常與曹操圍爐共酌，煮酒論英雄，後期的劉備，與曹操不兩立，一部《三國演義》，五花八門，極盡「縱橫捭闔」之能事。精衛先叔一生之行誼，是完全接受了《三國演義》的影響，功罪是非，留待後世史家批評，我不敢贊一辭。

至於執信兄一生的功業，則完全得力於《水滸傳》。自從庚戌策動新軍起義失敗後，執信主張雙管齊下，除由其他同志負責繼續運動軍隊起義之外，執信轉移其目標於組織民軍，以全副精神與綠林豪傑相結納，由庚戌年至民九庚申，十年如一日，未嘗間斷，所有廣東三山五嶽的人馬，咸接受執信的領導，相率來歸，執信終身的心目中，充滿著「梁山泊」的氣氛；他曾託陳融替他刻圖章，文曰：

「芒碭山賊」，這完全是幼年愛讀《水滸》的影響。舅甥二人，有異曲同工之妙。

潛入內地結納綠林豪傑

話說回頭，前清光緒乙巳、丙午年間，同盟會鼓吹排滿革命之《民報》，在日本東京發行，一紙風行，頗能收「喚起民眾」的效果，這兩年西林岑春煊為兩廣總督，禮聘先君子為幕賓，我時年十六、七歲，在廣州府中學肄業（廣州府知府陳省三丈——名望曾，為管學官），精衛先叔深知乃兄決不會同情革命之理，故始終未以《民報》寄回家中，獨執信兄肯寄給我看，而且我又特別愛看，先君子恐慌起來，有一夜，召我登樓，諭我曰：「我知道你想革命的了，但革命要流血，我真不忍，最好你能打消了革命的念頭，我可浮一大白，倘不能打消的話，我希望你待我死了之後，方可入革命黨。」嚴諭諄諄，我為之悚然，懍於中國傳統文化「父為子綱」之義，我不能無動於衷，先君子又於我二十歲那年（宣統元年己酉歲）為我完娶，老人家以為少年人斷無不愛慕「少艾」之理，替我娶了一位美貌嬌妻回來（同縣金氏），日夜伴情，可能消磨我的壯志。老人家的做法，確有他的一套。

執信兄與楊道儀女士結婚，尚比我早兩年（在光緒三十三年丁未歲）。他並未因家中有了愛妻而稍減其壯志，相反的，他婚後的革命運動，愈來愈積極，愈來愈起勁，相形之下，便可顯出執信之偉大，我太渺小了。

做人是不免有多方面的、複雜的，孝於父，是一方面；愛於妻，也是一方面，革命大業要去負一些責任，又是一方面。我在這三方面不無矛盾而被夾攻，終由執信兄介紹我加入了同盟會，執信明白我的環境，我的父親是他的舅父，他準情度理，不願我做「拚命」的任務，教我與女同志運輸武器入廣州，算是一件比較輕鬆的工作，不算得什麼一回事，慚愧之至！

執信本人則不然，宣統二年庚戌夏秋以後，他在香港機關部內，負完全責任組識民軍，有時派遣同志深入內地，有時執信親身潛入山嶽中與綠林豪傑相結納，計由執信手上收編的綠林，當以李福林為最有名。其他如陸蘭清、陸領、黎義、張炳、石錦泉等，每股多則一二千人，少亦有數百人，他們本身擁有若干鎗枝與子彈，所欠缺者是充分的給養，香港機關部倘能予以接濟，他們便相率來歸，加入同盟會的了。

謝儀仲來香港毀家紓難

革命運動的大業，有兩件必不能缺少的條件：一為人才；一為錢財。有了人才，倘經濟不敷運用，仍是無法進展的，運動各江綠林豪傑揭竿起義，第一講「錢」，第二講「錢」，第三依然要講「錢」。總而言之，非「錢」不行。

先是，胡漢民、汪精衛二氏在新加坡宣傳革命有年，引動出一位「毀家紓難」的義士出來。即南海謝儀仲同志是也。儀仲之尊人，在南洋各埠，一共開設有六間金鋪之多，業務相當發展，其尊人棄養後，儀仲繼承父業，在當年他所擁有的財產，超過一百萬元以上，須知五十多年前之一百萬，約等於現在之港幣一千萬元了。儀仲接受了汪胡二氏革命的主張與理論，衷心悅服，毅然在新加坡同盟會支部加盟，自動願意出財出力。

精衛先叔未去北京行刺滿清攝政王之前，親筆修函介紹儀仲由新加坡赴香港訪晤執信，精衛先叔致執信的介紹信，僅聊聊數行字，大意謂：「儀仲同志，佳士也，可與訂交，可與合作。餘由儀仲面告，不一一。」云云，儀仲到了香港機關部，出示介紹信，眾同志大表歡迎。執信所賦有的，不過是無貝之才，儀仲則除了無貝之才之外，有貝之才亦兼而有之。執信與儀仲合作，遂如魚水之相得矣。

國父孫先生嘗言：「華僑是革命之母。」海外的愛國華僑，捐輸革命經費者，實繁有徒，如陳璧君的母親衛氏，及李煜堂、李紀堂、鄧澤如、蕭佛成、楊西巖等皆是。尚有一位今年九十一歲之中山縣人吳節微先生，是為國父朋友中碩果僅存之一人，他捐助過革命經費亦不少，今年農曆五月廿五日他百秩開一華誕，尚柬邀我赴澳門飲桃酌。此外自動樂於捐輸革命經費的華僑，不勝枚舉，本文特別舉出謝儀仲同志，因他尚藏有五十多年前執信給他的親筆信與信封，彌足珍貴，我為徵信起見，僅將執信兄遺墨在本期製版刊，以餉讀者。

我曾詢問儀仲，從前捐過現金若干？儀仲笑而不答。根據李曉生、張叔儔兩君所述，大約超過一百萬元，已接近破產的邊緣了。儀仲今年七十二歲，比我長兩歲，現旅居本港。

昔日晉文公出亡十九年，介之推始終相隨，及文公復國稱霸，介之推出不言祿，隱居山中，祿亦不及。謝儀仲同志是今之「介之推」也！

辛亥三月廿九起義之役

宣統辛亥三月廿九日之役，已成為吾國歷史上劃時代之紀念日，其經過詳細情形，記之者多矣，茲不多敘。執信是執行此役主要人物之一，世人皆知此役仍是失敗的，惟其失敗之主要的，世人知之者尚少，其時我的伯父莘伯先生仍在廣東提督行臺為總文案，我由是頗知內幕，雖屬舊聞，亦殊珍貴，茲將當日的大概情形，綜述於下：

民國紀元前數年，同盟會在香港發行《中國報》，宣傳革命，並設祕密機關多處，籌備在華南大舉，由善化黃克強將軍（興）領導，胡漢民為秘書，趙伯先（聲）、朱執信均是主要幹部。趙伯先負專責運動軍隊，執信負責運動綠林。到了宣統三年辛亥之春，執信經手運動之綠林，大致已經就緒，咸已加盟（綠林首領人名見上文）。黃克強將軍偕同鄒魯、胡毅生、林時爽、方聲洞、徐維揚等一班同志，陸續由港澳潛入廣州，人數將及二百，分寓多處。徐維揚是廣東花縣人，糾率徐姓兄弟子姪二十餘人，於三月下旬由花縣鄉間趕到廣州，參加行動。此役既由黃克強將軍領導，他所預定的計畫，擬由執信經手所策動之綠林，於農曆四月初一日，先行分別在東西北三江同時起義，向廣東省城進攻，待至適當時機，再由潛伏廣州之同志，在城內響應（前清廣州未拆城）。內外夾攻，企圖一舉而佔領廣東省城，便可號召四方，其計畫本來是不錯的，可惜事與願違。

廣東水師提督李準，後來兼任廣東水陸提督，統率巡防營三十餘營，其部下有李世桂者，官至都司，統帶三營軍隊，駐防廣州。這一個老頑固，他為了想升官，竟使出陰謀，輾轉託人介紹而識趙伯先，假意加入同盟會，謂願率所部三營參加革命，趙伯先不虞其詐，引為同志。李世桂由是偵知革命黨人的行動，及部分祕密機關所在，向李準告密，李準一面報告於兩廣總督張鳴岐一面調兵返穗市戒嚴，一面又派兵按址逮捕黨人。三月廿七、廿八兩日，已有許多位同志被捕，概被就地正法。黃克強先生看見形勢十分緊急，倘再無行動，則全體同志勢將束手待斃，不得已於廿九日晨，祕密召集全體同志開緊急會議，決定不能待至四月初一日（農曆三月大，有三十日），提前於廿九日下午即在廣東省城發動，分三路出發，黃克強、朱執信領隊進攻兩廣總督衙門，徐維揚領隊進攻軍械庫，企圖奪取軍械；另一隊進攻提督行臺。各同志或持手鎗，或持炸彈，向目標拋擲，聲勢頗不弱。可惜被李世桂洩漏了祕密，滿清官吏早已有所戒備，以眾寡不敵，三路人馬均告失敗。東西北三江的綠林，因此亦按兵不動了。

是役同盟會同志殉難者九十六人，執信右手及胸前，均為自已拋擲之炸彈所傷，血透重衣，退入雙門底一橫巷（雙門底是街名，後改稱永漢路），在其友人林伯虎之家祠中，匿居兩夜，於四月初一日從容搭省港輪船往香港。據朱三嫂言，由三月廿六日起，執信未有回家，當時誤會執信可能殉難或失蹤，深感焦急云。

陳璧君女扮男裝的插曲

辛亥三月廿九日之前，有一件頗為有趣的插曲，其事似乎至今猶未經人報導過的。陳璧君當年說話聲音寬壯，體軀健碩而稍矮。辛亥年二三月間，她改扮男裝，剃去一邊頭髮，垂一條辮於腦後，由海隅潛入廣州，寄住在執信家中，設榻於客廳對面之小書房，朱三嫂初不知其為女扮男裝也，一日三餐，命僕婦送入書房。執信家中一向是十分節儉的，清茶淡飯，蔬菜鹹魚而已，璧君輒自己出資加菜。五十多年前廣州的屋宇，甚少有衛生設備，她住了兼旬之後，囑僕婦取一個馬桶，送往小書房備她之用，後來這僕婦告知朱三嫂，原來陳璧君的月事來了，故非使用馬桶不可。朱三嫂靜中詢問執信，執信堅囑三嫂及女僕不許聲張，替她嚴守祕密。璧君之潛入廣州，當然是為著革命工作而活動，她有何任務，因互守祕密之故，我不知她擔任什麼工作，她之所以不住別處，而住在朱家，因她知道執信是精衛先叔的外甥，又是異常密切的同志，她與精衛先叔上年有了婚約的默契，故選擇朱宅為居停之所。此一件秘辛，固屬相當有趣，而陳璧君對於創造中華民國的功勳，與其用心甚苦的勞績，未可以完全埋沒者也。

函勸李準反正戴罪圖功

另有一件小插曲，也是值得一敘的：大凡夫妻之間，日夕相對，每因微細之事而爭執，任何人均不能免，執信自亦不能例外。前清宣統二、三年間，執信嘗因小事與朱三嫂吵鬧，執信大憤，廣東法政學堂原有教職員寄宿舍的，某次吵鬧後，執信一連十日不回家，其弟妹要想辦法調停，五十多年前的廣州城，不特未開築馬路，街道上亦未安裝電燈，執信之胞弟秩如，於夜間手持小燈籠，前往法政學堂宿舍，哀求兄長回家，執信當初不允，且責罵其弟多管閒事。秩如鍥而不捨，苦苦哀懇，執信的同事陳融、陳鴻慈等從旁勸導，執信究竟是以感情為重之人，卒之偕同乃弟返寓，夫妻和好如初。諺云：「床頭打架，床尾講和。」

據朱三嫂向筆者云：辛亥三月廿六之後，執信已形同失蹤，是役殉難者既有九十餘人，朱三嫂初以為執信可能在其列，又不敢出外打聽，焦急莫可名狀。執信避往香港之後，亦不敢寫信回家，恐防拖累家中弟妹也。但執信畢竟聰明，他於辛亥年端午節之前數日，致李準一封長函，由香港付郵寄去，他以其舅父在李準幕府，倘知道執信有信寄回，莘伯先伯父必能安慰朱三嫂，執信趁這機會，又可勸導李準反正，公私兩便，可收「一石二鳥」之效，此是執信之絕頂聰明處。

執信致李準之信稿，在未付寄之前，我在香港祕密機關內見過，凡千餘言，可惜未有存稿，事隔四十九年，我現在僅能略記其大概，大意是辯明夷夏之防，其略云：「滿洲是夷，漢人是夏，自從多爾袞率眾入關，屠殺我漢人，不計其數，揚州十日，嘉定三屠，在廣州殺吾漢人，由第一津殺至第十八甫，有許多書籍記載其事，似此不共戴天之仇，凡屬黃帝之子孫，必須負報仇之責任，軍門姓李，四川省人，乃是無可否認之漢族，何必媚事滿人？三月廿九日之役，死難者皆漢族之優秀精銳，請軍門捫心自問，何忍出此！

大符（執信字）與軍門有一日之雅，謹盡忠告，望即尅期舉義，戴罪圖功，統率所部來歸，不特前事可不計較，大符且當與全體黨人共同擁戴軍門為創造大漢民國之首領，維軍門實圖利之。……」我所記得扼要的大意是如此，全文幾千餘言也。

李準收到執信原函，即召先伯父莘伯先生閱看，莘柏先生除了「長嗟短歎」之外，不能置一辭。李準旋將此信親手付諸丙丁，這是一件可惜之事，倘原函留存至今日，是革命的絕好紀念品呢！

李準派胞弟向執信輸誠

經過三個星期之後，執信看見李準未有反應，他要向李準示威了，主張派敢死同志到廣州，行刺李準以威脅之。辛亥六月間，由陳敬岳、林冠慈烈士執行此項任務。李準平時是坐籐轎出入，轎之前後，有衛隊擁護，某日乘轎行至雙門底，陳敬岳烈士向李準拋擲炸彈，炸傷他的臂部，尚非要害，李準尚能躍登馬伯良藥材店的屋瓦上，拔手槍向陳敬岳還擊，李準的衛隊眾多，陳敬岳、林冠慈烈士卒被俘，旋即殉難，葬廣州東郊紅花崗。

李準經過這一回威脅，不能不低頭了，我的二先兄道源（名宗洙）當時亦在李準幕府為文案，李準派其胞弟李次武（名濤）偕同道源兄赴香港，訪問執信，表示可以加入革命陣線。

當時黃克強先生已返上海，另圖活動，關於廣東革命任務，委託胡漢民領導，執信副之。李次武與道源兄到港之時，胡漢民因事去了新加坡，執信聞李準答允參加革命，大喜，修函介紹李次武赴新加坡，謁見胡漢民。漢民當然亦大喜過望，待李次武以殊禮，共寢於一室之中者，凡數日之久，共訂盟約後，由謝儀仲同志出資為次武餞別，次武遂返廣州覆命。事在辛亥年孟秋之七月，即武昌首義之前一個月。

我書至此，撫今追昔，不禁感慨繫之，為賦一絕云：

五十年前痛陸沉，可堪憔悴更而今。
華夷能辨終何補，虛負當時一片心。

朱執信先生外傳之四

據朱三嫂言，由辛亥三月二十九日之後，至是年九月廣東光復，有半年時間，是朱家過著有生以來最淒涼的歲月。執信原在廣東法政學堂任教席，按月靠薪水為一家的生活費，三月二十九之後，執信亡命海隅，不能返法政學堂上課，當然薪水亦停止了，活動於革命事業之經費，乃是華僑血汗之資；得來不易，執信不肯移作家用。朱三嫂以生活費無著，迫不得已，將住屋讓去！交還業主。執信之胞妹二人，其一已於宣統元年嫁與我的四家兄蟄菴，尚有一幼妹，仍返其舅父莘伯先伯父家中食宿。執信之胞弟秩如，其時在廣東高等學堂肄業（設在穗市之西村廣雅書院舊址），乃即在學堂寄宿，其生活當然清苦。朱三嫂則攜同幼女亞始返外家居住。此時的朱家，可說是百分之百的「家散人離」！執信以革命大業為重，為國不暇顧家了！

倉前街鳳山變成炸子雞

執信於三月廿九之後，長駐香港機關部，仍負專責與各江綠林豪傑密切連絡。是年農曆中秋後四日（即雙十節）武昌起義成功，漢陽漢口相繼得手。至農曆九月初一日，湖南長沙亦光復，革命聲勢大壯。中山先生由美國芝加哥致電兩廣總督張鳴岐，勸其獻城歸降，張雖為之心動，但仍然首鼠兩端，僅允電奏清廷，請釋放汪精衛與黃復生，以和緩黨人。清廷立即發出上諭，將汪黃省釋，發交張鳴岐差委。精衛先叔出獄後，以螺馬市大街泰安棧為居停，他卻與袁世凱祕密往還，計畫推倒滿清的具體步驟。

清廷以武昌既首義，張鳴岐又表示此見好於黨人之態度，於張鳴岐不能無疑，乃特任素有軍事學識之滿人鳳山（曾在德國留學陸軍）為駐防廣州將軍，飭令尅日來粵赴任，以資鎮懾。香港機關部聞此消息，執信即與眾同志會商，認為水師提督李準既早經輸誠，張鳴岐亦已心軟，倘被滿人鳳山蒞任，此人有知兵之名，足為廣東光復之大阻礙；公議必須將鳳山炸斃，以免後患。李應生同志毅然挺身而出，願意負此重任，趕回廣州佈置。不意應生因製造炸藥不慎，猝然暈倒，臨時乃囑其弟李沛基執行任務，以十五磅重的炸彈，用繩垂繫於南關倉前街之中心，此為鳳山登岸必經之路。等到九月初四日上午，鳳山坐著綠絨大轎，行至街之中心時，沛基遠在樓上將繩放鬆，巨型炸彈即墜下，立將鳳山炸斃，連同其衛隊旗兵及路人死者共七十餘人。李沛基從容由樓下後門走避，平安無事。沛基於民十五始病卒於滬，其兄應生，今尚居留本港，年逾古稀了。

鳳山初到廣州天字碼頭時，市面上已經風聲鶴唳，草木皆兵，有人勸鳳山宜微服由小路入城，不必坐綠絨大轎，以策安全。乃鳳山官派十足，謂我是朝廷一品大員的命官，今天初次上任，不應如此鬼鬼祟祟，仍命照常擺齊執事儀仗，好威風的鳴鑼開道入城。不料行至倉前街即轟然一聲，卒及於難。鳳山的屍體，說者謂炸成像一隻「炸子雞」，雞是似鳳的，不可言妙耶，抑妙不可言耶？

三個月之前，漢人李準同樣亦被炸，不過微傷，不久即告痊愈。滿人鳳山被炸，卻立刻送命。此時滿人之倒運，由此可見一斑。

兵不血刃廣東全省光復

三月廿九之役，張鳴岐是走匿於水師提督行臺，得免於難。李準其時恃功凌張，鳴岐心不能平，乃奏調廣西陸路提督龍濟光率濟軍十一營來粵鎮守，鳴岐親龍氏而疏遠李準，這是促使李準向革命黨輸誠的因素之一。

寫至此處，另有一段舊事，必須一提：陳炯明是惠州海豐縣秀才，考入廣州法政學堂肄業，當時由執信介紹他入同盟會，宣統二年之冬，清廷預備立憲，廣東成立諮議局（即省議會的前身），陳炯明被舉為議員，與副議長丘逢甲頗有連絡。逢甲原是台灣省進士，憤清廷割台灣給日本，已懷革命素志，廣東諮議局除了老朽昏庸之議長易學清是反革命者外，其餘大多數議員均是同情革命的。

執信自己則直接負責策動廣州府屬的綠林起義，其在惠州府屬之綠林首領是王和順，執信即遣其門人陳炯明潛返東江策動之，準備約期會師於廣州。

是年九月十八日廣東諮議局全體議員，由副議長丘逢甲領導，倡議廣東獨立，仍推張鳴岐為都督。鳴岐卻不敢接受，是夕深夜，張鳴岐忽然獲讀穗市發行的報紙號外，載有電訊「京陷帝奔」四個大字。此舉差蓋革命黨人故意恐嚇張鳴岐者。張在惶恐中，信以為真，翌晨匆匆登上省港輪船逃往香港，總督以下各級官吏聞此消息，亦皆走避一空。

十九日廣州各社團派出代表齊集於諮議局，公推胡漢民為廣東大都督，陳炯明為副都督，黃士龍為參都督。胡漢民未到任之前，推蔣尊簋暫行代理（蔣黃均是新軍人物，蔣僅代理一天）。先是，李準既與張鳴岐不睦，乃勒兵於虎門，先一日派二先兄宗洙（字道源）赴港，迎接胡漢民返穗，漢民乃偕同朱執信、陳景華、胡毅生及先兄宗洙等一班同志，即夜乘省港輪船赴廣州，翌晨登岸，即到諮議局就職。初由李準令派所部巡防營為衛隊，暫假諮議局為大都督府。

執信在香港頻行之時，派遣同志數人，分途傳令與各路民軍，尅期開拔赴廣州會齊，擁護胡大都督。

胡漢民就職後，以執信為大都督府總參議，儼然是一人之下，萬人之上。副都督陳炯明，又是他的學生，更是一切尊重他。執信時年僅二十七歲，歲數是與諸葛亮初出茅廬之時相同。

綠林豪傑都成民軍統領

胡漢民就任廣東大都督之翌日，執信經手組織的民軍，先後皆拔隊到穗，最先帶隊開到的是李福林，因他是廣州河南之大塘鄉人，其手下弟兄分布於番禺縣屬之三角洲，本人及其幹部則居住大塘鄉，距離廣州之河南區，約莫十里之遙，朝發夕至。李福林統率其先頭部隊，首先開抵諮議局，其餘各路民軍亦陸續抵穗，皆到諮議局報到。

我可算是一個「無膽匪類」，當時我在香港，比執信遲一天返廣州，亦是乘搭的夜船，與先師古應芬先生同行。翌晨登岸，即逕到諮議局，看見局之前後左右，滿佈民軍，皆是綠林豪傑，全無制服，一致荷槍實彈，如臨大敵。那年我僅廿二歲，稚心未除，睹此情形，有多少恐怖。登樓看見執信開列的名單，請胡大都督分別加委，計委出：李福林為福軍統領，陸蘭清為蘭軍統領（陸領為副），黎義為義軍統領，張炳為炳軍統領，石錦泉為錦軍統領。皆以其人之名為番號。獨陳炯明經手策動東江綠林首領王和順，其番號則為循軍統領，惠州古稱循州，這循軍番號是出自陳炯明之意，亦自私之念使然也。

各民軍統領之中，執信與李福林最有緣，對他的印象也最好。福林以廣州之河南區，接近其家鄉大塘，請願指定河南為他的防地，執信立即予以照准，並命其設置福軍大營於廣州河南海幢寺內，福林欣然應命。

其他各部民軍，概由執信發令，分配駐地，或命駐紮大佛寺，或命陸紮西關華林寺與其他寺廟。各統領一一遵命，率同各弟兄向指定陸兵地點而去。

我在香港未起行之前，特先到理髮店將辮髮剪去，然後登輪返穗。午後在諮議局樓上，看見水師提督李準，偕同江霞公太史同行登樓，他倆亦已將辮髮剪去了。霞公太史對著我自誇曰：「我是在廣州第一個剪辮之人。」他真不愧為識時務之俊傑，但我眼見執信對於李準相當客氣，兩人從前本來有淵源，加以莘伯先伯父之關係，自然發生友好之情誼；但執信對於霞公太史，即完全不瞅不睬，顯出有鄙視他的心理。後來我認為此舉執信不無錯誤，對江霞公不加禮貌，種下一些禍根，實為日後霞公阻止李福林討龍濟光之張本。

昂然進入廣州得意忘形

我初抵廣州之日，暫住設在諮議局內之大都督府，府內同人自胡漢民以下，皆是食大鑊飯，開完十桌，又開十桌，好似開流水席一般。到了黃昏時侯，我問執信曰：「三哥今晚住宿何處？」執信答曰：「我們是借住諮議局議員的寄宿舍，因人多，要孖舖（粵語、二人共臥一床，謂為孖舖」。昨夜我是和道源二哥同臥一榻，倘你不怕擠擁，今夜可宿此處。」我立即走往宿舍參觀，原來宿舍的床底下，堆滿了炸彈或其他武器，我凜於君子不立於危牆下之戒，決心回豪賢街老家住宿，食過晚飯後，我由大東門入城，此時駐守城門的武裝士兵，仍是李準的部下，著有整齊的制服，我胸前佩帶大都督府的襟章，昂然進入大東門，守兵於十步之外看見我，他們不知我是什麼人，其班長高呼「立正」口號，士兵一致舉槍向我致敬，我當堂受寵若驚，好似褲浪打風，得意忘形之極，我當晚返抵老家安寢。回憶起來，殊堪發噱。

翌晨，我到大都督府，執信對我曰：「你看見本府各人分配工作的榜示否？」我答曰：「沒有看見。」執信曰：「快去看一看，各人守著自己的崗位吧。」我答曰：「好！」隨即跑去看榜，其時南京臨時大總統府尚未成立，廣東大都督府之下，分設各部，榜開如下：民政部長兼警察廳長陳景華、財政部長李煜堂（後來由廖仲愷任）、軍政部長蔣尊簋（後由鄧鏗繼任）、司法部長汪祖澤（即大家兄，字通甫）、教育部長葉夏聲（後由鍾榮光繼任）、衛生部長李樹芬（即目前香港養和醫院之主人）。榜上各部長姓名之下，各有部員若干人，我的姓名在衛生部員之列。梁乾初、廖德山、左吉帆是衛生部員，那時我未有就職，這是我的幼稚病（後來各部改稱司）。

不特我那時患幼稚病，胡陳朱三巨頭又何嘗不患幼稚病！當時龍濟光所統濟軍十一營，駐在廣州，此時革命空氣，異常濃厚，龍氏不特不敢反動，倘給他一道遣散或改編的命令，他不敢不凜遵的。可惜胡陳朱三巨頭見不及此，且均姑息龍濟光，加委他為濟軍統領，鑄成大錯。

廣州光復經月不視妻女

大都督府設在諮議局內，大約不滿旬日，胡漢民已命人將兩廣總警衙門修繕完妥，即行遷往。胡漢民及執信，日間則在辦公廳應付一切軍民兩政，夜間則宿府內。胡朱二人連床，共寢一室，形影不離，有甚於手足。

其時之朱三嫂，仍在穗市南關東横街楊宅，攜幼女寄居於外家，我曾往東横街訪朱三嫂，問執信曾否回來相見？朱三嫂微有不悅之色，答我曰：「佢！佢！佢！哪裡記得我呢？廣東光復已經將近一個月了，佢絕未有回來一看妻女，僅第一次命人送過三十元零用給我，昨日是第二次又給二十元，如此而已——」說畢，仍有慍色。我安慰朱三嫂曰：「三哥為著國家大事，公爾忘私，三嫂應該原諒他，待至時局稍微安定，他抽得出餘暇，一定會來看三嫂的。三哥既再命人送零用錢回來，足為三哥記掛三嫂之憑證了，何必擔心呢？」我說至此，朱三嫂始無言，即此一端，足見執信之責任心重，勤勞國事，非他人之所能及也。

我訪問過朱三嫂之後，走往都督府，伺候執信公畢，見他稍可小憩之時，我將到過東横街楊宅訪問三嫂的情形，一一報告於執信，並趁這機會，勸執信宜抽暇省視其家人，在我是抱著一番善意，真估不到執信竟表露出一副嚴肅的面孔，不發一言，也不表示可否，只瞪眼盯著我，似乎嫌我多管閒事之意，我只有悄然退出了。

反觀我自己，可說是一名「廢物」！我既然不感興趣就衛生機構之職，其時我的愛妻金氏，僑居香港鹿角酒店，我又看見駐在廣州市的民軍，仍未改其「賊」性，紀律太壞，搗亂得十分不像樣，我決計返港會愛妻，認為仍是躲在溫柔鄉中為舒服，我之自逸與自私，與執信之勤勞相比，成為「大人物」與「小人物」的分野，實在慚愧得很。

胡偕朱廖赴港迎謁國父

武昌起義時，國父孫先生僑居美洲，本擬兼程回國，嗣聞清廷因軍費支絀，向英國商量大借款，方在接洽之中，國父乃先由美洲赴倫敦，多方設法阻止此項借款，居然生效，英國果打消借款與清廷之議。國父乃乘郵船東歸，辛亥年農曆十一月初二日行抵香港，此時廣東光復已經一個半月，局面大致粗定，胡漢民事前接獲國父抵港之情報，與朱執信、廖仲愷共三人乘坐兵艦赴港，迎謁國父。四個人閉門密議方略，胡漢民認為廣東擁有新軍及巡防營與民軍，合計可有十萬之眾，料無反側之虞，主張國父駐節於廣州，長江一帶軍事，交黃克強將軍負責指揮，觀其成敗，以廣東為最後之根據地。國父當時卻不以胡漢民之說為然，主張親身赴南京（其時南京上海均已先後光復）居中策劃，號召天下，不應偏處南方，致失人望。執信不特贊成國父之主張，且勸胡漢民亦應隨同國父北行，粵事交副都督陳炯明代理。廖仲愷亦同此見解。胡漢民亦服從眾議，遂隨同國父赴滬。執信則偕仲愷返廣州，宣布由副都督陳炯明代理廣東都督，執信仍任都督府總參議如故。

執信之胞弟秩如（名大猷），是一位老實學者，與執信之個性根本不同，嘗問執信曰：「三哥與胡都督共事，相處如此之好，如魚與水，必無爭執。」執信笑答曰：「你估錯了，我與胡都督每日必有爭論，多則十數次，少亦數次，甚或有時每一件事都爭論。」秩如認為奇事，舉以告我。蓋胡漢民視執信為畏友，陳炯明又係由他經手介紹加入同盟會，故胡陳兩人對執信一樣服貼，執信之魅力，真不可思議也。

據朱三嫂言：由辛亥九月，迄民元四月，執信均忙於公事，不暇恢復其家庭，直至民元之五月，方始租賃豪賢街舊住之屋，接其弟妹及朱三嫂母女歸來，恢復其一年零兩個月以前之簡陋家庭。

朱三嫂今年七十七歲，現在居住九龍紅磡馬頭圍道五十七號八樓（無昇降機的），與其兒媳同居，有男女孫四人。我和朱三嫂是五十三年的表叔嫂，今皆垂垂老去，讀唐詩「等是有家歸不得」之句，惟有相對唏噓而已，往事追懷，復何言哉！

朱執信先生外傳之五

民國紀元前一年，農曆辛亥年九月，廣東兵不血刃，全省光復，當然是一件值得大大慶幸之事。惟在那一過渡期間，最令廣州老百姓深感「頭痛」者，卻為陸續開拔抵穗市之各路民軍，他們一致是「如假包換」的綠林豪傑，換言之，其出身百分之百是「盜匪」。我在本文第三節中，已經敘述過了。當時要策動他們起義，參加革命行動，第一講「錢」，第二講「錢」，第三依然講「錢」，他們絕對不會了解什麼是三民主義和五權憲法，他們唯一懂得和需要的，只有「發財」兩個字。但在各路民軍統領之中，那時獨以河南區為防地之李福林所部「福軍」，軍風紀為最好，居然能在河南區負責保境安民，縱然有極少數不肖的弟兄，偶然有不法行為，倘被李福林發覺，立予懲戒。李福林能夠如此守法，完全是接受執信的薰陶導誨有以致之。原來自從廣東光復之後，執信分設兩個臥榻：其一設在大都督府；其一設在福軍大營。分別在兩處住宿，由辛亥九月至翌年民元五月，均是如此。李福林與執信接觸的機會多，又肯遵從執信的指導，李氏居然能夠潛移默化，真的改邪歸正。

除了「福軍」之外，其他各路民軍，大多數仍是「賊性」未除，他們分駐在廣州城廂內外，其能夠僅限於以開煙開賭為財路者，已經算是比較安份的了；甚至有的依舊幹其「擄人勒贖」或「打家劫舍」的勾當，其中以石錦泉一股為最兇狠，勒贖小孩不遂，往往即在穗市撕票！辛亥之冬，有一個時期廣州城是不可以一朝居的，當時「民軍大叔」之名，今尚生存之老者，仍然會「談虎色變」！我更怕看見他們的猙獰面目，所以我偕妻侍奉我的嚴親僑居香港，嗣又遷往澳門，是年遂在濠江渡歲。

為地方除害槍斃石錦泉

自胡漢民隨同中山先生離港赴滬，由陳炯明代理廣東都督後，那些民軍在穗市鬧得更兇，已經搞得天怒人怨。陳炯明亦看不過眼，他與執信商議，要為民除害，擬先將最兇之石錦泉一股解決，執信亦同意。其時新軍的軍風紀最好，一向駐防在穗市東郊之燕塘，陳炯明乃祕密命令新軍準備出動，執信亦通知福軍在河南佈防，聽候命令渡江接應。諸事佈置妥當後，陳炯明即以電話通知石錦泉，謂有大宗軍餉發放，囑其親身到都督府領取。石錦泉聞都督府發餉，喜出望外，他恃著自己的大營駐紮在城南大佛寺，不虞陳炯明有詐，竟毅然單身進入都督府，這時陳炯明卻故意與其他幕僚討論公事，囑石錦泉稍微等候。待至燕塘新軍隊伍全副武裝開了入城，炯明乃延石錦泉入辦公室，原來不是關餉，乃係將人民控告石錦泉罪狀的呈文一大束，擲交石錦泉自己看，嚴厲申斥他之後，立命武裝士兵將石錦泉綑綁，即在都督府內執行槍決。此時新軍已將石錦泉的大營包圍，傳出都督府命令，發給恩餉，全體解散。語云：「蛇無頭不行」，石氏既被槍決，其所部弟兄無法反抗，自營長以下，一律情願接受恩餉，將槍枝子彈繳出，遣散歸農。此事是由陳炯明與朱執信二人合作，完成這使命，為地方造福不淺，可稱功德無量。

黃士龍溜走陳炯明營私

廣東光復之初期，由廣州各社團在諮議局推舉胡漢民為大都督，陳炯明為副都督，黃士龍為參都督。黃氏之所以被推舉，因他是新軍的教練官，服務已歷多年，他本人原是一個反革命份子，上文曾經敘過。庚戌年倪映典烈士在廣州牛王廟起義，便是被黃士龍統率其他未受策動之新軍，截擊倪映典的後路，以致倪烈士被俘，執信因此極憎惡黃士龍，胡漢民陳炯明亦同此心理，胡陳朱三巨頭均不予黃氏以好的顏色，黃士龍自己亦感覺並無留粵的趣味，遂悄然離粵而赴北京，依附袁世凱。袁氏知道黃士龍與廣東新軍有多年淵源，亦豢養之，留為民二禍粵走狗之用。我上文曾論及胡陳朱三巨頭姑息龍濟光，當年未予濟軍以解決，不無犯了幼稚病。至於這次放縱黃士龍，亦未嘗不是失策之一也。

黃士龍走後，陳炯明正代理都督任內，提拔他的惠州同鄉鍾鼎基為廣東陸軍第一師長，蘇慎初為第二師長，張我權為混成旅長。此三人均是留學日本士官學校畢業，用當其才，朱執信自然不會反對。其實這是陳炯明企圖培植自己的基本勢力，其內心是自私、不懷好意的。執信於陳氏的心事，未嘗不明白，不過執信富有自信力，他知道自己的權威，可以將陳炯明控制得住，故關於陳氏任用鍾蘇張三人為師長及混成旅長，執信聽其自然，未有阻撓。

為保留福軍朱執信發狠

執信經手組織之各路民軍，除石錦泉一股，因罪狀昭著，早經解散之外，其他各路民軍，大抵都是烏合之眾，絕無戰鬥力之可言，在廣東未光復以前，不能不利用他們，以壯革命軍的聲勢，光復之後，已將紀律嚴明之新軍擴編為正規陸軍兩師一混成旅，那些民軍，實在毫無用場，徒然消耗公帑，實屬有害而無益。陳炯明又與朱執信商量，擬將各路民軍一律優給恩餉，飭令繳械歸農。執信經過詳細考慮後，原則上予以同意，惟主張仍保留一支紀律較佳之「福軍」，陳炯明口是心非，口頭上已經漫為答允，越數日，陳炯明於執信未蒞都督府之前，忽然發表通令與各路民軍，命各統領遵令領受恩餉，繳械解散，「福軍」亦在被解散之列。

先是，陳炯明解散民軍之決策，早已為外間所風聞，李福林曾懇求執信為之試法保留，執信曾在李福林面前，大拍胸膛，保證決不解散「福軍」。是日李福林奉到都督府解散「福軍」的命令，誠惶誠恐走告於執信，執信大怒，認為陳炯明失信，立即手持左輪手槍，逕入陳炯明的辦公室，將槍口指著陳炯明曰：「你已經答允了我，保留福軍，我亦已經答允了亞燈（李福林綽號李燈筒，簡稱亞燈），你和我兩人均不能失信，我要求你立即撤銷解散『福軍』的命令，倘你仍不接納此要求，我現在立即槍斃你，我亦即自殺便是。」此時之陳炯明，如何敢反抗其老師的意旨呢？乃從容答曰：「請朱先生不必如此動怒，有事自可慢慢商量。」執信仍怒叱曰：「此事無商量之餘地，只問你的答案，是可，抑或否？你和我，是同生、抑或同死？請你乾脆些回答我！」說時，仍用手指扳著手槍機，準備發射，陳炯明至此，不能不屈服，乃下令撤銷解散「福軍」之命令。

廣東成立全省總綏靖處

陳炯明是一個剛愎自用之入，他在代理都督任內，佈置自己的爪牙於要津，排除異己，漸為同盟會諸同志所不滿，反對陳氏之人甚多。民國元年二月，中山先生尚在南京臨時大總統任內，廣東各界人士與同盟會一部分同志會商，擬公推國父之胞兄孫眉為廣東都督，紛紛致電南京請願。執信卻不以此舉為然，致電於南京胡漢民以阻止之。國父亦不願其兄受人利用，致電與孫眉先生，勸阻其活動。孫眉出任粵督之事雖不克實現，惟陳炯明被各界人士反對如故。陳炯明之於執信，表面上執禮尚恭，惟因保留「福軍」一件事，如此勉強，兩人心中不能無芥蒂。

至民元之四月，中山先生卸任臨時大總統職，是月二十五日偕同胡漢民返抵廣州，陳炯明分別向國父及廣東省議會辭職，省議會開會議決，公推汪精衛為廣東都督，其時汪氏在滬，覆電力辭不就。執信主張此事應取決於國父，國父乃親到廣東省議會演說，謂粵事宜仍由胡漢民負責。省議會遂一致公推胡漢民復任廣東都督（都督二字之上，減去一個大字），執信當然仍任都督府總參議如故。

胡漢民復任都督職後，認為陳炯明究竟是富有朝氣之人才，不欲任其投閒置散，且廣東陸軍兩師一旅之統兵將官，均是陳氏之私人，亦不能不予排面子上的敷衍，特親訪陳炯明，詢其願意擔任什麼工作。陳炯明認為廣東地方以「賭、盜、會、鬥」為四大害（賭、盜、兩項甚明顯；會、是指幫會之土豪；鬥、是指鄉民之械鬥），陳氏擬自任「廣東全省總綏靖處經略」，再分區設置各綏靖處，各置「督辦」一員主其事，由總綏靖處領導總其成，負肅清賭、盜、會、鬥四大害之責。胡漢民表示同意，惟各分區綏靖處督辦，仍由都督府派委，當即委出朱執信為廣陽綏靖處督辦（主管廣州府屬及陽江、陽春兩縣），周之貞為肇羅綏靖處督辦；陳仲賓為南韶連綏靖處督辦，鄧鏗為瓊崖綏靖處督辦。

只敢用公函不敢下命令

執信既負綏靖廣陽地區之責，李福林所統之「福軍」，當然撥歸執信指揮調遣。同時，胡毅生時為海軍司長，機構設在廣州南堤原日之水師公所，廣陽綏靖處亦同設該處，執信與毅生合作，調遣毅生所統率之兵艦，完成任務，匪氛遂漸肅清。

執信與陳炯明之間，有過幾件「傳奇性」之軼事，足資茶餘酒後之話柄者：陳氏當時是廣東全省總綏靖處的最高負責人，執信只是負責廣陽綏靖處，論理，當然執信主管之機構是隸屬於陳炯明之下的，但陳炯明對於外屬各綏靖處，一概用命令，獨對於廣陽綏靖處，不敢用令而用公函。執信對於總綏靖處，亦以公函覆之，因人而異其禮儀，亦一異聞也！

陳炯明到了民元之冬，教唆廣東陸軍第一師長鍾鼎基、第二師長蘇慎初、混成旅長張我權，聯名通電，擁戴陳炯明為廣東陸軍第一軍長。通電發出後，陳炯明立予接受，宣告就職，成立軍司令部，又委託粵紳江霞公太史（孔殷）祕密赴北京，由梁士詒介謁袁世凱，代陳炯明表示輸誠。袁政府於民二春，發佈明令，任命陳炯明為廣東護軍使，陳亦即宣布就職。執信對於陳炯明如此這般的舉動，甚不以為然，惟此時頗有「尾大不掉」之勢，亦無如之何。

朱執信先生外傳之六

陳炯明在國民黨內，算是一名小有才的傢伙，辦事頗有魄力，他在廣東法政學堂為學生時，被朱執信看中，介紹其加入同盟會。倘陳炯明能衷心服從其師朱執信的指導，依循正軌活動下去，他的前途將是大有可為的。可惜陳炯明親小人而遠君子，他對於執信逐漸的抱著敬而遠之的態度，而親信綽號「金師爺」之小人金章。這是一名標準的反派角色，誤盡蒼生全在此人！

金章，字浩亭，原籍浙江紹興人，占籍廣東番禺縣，與執信為同庚。前清光緒末年與胡漢民、汪精衛、朱執信同時東渡日本留學，並同時加入同盟會。金章亦是小有才之人，胡汪與之交厚。某年暑假，金章回國省親，胡汪聯袂特由東京送他至橫濱，依依不捨，其私交之篤，可以想見。辛亥九月廣東光復，胡漢民就任廣東大都督，執信任總參議，金章則與杜之杕、古應芬、張樹棠四人，分任參事、秘書名義。都督府內除執信外，此四人均握有權力，時人號稱「杜、古、金、張」為四大金剛。

邪不勝正金章另謀出路

執信之為人，守正不阿，嫉惡如仇，真正是一位「無私」的君子。胡漢民終身視為畏友，敬而信之。金章眼見執信以嚴明正直見重於胡漢民，他不甘雌伏，乃妬忌執信，對於胡漢民則採用阿諛奉承的手法，「愛戴高帽」者多矣，胡漢民亦是賢者不免。民元秋冬間，有一個短時期，漢民對於金章，頗為寵信，每遇有問題發生，執信提出一個主張，旁人無敢非議，金章輒伺執信離開都督府，便向胡漢民巧言令色，企圖推翻執信的主張。胡漢民亦嘗為其所惑，但到底是邪不勝正，第二天執信返抵都督府，憑著「理直氣壯」與胡漢民爭論，胡氏終歸屈從於執信原議，經過多次這樣的場合，執信知道是金章從中作祟，輒當堂向金章「面斥不雅」，並請胡漢民嗣後凡事不必與金章磋商，胡氏亦予接受。金章至此，真的被壓到無地自容。

金章看見胡都督這一條路行不通，那時廣東除胡漢民外，尚有身任廣東全省總綏靖處經略之陳炯明，加之金章亦曾任廣東法政學堂教員，陳炯明亦是他的學生，金章遂設法走陳炯明路線，不久便做了陳炯明的「紹興師爺」。我在上節裡曾敘述陳炯明委託江霞公太史為代表，祕密赴北京，輸誠於袁世凱，袁政府因此特派陳炯明為廣東護軍使，皆金章為之劃策之效果也。

本期所刊佈珍貴圖片之一，便是辛亥三月廿九之前，執信與廣東法政學堂全體教職員同事合攝之照片（見本書前圖片頁圖二），站在前排最左者是朱執信，站在執信之後者即是金章。此時（民元之冬）因廣東陸軍的兩位師長和一位混成旅長聯合擁戴陳炯明為第一軍長，成立了軍司令部。加上不久之後，陳炯明又接受袁世凱的任命，就任廣東護軍使，執信對於陳的這些行為，確實已到忍無可忍的境地。

深夜打電話戲弄陳炯明

執信於積憤之餘，他要戲弄一下陳炯明，有一次，夜深一時，在廣陽綏靖處拍電話至總綏靖處，聲稱要請陳炯明聽電話，總綏靖處接聽電話之人員答曰：「陳公早已安寢，請你明晨再打電話來。」執信曰：「不行，我有緊要說話對他講。」接聽電話之人曰：「請問你是何人？」執信曰：「你不必問，總之，我的電話，陳炯明是不能不來接聽，更不敢不來接聽，縱使他已入睡，可即叫醒他可也。」接聽電話之人至此，知道來頭不細，乃往喚醒陳炯明，據實報告。陳炯明果然急即起身，接起電話筒問曰：「你是那一位？」執信識得陳炯明的聲音，即曰：「我是朱執信。」陳炯明曰：「請問朱先生，深夜拍電話來，有何指示？」執信曰：「並無什麼緊要事，我不過拍電話來，打聽你已經入睡未而已。」言畢，即將電話筒放下收線，執信這樣戲弄陳炯明，陳炯明亦無如之何。

民國元二兩年，執信在粵一身兼任四個重要職務：一為廣東都督府總參議；一為廣陽綏靖處督辦；一為都督府執法處長；一為廣東全省審計處長。他分其才力，於這四個崗位，均能盡其本份的職責，一致有良好成績。

北京政府其時設置稽勳局，袁世凱任命馮自由為局長。胡漢民以廣東光復，朱執信及李準二人功勳稱最，臚列事蹟，請予敘勳，袁政府乃發表明令：朱執信、李準均授為陸軍中將。

陳炯明學樣偏遇著硬漢

執信之兼任都督府執法處長，有一件極為有趣的掌故，值得一敘：原任執法處長是陳鴻慈，陳炯明既就任總綏靖處經略，發出佈告，主張嚴厲禁賭，倘拏獲聚賭人犯，即行槍斃，這是陳炯明以命令變更法律，是非法行為，與北京中央政府頒佈之刑法，顯有抵觸。司法司長羅文榦因此案與陳炯明發生正面磨擦，指責陳炯明侵犯司法之獨立。陳炯明不顧一切，堅決這樣獨裁，羅文榦因此辭職，改就北京政府總檢察廳檢察長。

總綏靖處成立之初，未有人犯拘留所的設備，某日，陳炯明拏獲賭犯二人，用命令發交都督府執法處代為收押，處長陳鴻慈以執法處隸屬於都督府，與綏靖處不相統屬，不便接受其命令，但仍然勉強收容了這兩名賭犯。不料翌日陳炯明又發下命令，飭將兩犯執行槍決。陳鴻慈不便為此非法之事，經過審慎考慮之後，將賭犯二人璧回總綏靖處，聲明不便代為收押。陳炯明大怒，認為陳鴻慈丟他的臉，他效法其老師朱執信，用手槍指著他，要他撤消解散「福軍」命令的故事，也手持左倫手槍逕入都督府，將槍口指向陳鴻慈，他十足模仿其老師朱執信的口吻，罵陳鴻慈曰：「倘你不代為收押這兩名賭犯，我立即槍斃你，我亦即自殺，同歸於盡。」說畢，怒目而視陳鴻慈。誰知陳鴻慈也是一名硬漢，絕不示弱，答曰：「我們出身做革命黨，是不怕死的，你有膽，請即開槍！」陳炯明的權威，究竟比不上朱執信，執信能持手槍威脅陳炯明，使之屈服，陳炯明則嚇不倒陳鴻慈，兩人相持爭執之際，陳炯明不過是紙老虎，到底不敢放槍，幸虧得胡漢民出為魯仲連，將兩陳勸開，鴻慈立即向胡漢民表示堅決辭職不幹，陳炯明乃悻悻然而退。

既主執法處又長審計處

他們表演這一幕活劇之時，朱執信不在座。少頃，執信到都督府，胡漢民乃發下條諭，准陳鴻慈辭職，派朱執信兼任執法處長，執信即宣告就職。旋致電話給陳炯明曰：「我現在繼芑村兄之後（陳鴻慈別字芑村），兼任執法處長，倘你仍將賭犯二人送來，我是同樣璧回，不予代為收押的，不信，即管送來一試？」語畢，將電話筒放下。陳炯明無如之何，乃將賭犯二人，改送廣州地方檢察廳代為收押，時在民二，執信年二十九歲。外間人聞得他們這樣做法，譏之為「孩子氣」未除，此話似是而非。觀此足徵不論事之大小，執信精神上的權威，確可以將陳炯明控制得住。倘執信於民九不致殉國，待至民十一，陳炯明決不敢背叛國父的。

執信另一個兼職，是廣東全省審計處長，他於職務上亦有超水準的表現，各機關按月的報銷決算清冊，他督率審計處科秘人員，逐項認真稽核，批駁一切虛偽的浮報，異常嚴格。甚至某機關所開報「雜支」項下，開出使用火柴太多，執信認為該機關多報了白銀四毫，著其將四毫白銀繳回省金庫核收。主管科長以為不必如此細微，簽呈意見請免，執信曰：「為政之道，貴乎綜覈名實，白銀四毫，其事雖小，浮報之風一開，流弊太大，非駁不可」。卒如其言施行。執信主持審計行政，不數月，確能辦到弊絕風清，省財廳金庫，不特做到收支適合，居然庫有盈餘。民二之上半年，廣東一切庶政，真的可稱上了軌道，執信之才大心細，有如此者，真人傑矣哉！我不敢說前無古人，民九以後，確不曾見有來者能如執信，此則可以斷言者也。

宋教仁遇刺胡漢民解職

回憶民元八月，同盟會改組為國民黨，當初尚未有總理名義，中山先生被推為理事長，依然是一黨之魁首。中山先生旋委派湖南籍同志宋教仁為代理理事，宋氏在黨內素以才氣恢宏著稱，南北統一之初，宋氏曾任北京政府農林部總長，僅三個月，國務總理唐紹儀以袁世凱獨裁，內閣無實權，憤而辭職，宋亦連帶解職，返滬致力於黨務。

民二之春，全國各省辦理參議院、眾議院議員選舉之結果，國民黨大獲勝利，佔大多數。宋教仁乃以國民黨代理理事長之身分，歷經湘、鄂、皖、蘇而至滬，到處發表演說，主張可以選舉袁世凱為正式大總統，惟必須實施責任內閣制度，國務總理由眾議院投票推舉。因此，大觸袁世凱之忌，三月二十日宋在上海北站擬乘滬寧鐵路火車轉津浦路北上，袁世凱使人在上海北站行刺宋氏斃命，越七日，袁世凱又違法與英、法、德、俄、日五國銀行團訂立善後大借款二千五百萬英鎊，準備作為內戰的軍費。

參眾兩院開會反對政府違法借款，袁氏亦置之不理。五月江西都督李烈鈞、湖南都督譚延闓、安徽都督柏文蔚、廣東都督胡漢民等，聯名通電反對袁政府非法借款，並主張嚴懲宋案主謀之人，六月，袁世凱惱羞成怒，先後下令免去四都督之職。

最滑稽的是，北京政府竟派胡漢民為西藏安撫使，特任陳炯明為廣東都督。在陳炯明是求仁而得仁，自然滿意，於六月中旬就職。胡漢民則於交卸後偕同執信赴香港小休。

朱執信先生外傳之七

民國二年六月中旬，陳炯明接受袁世凱的任命，就任廣東都督，執信知道陳氏暗中與袁世凱勾結，深感憤恨。至是，將本兼各職，一概辭去。陳炯明心裡雖然寵信金章，外貌卻依然尊敬執信。聞執信辭職，極力挽留，依然開口稱呼朱先生，閉口亦稱呼朱先生，表現得很恭順。執信不願與之合作，仍堅決要辭，陳炯明復親自到朱宅，一再懇切挽留，並謂：「倘朱先生一定要走，炯明亦不幹，一同走吧！」執信答曰：「我並非不願意幫助你，千萬不可誤會，我因自從辛亥三月二十九以後，以迄於今，不斷努力於一切工作，算來已經兩年有多，你知道我的身體不是十分壯健的，希望你給我一個休息的機會，暫時卸下仔肩。幸而現時廣東一切行政，大致已上軌道，胡先生的一切措施，你可以蕭規曹隨，倘他日非我回來不可之時，我仍可隨時歸來，以幫助胡先生的精神幫助你便是。尚有一點，你必須要諒解我的，胡先生之於我，言聽計從，共事以來，魚水相得，他現在下野，倘我仍然戀棧不去，似乎對他不住，頗難為情，我已經決意，無可挽回，你的好意，惟有多謝了。」陳炯明曰：「朱先生既然感覺過於勞碌，節勞自是應該，執法處和審計處兩職，我當另委別人替朱先生分勞，至於都督府總參議及城陽綏靖處督辦兩職，仍請朱先生繼續負責下去，此是炯明最低限度的要求，務乞朱先生俯如所請。」執信在情面上實不便過於執拗，乃曰：「待我今夜考慮一下，明日再答覆你便是。」陳炯明再三懇切叮囑，然後辭去。執信心裡不願與金章為伍，去志已決。翌晨，逕搭省港輪船赴香港去了。

隨岑汪返穗說服陳炯明

陳炯明聞執信已往香港，都督府執法處及審計處兩職雖另委別人接充，但總參議一席，仍留給朱執信掛名，並條諭庶務處照常按月致送薪俸。至於廣陽綏靖處督辦職務，在朱執信未回任以前，由陳炯明本人暫行兼代。一面派員赴港促請執信返穗。陳氏這樣待執信，算是始終不敢怠慢，此是執信偉大人格之所感召也。

是年七月十二日，李烈鈞在江西之湖口，起兵討袁，傳檄遠近，不數日，陳其美在滬，黃興在寧，柏文蔚在皖，相繼舉兵響應，戰事遂告爆發，歷史上稱之為二次革命，又名為癸丑之役。

此時之廣東都督陳炯明，其「向背從違」有多少問題了。長江方面的軍事，國民黨顯然處於劣勢，惟寄其期望於華南為後盾，那時廣西都督陸榮廷及駐兵於梧州之龍濟光，此二人在華南有舉足輕重之勢，陸龍二人均是前清兩廣總督岑春煊之舊部，為岑氏一手培植之人，國民黨企圖利用岑氏之威望，冀其堪以控制陸龍，黃興因此敦促岑春煊南下活動，聲明倘能駕馭陸龍就範，即推戴岑氏為討袁軍大元帥。岑之與袁，在前清已經是死對頭，此時看見有出風頭的機會，也不願輕易放過，惟岑氏既想連絡陸龍二人，自非駐節於廣州不可，岑春煊與陳炯明平日絕不相識，不便一人獨行來粵，況且陳炯明暗中勾結了袁世凱，風聲早已洩漏，國民黨孫黃兩巨頭在滬磋商，他倆深知朱執信仍有控制陳炯明的潛力，而執信又是汪精衛氏的外甥，乃請精衛陪同岑氏祕密南下。過港時由精衛堅約執信同行返穗，會商貫徹討袁的大計。

金章此時已經暗中勸告陳炯明，不必參加討袁，謂為徒然犧牲，於事無濟。陳炯明亦有守中立之意。迨岑、汪、朱三氏抵穗，提出討袁的主張，陳炯明表示出許多難題，態度相當遊移，岑汪朱三氏將陳炯明日夕包圍著，責以大義，尤以執信的說話，堅決而嚴厲，陳炯明終被說服，於七月十八日即宣布廣東獨立討袁。

銀彈攻勢擊破二次革命

憑著朱執信的權威，始終可能懾服陳炯明，使其就範。可惜岑春煊的權威，太不濟事了，他派員分頭向陸龍二人策動，勸其參加討袁，陸榮廷不過表示緘默，不置可否；龍濟光竟嚴辭拒絕，其致覆岑春煊電文之大意云：「濟光與我公，均曾臣事清朝，官居一品，倘我公是因勤王而用兵，濟光自當惟命是從，生死與共，今我公乃南面與項城爭天下，濟光豈能盲從！今天下之人皆欲殺公，此濟光之所不敢，倘不如意，乞來就濟光，當為公護駕。……」（按：龍濟光在前清官至廣西陸路提督，是從一品。）岑春煊在前清久任兩廣總督，龍濟光是由他一手栽培，亦是受恩深重之人，何以忽然這樣無禮呢？想當然是早被袁世凱使用「銀彈」收買去了。岑春煊看見龍氏如此覆電，垂頭喪氣，束手無策，徒呼負負而已！

大凡政治上的鬥爭，人人皆知「炮彈」與「鎗彈」是厲害的，殊不知「銀彈」的力量，更加不可思議，袁世凱的大借款已經到手，便大刀闊斧去運用，除發給巨款與龍濟光之外，又命李準策動駐肇慶之舊部李耀漢所統肇軍，著令與龍濟光合作。龍氏遂統率全部濟軍由梧州直趨肇慶，廣州大受威脅。

至於廣東的陸軍兩師一混成旅，袁世凱豢養黃士龍經年，此時亦派用場了，暗命黃士龍攜巨款到香港，使用「銀彈」攻勢，廣東的師旅團營長各級軍官一致被其收買，八月五日廣東陸軍在穗市東郊之燕塘，開炮轟擊都督府，師長鍾鼎基拍電話給陳炯明，不客氣的請其下野。

駐河南區之福軍，平日僅識朱執信一個人，執信於陳炯明答允宣布獨立，參加討袁之後，認為任務已完，無意留粵，匆匆即返香港。李福林與李耀漢同是出身於綠林，亦有了默契。此時之陳炯明，竟無一支兵可用，眼見大勢已去，遂棄職避往香港，轉往南洋，歷史上所號稱之二次革命，華中華南一致失敗而崩潰了。辛亥九月，兵不血刃，光復廣東，看來似是容易，誰知癸丑之失陷廣東，更加容易，徒令龍濟光唾手而稱「南天王」。

執信太高潔金章太下流

陳炯明在廣州臨走之時，都督府庫存有港幣數萬元，陳氏自己酌量取用一部分，撥出三萬元交與金章，囑其帶到香港，分別配給與朱執信、古應芬、李文範、鄧鏗、張樹棠及金章本人；每人五千元，俾作避難之費。不料金章這傢伙，有了港幣三萬元到手，他不赴港而赴澳門，這一筆意外之財，他袋袋平安。由民二之秋，迄於民六，他在濠江納福數年，曾與他共患難的同志，他忘記得一乾二淨了！

回溯執信之一生，以民國元二兩年為最得意，他在粵之權力，不特是一人之下，萬人之上，換言之，他簡直是一位「太上都督」，但執信的人格，太過高不可攀了，他與「阿睹物」無緣，除每月應得之俸給外，決不多費公家一文錢。據朱三嫂言，民國元二兩年，執信付與三嫂的家用，規定是每月毫銀五十元，倘不敷用而請增益，到了月之下旬，可能酌加一二十元，偶然至多加至三十元，從來每月不會付到一百元之數。執信雖兼四個職務，但兼職不兼薪，每月俸給本來有五百元，除付家用外，餘款並不是儲蓄；各同志或因病，或因遠行，或其他題目，向他借貸時，他有求必應，當時預借下月薪俸供給同志，他自己身上可能隨時不名一錢，這樣的廉介高風，民國以來，我還沒見到第二個！

二次革命失敗，執信舉家避往香港，以平日毫無儲蓄之人，要再次渡其亡命之生活，其困難可想而知。後來風聞陳炯明有五千元分配給他的消息，喜出望外，不意日復一日，音訊渺然，金章匿居澳門何處，執信不會知道，亦不屑向他追問，從此更加憎恨金章，認為此人不堪為友，執信可謂太過高潔，金章則真下流矣！

龍濟光想騙執信返廣州

話說回頭，前清廣東水師提督李準之舊部，有李耀漢所統之肇軍駐防肇慶，又有賀蘊珊所統巡防營駐紮羅定。辛亥廣東光復之初，頗受革命黨民軍之壓力，要他們繳械，李耀漢知道我的二先兄道源（名宗洙）在都督府任參事，潛到廣州，請求道源兄為之維持。道源介紹其晉謁胡漢民，替他說好話，胡漢民乃給李耀漢以肇軍統領名義，維持其原有地盤。於賀蘊珊亦加給任命。到了民二之夏，陳炯明繼任廣東都督，肇羅綏靖處督辦周之貞，亦與執信同時辭職，陳炯明以道源兄與李準的舊部有悠久的淵源，委任道源兄繼任肇羅綏靖處督辦，道源兄是穩健派人物，先函約李耀漢到穗，徵詢其同意，李耀漢滿口表示擁戴，道源兄不虞其詐，乘坐淺水兵艦往肇慶接事，不意行抵肇慶時，龍濟光已先一日率兵到肇，道源兄登岸即被俘，幾遭不測。李耀漢雖有賣友之嫌，到底仍虧他說情保駕，龍濟光委道源兄為參議。不久，陳炯明下野，龍濟光到穗，就任廣東都督，他不懷好意，欲將廣東的國民黨要人，一網打盡，囑道源兄往港，代其邀請朱執信及杜、古、金、張諸人返穗，不惜甜言蜜語，謂當共同努力於建設廣東，尤其是極力表示對執信的推崇。道源兄得到這項使命，惟恐走得遲，不加考慮，掉頭不顧，立即首途赴港，將龍濟光的說話告知執信，執信深知龍氏「非我族類，其心必異」，自然不會有上當之理，惟有以一笑置之。

派筆者赴肇慶佐李耀漢

二次革命失敗後，胡陳朱三巨頭以下各人，先後相繼亡命，其時我在廣州，眼見「王侯第宅皆新主，文武衣冠異昔時」，不勝滄桑之感！乃隨道源兄之後，偕同蟄菴四家兄（名宗準，執信之胞妹夫）往港謁見執信，請其指教我等今後的行動。執信經過一夜之考慮，他確能深謀飛慮，想出了佈置的辦法。翌晨，執信對著我三兄弟曰：「我和道源，目標比較大，必不能為龍賊所容，蟄菴與希文，年紀較輕，不會為龍賊所注意。我和道源必須往日本東京以待時機，李耀漢與道源，究竟有過去的歷史淵源，可由道源函薦兩弟給李耀漢，託其量予任用。一面函託在北京之李準，倘李準肯發信幫忙，當必有著落。苟能如願，蟄菴與希文均宜暫時屈身於李耀漢的幕下可也。」我常時聞執信的說話，不甚高興，答曰：「李耀漢出身是盜匪，曾經幹過出賣道源兄之事，這樣的人，如何值得投靠？」執信曰：「你未明白我的用意，李耀漢現由肇軍統領一躍而為肇陽羅鎮守使，這種人必有野心的，他日機會來臨，我們以廣東都督的寶座為香餌，利用李耀漢的兵力，教他與李福林的福軍合作，可為他日『屠龍』的張本。有你兩人在肇慶工作，現在先落下兩隻棋子，準備日後派用場，吾黨捲土重來，未可知也！」說至此，我兄弟三人均表示同意悅服，如其言進行。李準與汪家之交情深厚，果然樂於發信推薦。民二初冬，李耀漢委任蟄菴兄為參謀，任用我為秘書。我與蟄菴兄鬱鬱於肇慶，歷兩年有多，醞釀至民五，始克策動李耀漢反對袁氏稱帝和討龍，此是後話，下文再詳。

國民黨改組中華革命黨

民二之秋，執信與道源兄在香港居留了三個月，聞得我和蟄菴兄已經入了李耀漢的幕府，執信始與道源兄聯袂赴日本東京，與國父孫先生及胡漢民等會齊，首途時的旅費，完全仗鄧澤如同志解囊相助，朱三嫂亦隨同東行。

民二癸丑之役，袁世凱於軍事取得全面勝利，九月十五日嗾使總檢察廳以內亂罪為名，通緝國父孫先生以下各人，執信自然亦在其列，名單內，無汪精衛姓名，亦一奇跡也。

民三，執信與胡漢民等贊佐國父，計畫改組國民黨為中華革命黨，制定黨的革命方略，六月二十三日全體同志仍公推孫先生為中華革命黨總理，以陳其美為總務部長，居正為黨務部長，許崇智為軍務部長（鄧鏗為副），胡漢民為政治部長（楊庶堪為副），張人傑為財政部長（廖仲愷為副）。又以宣傳任務最關重要，在東京發行《民國雜誌》，以胡漢民兼任總編輯，居正兼任經理，以朱執信、戴傳賢、鄒魯、廖仲愷、邵元沖、田桐、楊庶堪、葉夏聲等，分別擔任編輯與撰作的任務，向第三次革命之大道邁進。

從前在國民黨內之重要人物，未有參加中華革命黨者，有黃興、汪精衛、李烈鈞、譚人鳳、柏文蔚、陳炯明等數人，汪精衛且與陳璧君遠赴法國留學，此次在東京發行之《民國雜誌》，其號召力稍次於五年前之《民報》，大約因缺少了汪精衛操觚之故。

孫先生認為要實施第三次革命，自非用兵不可，乃自己兼任中華革命軍大元帥名義，積極進行討袁工作，每省區負軍事責任者，不再用都督之名，改稱為司令長官，以陳其美為長江司令長官，朱執信為廣東司令長官（鄧鏗為副），居正為山東司令長官，于右任為陝西司令長官，蔡濟民為湖北司令長官，準備分頭起兵討袁。

反對國父與宋慶齡結婚

在籌備第三次革命當中，有一件插曲，不能不一敘，便是朱執信反對國父與宋慶齡女士結婚一事。民三，國父是四十九歲，尚在壯盛之年，元配盧夫人年齡亦接近五旬，兒女均已長成，她生理上無法滿足丈夫的需要，國父在東京與宋慶齡女士邂逅，英雄遇著美人，一見鍾情，結下不解之緣。至是，國父有意與盧夫人離婚，而與宋女士結合。事為朱執信所聞，大不以為然，他要進行阻止，偕同胡漢民進諫曰：「吾國數千年傳統文化，首重人倫，夫妻為五倫中之一，聖人遺教，先從誠意、正心、修身、齊家為基礎，方可進一步而治國平天下。家不能齊，何能治國平天下？先生為一黨之魁，不能不以身作則，為眾人之模範。盧夫人與先生結褵垂三十年，三鄙稱其腎，古人云，糟糠之妻不下堂，此事萬不可行，切盼先生打消此意。」執信理直氣壯進言，胡漢民亦和其議，國父但笑而不答。執信仍堅持其說者再，爭論良久不能決，國父亂以他語而暫罷。

翌日，胡漢民、朱執信兩人，再出最後的殺手鐧，他倆一早起來，將自己的衣物書籍收拾，並將鋪蓋捲好，再次入告國父曰：「倘先生決意離婚，吾二人即從此告別，不復再供驅策矣，請先生給吾二人以切實的答覆。」

阻止國父離婚一件事，胡漢民不過是被動，事實上執信為主動，他深信自己必能格「君心」之非，打消此事。不知國父亦殊聰明，他經過一夜的長時間，與盧夫人有了協議，想出圓滿應付之方法。第三天國父答覆胡朱二人曰：「我倆離婚事，絕不是我單方面之意，她亦完全表示同意，你兩位可以當面詢之。」旋命人請盧夫人出堂，先由胡漢民啟齒問曰：「是否夫人同意與先生離婚？」盧夫人率直答曰：「不錯，我不特同意，而且贊成。」執信聞而詫曰：「請夫人道其詳。」盧夫人曰：「先生嘗謂必須與宋女士結婚，他方克熱心致力領導於革命大業，我深信宋女士是能夠幫助先生的，我為促成先生努力於革命前途起見，所以不止同意，而且贊成其事，並望胡朱兩先生同意玉成其美。」國父接著發言曰：「我要革命，不能缺少你兩位之協助，你兩位要革命，亦不能缺少我的領導，何必以去就為言，我們要合作到底，王道不外乎人情，我倆的離婚問題，乃是『三面言明，兩家允肯』，並無絲毫勉強，於道德上並無損害也。」盧夫人再三重申其意，胡朱二人至此乃無言而去。

執信雖然不再反對其事，心中仍然悶悶不樂。國父心知其意，不欲執信留在東京眼見其與宋女士結婚，於民三秋冬間，派執信往南洋籌款，俾其暫時離開東京。是年十一月二十五日國父實行與宋女士在東京結婚矣。

朱執信先生外傳之八

中華革命黨在日本東京改組成立後，孫總理指派朱執信為中華革命軍廣東司令長官。民三秋冬間，命執信先往南洋籌劃軍費。執信行抵新加坡，與鄧澤如、周之貞一班同志會晤，執信說明來意曰：「袁氏禍國，三次革命無法倖免，廣東為華南重鎮，總理派我與鄧仲元（鏗）負責粵事，因粵省軍隊，頗多我和仲元的舊部，已先後派員接洽，可期其發難。至於散處各江之綠林豪傑，如陸滿、黃明堂等，皆屬從前的民軍，辛亥九月，曾由我率之起義，淵源仍在，可以再次揭竿而起。駐肇慶之陸軍第二師長李耀漢處，我亦已派員與之連絡。此外各省，總理均已分派重要同志，分頭進行，誓必達到倒袁之目的。軍事前途，希望甚濃，所欠缺者，惟革命經費，希望各同志群策群力，勉為捐輸，俾得及時發動。……」等語。鄧澤如等即偕同執信出發，經過吉隆坡、巴羅、庇能，返芙蓉、掛羅、庇勝，出麻六甲、麻坡等地。民三之冬，始返抵新加坡，計籌得捐款四萬餘元，執信即攜返香港，與鄧仲元合作，分設機關於香港及澳門，即可此款為開辦費。

各地民軍起事無一成功

執信在香港機關部內，與鄧仲元積極策劃舉兵，兩人分工合作。仲元負責東北兩路，即：惠州、潮州、韶州、增城、龍門等處，執信負責西南兩路，即：南海、番禺、順德、恩平、開平、台山、新會、高州等處。至於肇陽羅十六縣，因是李耀漢的地盤，執信獨不在其防地活動，留為日後合作之張本。但不幸得很，民三冬，香港機關部同志活動事洩，港府要逮捕執信等十餘人，執信乃避往澳門。鄧仲元所派主持惠州軍事之洪兆麟，亦被港府下令通緝，仲元乃促洪氏祕密赴惠州，於十月下旬糾率增城、龍門的民軍，首先發難，企圖直趨廣州，在東莞首與龍濟光軍發生遭遇戰，因子彈不繼而失敗。惠州民軍起事亦告失手。鄧子瑜起兵於博羅亦無成就。洪兆麟負傷潛回香港療養。執信亦策動南海、順德之民軍，於十一月十日進攻佛山，初頗得手，嗣因龍濟光的援軍大至，亦以眾寡不敵而敗。

同時，在執信策動下之高州民軍，亦曾一度攻入電白縣城，佔據四日，結果亦因無援而功敗垂成。執信又遣同志安健、王慶、彭堃等祕密到廣州，運動駐粵秀山之炮兵部隊響應，謀劃甫定，又不幸為內應洩露祕密，以致安健、王慶、彭堃等二十餘人，皆被龍濟光所屠殺，朱鄧二人之謀，竟完全為之粉碎！此時革命經費亦告枯竭，幸中山先生命古應芬攜款三萬元到港作緊急接濟，朱鄧大喜，準備再接再厲，圖謀再舉。

民三農曆大除夕，執信曾遣陳鴻慈同志由香港乘搭港梧輪船至肇慶，訪問蟄菴家兄及我，詢問我們策動李耀漢起義，有無成績。這真是一件難題，因為在民三時代，袁世凱猶未有稱帝的動機，雲南與廣西均未有行動，李耀漢那有單獨起義之魄力呢？我們當然還談不到此。所以我兄弟只有請陳鴻慈食一頓便飯，聲明時機未至，徒然自我犧牲，無濟於事，請他返澳門好好覆命。分手時，彼此在江邊長嗟短歎，珍重後會而別。在民國三、四兩年之間，革命行動出現了最低潮。

謀刺龍都督鍾明光成仁

民四春間，執信感覺軍事行動尚無把握，革命經費亦不充裕，乃託鄧仲元東渡日本，向孫總理報告，並請示機宜。孫總理面囑鄧仲元與許崇智赴南洋各埠，宣傳三次革命之必要，籌集款項，俾能源源接濟。

執信以龍濟光屠殺同志多人，恨之刺骨，主張派敢死同志潛赴廣州刺殺之洩憤。會有鍾明光同志，字達權，廣東興寧縣人。原是南洋華僑，痛心於內憂外患，早歲已投身入同盟會。民二討袁事起，鍾氏隻身返國，到香港而義師已敗，乃返興寧原籍，蟄居兩年。嗣聞執信在港澳組識機關部，圖謀革命，乃赴澳門謁見執信，鍾明光毅然願意擔負刺殺龍濟光之危險任務，並與李佐漢、羅劐洲、丘漢苗等組織暗殺團，潛赴廣州，伺之數月，苦無機會。至民國四年七月十七日始探知龍濟光將於是日往其兄龍觀光宅，明光乃喬裝小販，暗藏罐形炸彈，從容於街口擲彈擊之，龍濟光僅傷左足，但龍氏的衛隊卻死了十七人。明光亦當場被捕，翌日遇害。執信聞之，為之揮淚不已。

未幾，執信又派李朗如潛赴廣州，勸福軍司令李福林起義討龍。誰知李福林於民二之秋以後，完全接受了江霞公太史（孔殷）的控制，其戰鬥力亦殊有限，當然無法應命。李朗如之赴廣州，與陳鴻慈之赴肇慶，同樣是徒手而回，了無佳音。此時之執信，一切活動皆失望，其苦悶可以想見。

梁啟超反對袁世凱稱帝

民國四年八月上旬，袁世凱的美籍顧問古德諾在上海《亞細亞報》發表〈共和與君主論〉，大發議論，謂中國不宜施行共和制度（《亞細亞報》是當時號稱「六君子」之一的薛大可所主辦）。八月十四日楊度、孫毓筠、嚴復、劉師培、胡瑛、李燮和等六人，又承袁氏父子意旨，發起籌安會，鼓吹帝制。那些企圖從龍人士，風起雲湧，舉國若狂。當時新會梁啟超本在袁政府為幣制局總裁，其門人蔡鍔為經界局總裁，梁蔡二人先後離京赴津，梁任公在天津發表一篇題為〈異哉乃有所謂國體問題者〉之文章，洋洋萬餘言，極力反對帝制，這篇文章的號召力之強，勝過千軍萬馬，國人多感受此文章之影響。梁任公這篇大作，當時香港各大報均曾將全文轉載。因為那時港報已可以由港梧輪船每天運銷肇慶的，我兄弟得睹此好材料，開始對李耀漢可以有工作做了。

李耀漢之部下，由李華秋、翟汪二人分任旅長；邱可榮、古日光、陳均義、余六吉等四人分任團長。他們常時約我同去肇城南門河飲花酌，呼妓侑酒，無所不談。我即借這機緣，將梁任公的大作，逐句解釋給他們聽（因為他們有幾位是老粗，不識字），他們皆能了解，一致同情梁任公，不以帝制為然。我兄弟大喜，立將情形函告於執信，聲明此不過是策動李耀漢的醞釀時期，仍要等候時機，方能作進一步之行動。

李耀漢終決定討袁屠龍

自從梁任公命其門人蔡鍔祕密回滇，策動雲南將軍唐繼堯討袁。民國四年十二月二十五日，雲南宣布擁護共和，反對帝制，旋由蔡鍔率領護國第一軍進攻四川。李烈鈞率領護國第二軍駐滇桂邊境。袁世凱尚圖掙扎，派曹錕率北軍入川，抵抗蔡鍔。又因龍濟光是滇人，逐電令龍濟光派其兄龍覲光率廣東陸軍第一師，由粵赴桂，向滇南進攻，並許以功成之日，以龍覲光為雲南將軍。龍氏兄弟利令智昏，竟欽遵袁命。

當時雲南因前後受敵，頗感吃力。梁任公不能不著急，乃與岑春煊合作，勸廣西將軍陸榮廷起義，陸亦意動，惟以廣西與粵之肇慶毘連，倘得李耀漢一致行動，聲威更壯。陸氏與李平日未有往還，陸有參謀邱渭南，廣東新興縣人，與李耀漢為同鄉。至民五春間，乃派渭南到肇慶遊說，聲明倘李耀漢能加入討袁龍陣線，打倒龍濟光之後，推李耀漢為廣東都督云云。李未置可否，答以容與幕僚及各旅團長妥商後，再作答覆。李耀漢旋即召開緊急會議，各旅團長及幕僚各人均列席。我兄弟二人認為時機已到，萬難放過，即席極力主張與滇桂一致行動。除參謀長彭華絢一人反對之外，各旅團營長已經早有反對帝制之心，今又聞倒龍之後，李耀漢可做都督，他們亦必升官，於是一致磨拳擦掌，誓必屠龍，其議逐決。關於我兄弟當年活動的經過詳細情形，我上年在本港《天文台報》所著〈龍濟光外傳〉及〈李耀漢外傳〉中，已經詳敘無遺，在這篇文字裡不欲再冗贅。

李耀漢決策之後，派蟄菴兄為代表，偕同邱渭南赴桂林，向陸榮廷報聘，表明合作。又派我為代表赴澳門，向執信報告，商量合作的途徑。我奉命赴澳，執信見了我，大喜過望，吩咐朱三嫂即夜加菜，留我食飯。此時二先兄道源亦在機關部內工作，執信乃託道源兄偕同我返肇慶晤李耀漢，因彼此談敘甚歡，李耀漢且挽留道源兄在肇慶工作，委任道源兄為師司令部的副官長。

假會議之名欲殺朱執信

且說埜菴兄與邱渭南抵達桂林後，陸榮廷立予接見。陸氏聞李耀漢同意討袁，自亦喜不自勝。民國五年三月十五日，廣西宣布獨立，一面派桂軍包抄龍覲光軍隊之後路，與李烈鈞駐滇桂邊境之滇軍相呼應，將龍軍全部繳械解散。一面再派莫榮新為代表，偕同埜菴兄返肇慶。不久，岑春煊、梁啟超、李根源、楊永泰諸要人，先後到肇慶，會商討袁大計，陸榮廷隨後亦來。

道源先兄到肇慶後，曾勸促李耀漢先行易幟，改稱所部軍隊為中華革命軍。李當初本已答允，後來經過考慮，他問道源兄曰：「朱執信先生能否按月供給軍餉？」此事自有為難，道源兄乃又獻議李耀漢先發表通電，聲明肇軍與中華革命軍是同志友軍，誡所部勿與中華革命軍衝突，李氏立予同意，發表通電，省港各大報均將電文登載，此不啻是李耀漢反袁的露骨表示，龍濟光聞之，大驚失色！

民五春間，執信與鄧仲元繼續分工合作。仲元所部中華革命軍活動於廣州之東北兩路；執信策動之部隊活動於四邑一帶。雖未能給龍濟光以致命之傷，但四面遊擊，已足令龍濟光感覺頭痛，因他抽調了一師軍隊入桂，兵力頓形單薄，顧此失彼，窮於應付，忽見李耀漢之通電，安得不驚惶失措呢？

三月二十八日欽廉鎮守使隆世儲，響應李耀漢之通電，以欽廉獨立。三十日駐汕頭陸軍團長莫擎宇，以潮汕獨立。此時陳炯明亦在惠州組織民軍，但不隸屬朱執信之下，自稱護國軍，在陸豐海豐一帶打遊擊。

龍濟光眼見四面楚歌，他亦於四月六日假意宣布獨立。知道李福林與執信有淵源，他又想騙執信回穗而害之，乃致執信一函，託李福林命人帶往澳門面交，函內大意謂：「決心早日下野，請執信先生尅日返穗，由李福林派福軍保護，當召開善後會議，解決粵事，願將粵省軍事政事，移交粵人接收，以符粵人治粵之旨，盼即命駕……」等語。執信明知其為詐偽，不為所愚，置之不理。

龍濟光同時發出同樣信稿，分約梁任公及進步黨要人徐勤到廣州開會議，梁徐二人太老實了，任公派其最得力之同志湯覺頓為代表，徐勤則親自出馬，同到廣州。

四月八日果在海珠開會議，即在會議席上，由龍之統領顏啟漢當場槍殺湯覺頓、譚學夔、王廣齡數人。徐勤僅以身免，執信不致入龍氏圈套，是其「智」也！

朱執信先生外傳之九

民國五年一月五日，西林岑春煊在肇慶就職兩廣都司令，以梁啟超為都參謀、李根源為副都參謀。假肇慶中學校址辦公，即從前之端溪書院。不久，再進一步，兩廣與雲貴共同組織軍務院，岑氏攝行撫軍長，成為討袁軍事的中樞司令台。

我當時看見其時之岑春煊，已成為一個中心人物，執信於前清岑春煊為兩廣總督時，係由岑氏考取送往日本留學，算是有師生之誼。民二討袁之役，亦曾共患難（已詳見上文）。民初，中山先生亦嘗與岑氏在滬聚首，此次「討袁」與「屠龍」目的相同，自非相與連絡、共策進行不可。因此我函請執信親身到肇慶一行，與岑春煊、李耀漢切實合作。我曾將此函先交李耀漢閱過，李亦表示贊成也。

杜貢石代表執信赴肇慶

且說執信於收到我的那封信後，即在澳門召開幹部會議，執信本人有意赴肇一行。惟鄧仲元、古應芬、陳鴻慈等多數人均不贊成，認為執信仍宜留澳門指揮所策動的民軍，並主張先派全權代表一人赴肇慶與岑春煊連絡，看情形如何，再作進一步的打算。執信終於接納眾議，派杜貢石先生（名之栿）為代表赴肇，囑由我介紹其晉見岑西林。杜先生亦是岑氏門人，抵肇與岑氏相見後，談敘甚歡。杜貢石對岑氏曰：「龍濟光禍粵三年，人民久在水深火熱之中，為人民除害起見，非驅逐之不可。執信先生領導之中華革命軍，皆來自田間，戰鬥力有限，一年以來，供作遊擊戰則可，為主力戰則不足，希望都司令領導桂軍及肇軍由西路進攻，執信先生率所部由東路進攻，可收夾攻之效，龍賊之敗，指日可期也。」岑春煊答曰：「自從經過海珠會議之變，龍濟光之假意獨立，已大白於天下，此賊不去，粵難未已，尊論極是，我們昨經致電雲南唐繼堯都督，請其調李烈鈞所統之護國第二軍來粵，屆時當囑其開拔往北江，暫以北伐為名，待機會成熟，即依照尊論辦法，桂肇兩軍擔任西路，朱先生所部擔任東路，滇軍擔任北路，會師廣州，龍賊不足屠也。」杜貢石至表滿意。在肇盤桓數日，即告辭返澳，臨別，杜氏再對岑氏要求：「倒龍之後，請將中華革命軍編成兩個師，以鄧鏗及陳炯明分任師長，當為北伐先鋒。」岑氏答：「原則上同意，俟實施驅龍後再行商討。」並謂：「待至動員討龍時，必當知會朱先生合作」云云。杜貢石返澳門覆命，執信頗喜，致函與我在肇切實負連絡之責。

龍濟光垮合陸榮廷督粵

岑春煊就職後，屢次電命龍濟光赴肇慶相見，龍皆託辭不去。岑春煊與陸榮廷均認為忍無可忍，電催李烈鈞率兵由桂入粵，順流逕至三水縣城，循北江而佔據韶州，時在五月中旬。

袁世凱於廣西宣布獨立後，已經下令撤銷帝制，欲退一步，依舊為大總統。但軍務院及獨立各省一致通電，非袁下野不可。於是，浙江、湖南、四川三省相繼獨立；江蘇將軍馮國璋雖未獨立，亦電請袁氏辭職。

六月六日袁世凱羞憤暴卒。翌日，黎元洪以副總統繼任大總統。九日，龍濟光未得軍務院同意，單獨取消廣東獨立，他以為如此可以取媚於北京政府，殊不知因此引起肇慶軍務院諸要人之大憤，認為出兵「屠龍」之機會已到，一面命李烈鈞由韶州率滇軍南下，循粵漢鐵路回師進攻廣州；一面命莫榮新統率桂軍，會同李耀漢全部肇軍，會師東下三水河口；一面又通知朱執信之中華革命軍，會同陳炯明之護國軍進攻石龍。

東西北三路並進，鄧仲元首先率兵佔領石龍。李烈鈞率滇軍南下，勢如破竹，進至源潭車站。桂軍與肇軍亦已進展至石圍塘。龍濟光已無抵抗能力，惟有縮短戰線，仍堅守穗垣。實則如甕中之鱉。

龍濟光通電取消廣東獨立時，北京政府且覆電嘉獎之。中山先生時在滬，特致電黎元洪及段祺瑞，歷述龍濟光之罪惡，大意謂：「龍在粵三年，無惡不作，粵人惡龍，甚於洪水猛獸，此人不去，粵無噍類！中央與民更始，萬不宜留此奇兇，以禍百粵。盼立即明令罷斥，無以一人之故，而失三千萬粵人之心……」云云。中山先生之發此電，乃接納執信之函請也。

北京政府亦明知龍濟光四面楚歌，再難立足於粵，乃明令特任陸榮廷為廣東督軍，命令龍濟光率其殘餘部隊，開往海南島開墾。

龍濟光離開廣州後，陸榮廷接任廣東督軍。先是，袁世凱死，黎元洪繼位，中山先生已通告全黨同志，停止一切軍事行動，南北各省先後組織之中華革命軍即行結束解散。執信因與岑西林有約，合作「屠龍」，不便中道而廢，待至陸榮廷蒞粵接事，執信亦即將各路民軍遣散。第三次革命的結果，雖然距離革命的理想尚遠，但在國而言，袁世凱被氣死，在粵而言，總算驅逐了龍濟光，尚可差強人意。執信於民五之冬，攜眷返廣州，小作休息。

支持李耀漢任廣東省長

民六春末，國父在滬通告全體黨員，撤銷中華革命黨名義，仍恢復國民黨名稱。並電約執信赴滬，襄佐黨務，執信聞命即行。是年張勳復辟，國會被解散，約法被毀棄，國父乃率海軍艦隊南下至粵，號召護法，國會議員亦相率南來，開非常會議，推舉國父為陸海軍大元帥。執信隨駕南歸，日夕隨侍國父左右。

廣東自龍濟光去後，換來的是舊桂系軍閥，差不多等於「前門去虎、後門進狼」。迨陸榮廷升任兩廣巡閱使後，復以陳炳焜繼任廣東督軍，陳炳焜與省長朱慶瀾不和，遇事爭執，省長受督軍之壓迫，簡直透不過氣，無從發洩。適逢國父蒞粵稱大元帥，朱慶瀾要討好國民黨，撥省長所轄警衛軍二十營，交陳炯明統率，名之曰省長親軍司令。陳炳焜聞而大怒，下令由督署收回此二十營部隊。朱慶瀾自覺難堪，通電辭職離粵而去。

朱慶瀾既出走，國民黨自然要找幫手，其時廣東地區內，自是桂軍力量最大，其次擁有實力者，便是陸軍第二師長兼肇陽羅鎮守使李耀漢，是年九月下旬，執信及葉夏聲偕同我去大本營謁見國父，國父當時曾問我曰：「你這幾年在什麼地方工作？」我答曰：「由民二之冬至今，均在李耀漢幕府。」國父曰：「李耀漢為人如何？」我答曰：「他是綠林出身，絕無學識，更談不到什麼主義，一味野心，想升官做督軍省長。」國父曰：「那麼無妨，你可勸他服從我的指揮調遣，我一定支持他，達成他的願望。」我答曰：「我兄弟三人已經時常這樣勸他，他在半信半疑之中，對先生（指國父）未有十分信仰。」國父即轉向執信曰：「你可偕同希文到肇慶一行，試向李耀漢說服之。」我和執信唯唯從命，即與葉夏聲三人偕行，同往肇慶。是為執信與李耀漢初次見面。執信勸李耀漢繼續上年合作「屠龍」之精神，共同合作對付舊桂系軍閥。李氏表示接納，雙方談話甚洽。執信回穗覆命，請國父以大元帥名義，任命李耀漢為廣東省長，此時朱慶瀾已出走，省篆尚虛懸也。

可惜李耀漢太過滑頭，他知道北京政府段祺瑞有駐港代表在活動。李未就職之前，竟祕密派員與段派人物聯絡，要求北京政府任命他繼任廣東省長。他是擁有一師兵力之人，段氏亦思懷柔之，樂得做順水人情，果然發表任命李氏為廣東省長之明令。李耀漢獲得南北兩政權的任命，然後赴穗就職。事後執信聞得李耀漢如此滑頭，深感不滿，怪責我兄弟不能糾正其非。我以為李耀漢這樣做法，他雖自以為聰明，其實是太過缺乏智慧也。

捧陳炯明為粵軍總司令

李耀漢是擁有兵力之人，他要接任省長，桂系軍閥不敢擋駕，國民黨之聲威稍振。因陳炳焜奪回陳炯明二十營軍隊一事，國會議員均感不滿，認為陳炳焜無合作護法之誠意，不能勝任督軍之職，群起而攻擊之。那時廣東的環境，除國父擁有海軍及國會議員之外，李福林所統之福軍，佈防於廣州之河南，任拱衛帥府之責。李耀漢所部分防西江及廣州，倘兩李與海軍合作，可以舉足輕重的。陸榮廷尚算聰明，知道若不設法和緩，可能丟去廣東地盤，乃調陳炳焜回桂，以廣惠鎮守使莫榮新升任廣東督軍。

莫榮新是一個老實人，不比陳炳焜手段之辣。莫氏對於國父雖然不甚擁戴，亦不敢反動，但對於胡漢民、汪精衛兩人，相當敬重。執信獻議於國父，囑胡汪二人向莫榮新交涉，仍撥軍隊二十營交陳炯明統率，號稱粵軍，使之東征援閩，俾得向外發展，為護法努力，分工合作，以示不與桂系爭廣東地盤。無奈當時莫榮新口是心非，口頭答允胡汪，表示照辦，而良久未有履行。執信感覺不耐煩，謂宜示之以威，主張令海軍開炮轟擊莫榮新的督軍府，國父然之，商之於海軍總長程璧光，程力持慎重，不敢奉命。因國父主張甚力，程璧光恐怕國父直接指揮其部屬，命大部分軍艦離開廣州省河，泊於黃埔，僅留「豫章」、「同安」兩小艦在省河附近。

國父以程璧光太無膽量，不能與謀，遂於民國七年一月三日晚，偕同執信及衛隊數人登「同安」、「豫章」兩艦。國父指揮艦長開炮向督軍府轟擊，兩艦長初猶豫不敢應，國父與執信乃親手發數炮，督促炮手繼續轟炮數十發，於拂曉始止。莫榮新突見海軍炮轟，震怖不知所措，惶恐竟夕，蓋恐滇軍、肇軍、福軍起而響應，故亦不敢還炮。從此莫榮新畏懼國父之聲威，乃挽人調停，實行撥警衛軍二十營交陳炯明接統。國父乃特任陳炯明為粵軍總司令，兼第一軍長，許崇智為第二軍長，鄧鏗為總部參謀長兼第一師長。陳炯明在穗市之惠州會館就職後，即率師進駐潮汕。未幾，先後克復福建之龍岩、漳州、汀州各屬，閩南閩西盡入粵軍掌握。國民黨自從癸丑二次革命失敗後，此為再次握有實力和地盤之開始，亦為國民黨再次抬頭之開始。

觀以上所述經過情形，陳炯明之能成立一支粵軍，民九率師回粵，從此飛黃騰達，並不是他自己一個人力量所能做到，而是國民黨自國父以下，全黨同志出盡九牛二虎之力，冒著險支持他而玉成他的。不料日後他竟敢背叛國父，能不令人慨嘆！

我常與執信閒談，謂：「陳炯明不是軍人出身，未受過軍事教育，以軍事學識而論，宜用許崇智及鄧鏗，何必一定要任用陳炯明為總司令？」執信曰：「他當過都督，資望比許鄧為佳啊！」我答曰：「陳炯明於民二，曾有暗通袁世凱的勾當，其人心術不正，恐不可靠。」執信曰：「只要有我在，陳不能逃出我之掌握，我自信我的能力足以支配他的。」於此足徵執信之自信心甚強，可惜他死得太早！

金章被侮辱結怨種禍根

民六秋冬間，執信在粵有一件插曲，因此事足以影響執信日後之生命危險，不能不順筆一述：護法之役，凡屬粵籍的國民黨員，胡汪以下，古應芬、陳融、曹受坤、杜之杕等，皆已先後返粵。匿居於澳門數年之金章，亦靜極思動，結束澳寓，返抵廣州。他恃在胡汪以下各人，皆是其昔年留日同學，以為舊誼具在。但他竟忘記了民二吞沒了陳炯明致送各人之避難費三萬元。各人對於金章此事均感不滿，不直其所為。執信對之尤為憎恨，認為此人不堪為友。陳融為人比較忠厚一些，對金章尚無芥蒂。金章想恢復和各老友的感情，特出資設筵兩席於都府街陳融住宅，託陳融代為請客，執信亦在被邀之列。不意執信要借此機會侮辱一下金章，以示懲戒，待至開席時，胡汪各人皆已坐定，金章昂然坐在主人席，執信詐作不知，高聲問陳融曰：「今晚是何人請客？」陳融答曰：「今晚是浩亭兄

（金章別字浩亭）作東。」執信聞言，竟憤然當場用雙手將圓桌面大力推翻，弄至杯盤狼藉，旋即起身著長衫出門而去，臨行且曰：「金浩亭的飯，我不屑食。」舉座為之愕然！這樣的活劇，使金章尷尬萬狀，無地自容。其他各人不為已甚，未有離開，陳融命人重整杯盤，勉強終席而散。金章感覺如此丟臉，亦深恨執信，從此種下禍根，為日後金章謀殺執信之導火線。因執信之死，金章實負有重大嫌疑也。語云：「寧可得罪君子，不可得罪小人。」我看清楚金章的相貌，是腦後見腮的，小有聰明而懷有陰謀，後來教唆陳炯明背叛國父，乃是他所擺佈，真可謂誤盡蒼生了。執信平日本來是嫉惡如仇之人，自然有他自己的主觀，但既無法如孔子之誅少正卯，取金章的性命，徒然如此惡作劇，不過取快於一時，遺禍於日後，太不值得！我認為執信這次舉動，是不智的、幼稚的。

執信絕不是重視那三萬元，不過鄙視金章之人格而已。

執信東渡後國父被排擠

民國七年三月間，日本人頭山滿、犬養毅等函請國父到日本遊覽，看櫻花節。國父以護法責任在身，未便遠離，派執信為代表前往東京聘問，面陳一切（情形詳見羅家倫主編《國父年譜初稿》）。

莫榮新曾被國父發炮轟擊過，心有不甘，要想辦法排擠國父離粵。其謀士楊永泰乃為之劃策，排日宴請國會議員於廣州之東堤，徵歌選色，運動各議員建議改組軍政府，撤銷大元帥制，改為七總裁制。是年四月下旬改組案漸臻成熟，國父於五月四日發表宣言，辭大元帥職，國會非常會議仍推選國父為七總裁之一，岑春煊被擁為主任總裁。

五月國父偕胡漢民等離廣州，先赴汕頭，至三河壩巡視粵軍部隊，與陳炯明會晤數日，返汕頭乘大阪商輪「蘇州丸」啟行，取道台北至日本。執信趨迓於碼頭，旋隨同國父往上海。民七下半年，國父在滬專心從事著述，以資啟發國人。《孫文學說》一書，為近代名著，發明「行之非艱，知之為艱」之學說。執信當時日侍國父左右，獻可替否，贊助甚力。

民七時代與執信同時日侍國父左右者，為奉化蔣介石先生。執信因此與蔣先生往還甚密。蔣先生曾請執信為其封翁肅菴先生撰墓志銘，執信欣然操觚為之，原文附錄於下，於此可以考見蔣朱二氏之友誼，並可使讀者趁此機會獲讀執信之文也。

蔣肅菴先生墓志銘原文

文云：「吾友蔣子中正為余言曰，吾九歲而喪父，今幾二十年，未嘗須臾忘吾父未歿時之言也。吾父之歿也，吾母王太君在側，吾父顧吾及幼妹，指謂吾兄曰：爾弟妹幼，吾死後，爾母必哀痛不自勝，爾年為長，其能盡孝致友以慰吾心耶！吾兄承涕自任，乃瞑。嗚呼痛哉！吾父性剛直，處事公，接物以誠，容貌毅重，自持以勤儉，其所以為訓者亦若是。方吾始就傅時，吾父引而訓之曰：我少承先人業，不克服務於國，然猶冀於鄉黨施教育，矯去敝俗，今者我當盡力，使親族敦睦，閭閈無驚，而爾輩得一意讀書，異日倘有所成，亦可稍補吾憾也已。暨晚歲，則愛吾兄弟逾切，而督責之愈嚴。今吾父葬，未有志也。子曷為之銘。大符自得交蔣子，方相期以節行，讀蔣子所記肅菴先生事略，知其思深沉而行勇決，有由來矣，不敢辭。謹案記先生諱肇聰，字肅菴，世居浙江奉化之錦溪。

業鹽，豐饒。當清道光咸豐間，太平天國兵起，全浙殘破，百業皆廢，蔣氏家亦中燬，時先生與兄世昭先生，皆僅十數齡耳。既而浙少定，先生稍壯，承父命，復治鹽業，振乏起匱，廢者皆舉，數年而復其初，閭里亦漸寧矣。顧錦溪人喜訟，訟輒不休，先生以為是非不可以已者也，遇有欲訟者，悉力弭之，即有真不平者，傾資助之，使必勝，狡者懲焉，故訟日減，而姦非自絕。自先生之歿，鄉人有興訟，父老往往相與歎息曰：如肅菴先生在，不至是也！其澤施人入深，久且不忘若是。自先生興鹽業於頹敗之餘，鄉人皆知先生能，每有約議，非得先生言不決。鄉人立社於錦溪之左，曰武山，有田產甚豐，主之者因以為姦利，紛不可治，鄉中耆碩，議謂非先生莫能理斯社也，堅要先生任社首，三請而先生未之允，乃至持社主就先生家祀之，得諾乃已。先生卒治其社，數年，產倍於初，諸所為鄉黨公共盡力者，皆類是。而尤致力於義塾，士貧不克學者，皆資助之，所育成者甚眾。大符惟今世人往往自治其業而饒，其治公共之業則虧，其願者獨善己身，乃避事不往，故事雖屬於鄉邑者，類弛委不可語，俗益偷，國與俱蹶！夫傳以見義不為為無勇，若先生者，可謂勇於為義者矣！而其所以訓子者，一何欲然不自滿也，蓋內行備者者，不必身試之於事功。而澤之積也，必有所宣。今蔣子從總統孫逸仙先生光復中華，志行動當世，而益厲於學，於先生之所志，庶幾無缺乎！先生之卒也，以民國紀元前十五年某日，年五十三。初娶徐氏，生子錫侯、女瑋春而卒。繼娶孫氏無子卒。又娶王氏，生子中正，瑋×；女瑋蓮、瑋菊。錫侯為邑名諸生；中正為陸軍少將；瑋春適同邑宋周蓮；瑋蓮適同邑竺芝珊；瑋×、瑋菊幼殤。孫三人：國柄、經國、緯國皆幼讀。錫侯中正既以民國三年某月某日葬先生於錦溪村北桃杭山之右顛，謹屬比勒銘，銘曰：志匡國家，澤在鄉土。子承其德，業光於祖。松楸百年，精爽萬古。中華民國七年八月蕭山朱大符謹撰。」（執信名大符。）

朱執信先生外傳之十

民國八、九兩年，舊桂系軍閥踞粵，虛擁岑春煊為軍政府主任總裁。政學系要人楊永泰且將李耀漢排擠離粵，楊自任廣東省長。孫中山先生當初不願安全脫離護法陣線，尚在滬遙領軍政府總裁名義，而派徐謙為駐粵代表，兼司法部長職。不久，伍廷芳、唐紹儀兩元老亦不願與岑春煊同負傀儡之名，粵離而去。於是徐謙亦走。故民八、九兩年，執信亦不在粵，除在滬日侍國父左右之外，或往來於日本與漳州之間，活動一切。

力促陳炯明由漳州回粵

民九，北洋軍閥掀起皖系與直系之戰，皖系敗績，段祺瑞下野，退居天津。中原局面轉變，汪精衛與執信二人合詞向國父獻議，以為陳炯明駐兵於漳州，無力再向福州進展，其時福建軍事長官為李厚基，屬於皖系人物，精衛主張與段祺瑞言歸於好，並連絡關外之張作霖，策動「孫段張三角同盟」，共謀國是。倘能如願以償，即由段祺瑞命李厚基協助陳炯明之餉械，將漳州交還李厚基接防，粵軍即回師返粵，驅逐舊桂系軍閥。執信從旁贊成此議甚力。國父即予接納，派汪精衛為代表，潛往天津訪段祺瑞，段表示同意，加派徐樹錚隨同汪精衛出關訪張作霖，三方面均表示願意合作。精衛返滬覆命，國父先遣古應芬往漳州，將此計畫告知陳炯明。惟陳炯明此時惑於其謀士金章之言，仍與舊桂系軍閥祕密連絡，派黃強為代表，長駐廣州，與莫榮新密切往還。故陳炯明對於「孫段張三角同盟」，當初表示懷疑，古應芬無法將他說服。國父乃再命執信往漳州一行，剴切開導，陳炯明方始貼服，不敢固執。當陳炯明在漳州召開軍事會議之時，粵軍第二軍長許崇智，總部參謀長兼第一軍第一師長鄧鏗主張服從國父命令，最為熱烈，許崇智並揚言倘陳炯明敢有異議，當即先行解決陳炯明，許鄧二人之態度，最為激昂。執信則極力為之調解，勸許崇智切勿發生內訌，必須先圖團結，一致行動為要緊。關於執信當年調停陳許之間，可以考出一個憑證出來，《朱執信集》下冊六四二頁，載有執信致蔣介石一封信稿，茲錄於下：

介石我兄：競存的電信來後，汝為、仲元的電報也來了（陳炯明字競存，許崇智字汝為、鄧鏗字仲元），料他不致變更。馮啟民君昨天由廈門到滬，他說你走之後，汝為派人來請你回去，並且說即刻要出發。照汝為來電，是八月十二日動身，那也還不算假。現在對於競存與汝為，似乎不好太過決絕，你看如何？（中略）希望你能於禮拜三之前，給我一封信，請你問你母親的安。

朱大符，九年八月十五日。

按：民九時期，蔣先生是擔任粵軍總司令部高級參謀，兼作戰科主任，為鄧仲元將軍最得力之助手，讀執信此函稿，又可考知朱蔣二人關係之密切。

一物治一物嚇倒陳璧君

在醞釀「孫段張三角同盟」時期，有一段極有趣的插曲。可以一敘：汪精衛本來是患有糖尿病之人，他北上天津及瀋陽，與段張二氏連絡，自然少不免有宴會的應酬，精衛一向是豪於飲酒的，因飲酒過多之故，歸滬時糖尿病大發，陳璧君夫人當然十分愛護，她將精衛關在家中休養，不許其外出，亦不許其會客，在她本來是好意。

旬日後段張二氏各派代表到滬，向國父報聘，國父因此事是由精衛經手，自應仍由精衛接應，以一事權，無奈屢次遣人請精衛到莫利愛路孫宅議事，均遭陳璧君拒絕，其理由是恐精衛出而應酬，又復飲酒致病。執信聞此情形，大憤，持手槍到汪宅，扳著槍機，指著陳璧君的心口曰：「汪先生雖然是你的丈夫，同時他也是黨中的主要幹部，不能由你一人獨佔，我限你立即將汪先生放出來，完成他的任務，不然，我與你同歸於盡，先擊死你，我亦自殺。……」陳璧君自知理屈，始答允請精衛由內室出來，偕同執信去見國父。執信臨出門對璧君曰：「我負責不使四舅父飲酒，請你放心。」這一幕趣劇，遂告閉幕。

執信持手槍威脅對方，這樣發狠，生平僅幹過兩次：第一次是對付陳炯明，要保留李福林，事在民元，詳見上文。這回是第二次了，陳璧君於黨中諸元老同志，一向不稍假借，往往面斥不雅，單獨對於執信一人，是懼怕三分。諺云：「一物治一物。」信然。

虎門要塞執信中彈殉國

民國九年八月十二日，陳炯明遵奉國父命令，在漳州公園誓師，率粵軍回粵，討伐舊桂系軍閥莫榮新，分三路進兵，許崇智統第二軍全部任右翼，葉舉統第一軍第二師任中路，鄧鏗統第一師任左翼。十六日克大埔、潮州、梅縣，勢如破竹，直趨惠州。

執信知道粵軍已有行動，即奉國父命返香港，策動福軍司令李福林會同第三師長魏邦平在廣州之河南獨立，響應粵軍，莫榮新大震。

其時莫榮新任用邱渭南為虎門要塞司令，邱是廣東新興縣人，與李耀漢同鄉。李耀漢被莫榮新排擠離粵後，所部多被解散，獨團長余六吉所部三營，撥交邱渭南指揮，駐防虎門。執信在香港勸李耀漢督促余六吉反正，余六吉立即宣布接受粵軍總部的委任，邱渭南遂逃走，同時鄒魯在東江一帶運動一股民軍，以鄧鈞為首，開拔到虎門，余六吉以地盤關係，不許其開入虎門，發生衝突，雙方戒嚴，情況相當嚴重。鄧鈞求鄒魯為之設法維持，鄒魯請執信出而調停，雙方均已表示歡迎。執信乃決意到虎門一行，港中同志以兩軍內容複雜，咸勸其慎重。執信慨然曰：「如能有裨益於大局，個人安危何足計哉！」遂隻身往虎門要塞，先到余六吉營部，安然無事，交換調解意見後，執信又往鄧鈞部曉諭，即在中途被鄧部開槍射擊，執信高聲大呼曰：「我是朱執信。」對方依然繼續放槍，執信遂中彈殉國——時在民國九年九月二十一日。事後鄧鈞對鄒魯表示：謂出於其部下的誤會，又不能將行兇者之姓名指出，其中內幕，只有「天曉得」了。

執信噩耗到香港，金章聞而哈哈大笑，即夕上館子大飲大食，據金章之堂兄金滋軒老人言：極有可能是金章擺下之圈套，是有計畫謀害執信的。因陳炯明之勝利返粵，已是指顧間事，陳炯明極親信金章，而敬畏執信，金章妬忌執信賦有權威，有支配陳炯明之潛力，倘有執信在，金章是無法抬頭，倘害了執信，金章便是一人之下，萬人之上了。但是否確由金章主謀，沒有憑據，此案之真相，至今尚是一個謎。

陳炯明率兵到粵後，因余六吉是李耀漢之舊部，為執信所經手策動，曾函約李耀漢到總司令部，詢問經過情形。李耀漢怕惹是非上身，初不敢去，後來由我的四家兄蟄菴（執信之妹夫）陪同李耀漢謁見陳炯明，陳亦不過照例垂詢一下，結果是以不了了之。

金章從此成為陳炯明唯一之智囊，後來教唆陳炯明勾結吳佩孚，背叛國父，均是金章的陰謀。朱執信已死，無人能糾正陳炯明之非矣。

胡漢民建議設紀念學校

由民二至民九，國父倚執信為左右手，親信與敬愛，幾乎在胡汪二人之上。國父在滬聞執信殉難，悲痛逾恆。民九之冬，粵事大定後，國父蒞粵，命人將執信靈柩運回廣州，在東郊之馴馬崗安葬，靈柩由天字碼頭登岸，國父由碼頭步行送殯，一直送至墓地，親視葬儀完畢為止。其平日跟隨執信久共患難之同志，有數人披麻掛孝，如喪考妣，跟隨靈柩之後，泣不可仰。吳稚暉當時曾謂得一廣東，不足以補償犧牲朱執信之損失。其為人所重視如此。

胡漢民建議在廣州設立一所規模宏偉之學校，以紀念執信，即名之曰「執信學校」。除由粵政府撥款及各同志捐輸之外，陳璧君特因此事前往南洋及美洲，向華僑勸捐，籌得數十萬元，建築校舍數大幢，美輪美奐，至今屹立於穗市之東沙馬路。眾推朱三嫂楊道儀女士為校長，由民十開辦，每年招收學生逾千人，四十年來曾在該校修業之學生，當有數萬人之眾，此數萬學生即管在執信學校肄業，惟朱執信生平之功業與學問，各學生多數茫然不知，因自從執信殉國後，除戴季陶先生（傳賢）寫過〈懷朱執信先生〉一篇文章之外，我從來未見過有人寫執信詳細的傳狀，今乃由我寫這篇外傳，我自己亦視為出乎意料以外之事。朱三嫂看見此稿，頗感欣慰，朱三嫂曰：「從來未見有人寫過，偶有學生問及朱先生的生平，我亦不知從何說起」云云。在我則仍感慚愧，我亦不過東拉西扯，拉雜成篇，不敢說是有系統的記載，事隔四十年，執信的嘉言義行，我因年老之故，亦多已遺忘了。

胡漢民遺著〈不匱室詩鈔〉，載有哭執信詩，詩云：「豈徒風誼兼師友，屢共艱虞識性情。關塞歸魂秋黯淡，河梁攜手語分明。盜猶憎主誰之過，人盡思君死太輕。哀語追摹終不是，鑄金寧得似平生。」我寫這篇外傳，雖有數萬言之多，亦有「追摹終不似」之感。昔日與執信共患難之同志，大多數已作古人，現尚生存者，除朱三嫂外，惟有在台北之草山老人而已。

執信早死影響黨國太大

執信有兩姊一弟兩妹，長姊嫁番禺范季馨（名公讜，光緒丁酉科優貢）。次姊嫁番禺徐信符（名紹楷，徐紹楨之弟），均文化界名人。三妹嫁我的四家兄蟄菴（名宗準，前清舉人）。四妹嫁中山吳之賢。胞弟名大猷，字秩如，久在執信學校任文史教員。朱三嫂生三女一子，長女名始，嫁新會陳昌祖（陳璧君之胞弟），次女名薇，嫁我的胞姪汪德璇，三女名菰，嫁南洋華僑陳某。子百新，學電氣工程，現在香港工務局任職，能養其母。

執信之生辰，為中華民國雙十國慶節之後二日，即公元一八八五年十月十二日，為農曆乙酉年九月初五日辰時。其八字為：乙酉、丙戌、庚子、庚辰。立命卯宮，胎元丁丑，初交寒露第五日，仍屬金神秉令，用陽刃駕殺，化殺為權，故能以文人掌兵柄，丙殺坐火庫，火煉秋金，自是大器皿之造。廿七歲交未運，貴人之鄉，光復廣東，一生以未運為最得意。民二癸丑，歲運相衝，又復亡命。民五丙辰，殺星又顯，討袁討龍皆算成功。可惜已在未運之末矣。民九庚申年三十六歲，在壬運內，以壬衝丙，申子辰會水局，壬水之力大壯，丙燄遂熄，用神大壞，竟遭意外之災！

民國十年二月廿七日，國民黨在廣東省議會大禮堂開朱執信追悼大會，收到祭文輓聯輓詩，數逾千份，佳作甚多，當時均有抄錄成冊。國父頒發祭文，是由順德馬武仲主稿，迭經變亂，抄錄底本，現在諒已失傳，當時未有編印哀思錄，至可惜也。我所寫之輓聯，僅聊聊十六個字，文云：「兄超人也，慘死可惜！我庸才耳，徒生奚為？」聯文平常，殊不足道。夫以執信如此超卓人才，得年僅三十六歲；廢物如我，既不能為治世之能臣，徒然為亂世之飯桶！今乃壽至古稀，的確是「徒生奚為」？早知如此，我願將世壽讓與執信，豈非大有裨益於黨於國乎？

執信之胞弟秩如之言曰：「吾未見有如吾兄之決死為國者，未見有如吾兄之好學奮勉者，未見有如吾兄之孝友慈愛者，未見有如吾兄之任俠勇為者，未見有如吾兄之清廉者，未見有如吾兄之博覽彊記者，未見有如吾兄之忍耐者，未見有如吾兄之諒直者。」句句皆是紀實說話，可謂知兄莫若弟矣。

秩如之言，即可作為本文之結論，我可以大膽補充幾句說話，倘若執信不死，民十一，陳炯明決不會叛變；民十四國父逝世後，蔣胡汪三公必能精誠合作，決不會分道揚鑣，以致黨國陷於分崩離析之境。若其然，大陸豈有淪陷於紅朝之理耶！執信之犧牲，其影響亦大矣哉！

附錄戴季陶遺著〈懷朱執信〉

自從民國以來，同志已經死了不少，我所最親近、最佩服的朋友，民國五年死了一個陳英士（其美）。今年又死了一個朱執信。兩個人都是很能努力的。但是我對於英士，於他的努力而外，在他的美德一方面，我覺得革命黨中剛毅堅強的陳英士，確是金屬當中的唐古斯丁。我對於執信，我覺得他的崇高純潔，在近代人中，我實在找不出第二個。我雖然不願用古典文學，可是「先生之風，山高水長」這兩句話，執信當之而無愧。

我想著陳英士活著的時侯的舉止言笑了，他無論對著甚麼人，總是熱烘烘的。我每見著他，就覺得他是多情而可愛之人。但是經過了熱烘烘的事後，再想著他，又覺得英士有一股鬼氣森森的冷氣，令人毛骨悚然！我對於執信卻不然，我每次見著他，看見他那黃而帶青的面色，炯炯射人的眼光，直立不移、端坐不動的行止，總覺得只敢敬他畏他，不敢太過親近他。若一旦離開了他，他那冰冷冷、陰沉沉的態度，在我腦裡，立刻會轉為一團錦簇簇、熱騰騰的情意，只覺他是天下第一個多情的人。英士和執信，兩個都是富於特性的人，兩人的特性在何處，我雖不敢妄加論斷，可是在我個人的感觸，就只是如此。至於在我個人的願望，我只覺得英士是我所敬畏而不欲學的，執信是我所敬畏而不能學的。

在學問上，我不敢妄評執信，但他研究學問的智慧與熱誠真是我們一班同志所不及者。讀書的量，我不及他；讀書的理解力，我更不及他。至於講到知識與行為結合一致的力量，我們更萬萬不及他。中山先生說：「英士有革命的熱誠和勇氣，而智識學問差，執信有英士的革命精神，而知識學問卻超過英士。」這是很老實的評語。胡展堂先生說：「執信生平，不曉得一個『險』字，這真是他意志超絕的所在，也是他『真學識』的所在。」我以為革命黨同人當中，有知識、有學問的人雖然不多，卻不是絕無，但是像執信這樣知識感情陶融為一片的人，真是鳳毛麟角！我不敢妄自尊大，亦不敢妄自菲薄，我覺得當今知名的人當中，有些是我所不屑道的，有些是和我差不多的，有些是我所能作而不願作的。如像執信這個人，除了他由文字得來的知識而外，他那知情渾化的風格，真是我所極其羨慕而學不到的。

我還記得亡友當中有一個蘇曼殊，這人是我所不願學的一個人，他的性情，也很有超絕之處，但他到底是一位個人主義的結晶，就超生活的一面看，他也是一個俊秀。但是在生活裡面看，他是一個累世的人。高而不崇，潔而不純，於個人可稱為良友，於社會他是一個贅疣。至於執信，他具有十足「超人」的風格和韻致，他能理解人間物質生活的至理，他從前既不學尼采，也不學馬克思的。四五年前，他才醉心於尼采的超人哲學。《建設雜誌》初發刊時，執信作一篇小說，名曰〈超兒〉。此是他接受尼采感化的作品。《星期評論》第二十幾期裡面，他有一首詠星光的詩，這是在超人哲學裡面，加入許多唯物史觀的意義了。他讀尼采的書，讀成了朱執信，他讀馬克思的書，也讀成了朱執信。一切知識，都是造成他崇高純潔的尖塔的資料。胡展堂先生說：「可惜他的壽命不如尼采與馬克思。」這話真是深知執信，深愛執信，深惜執信的真評。許多人看見執信那副冷冰冰的嚴肅面孔，靜寂寂的孤高氣質，當他是一個頑固乖僻的冷人，卻不曉得冷凝了的地殼，卻包含著熱極的火球，執信這個人，固然不是一團烈火的太陽，卻何嘗是冷透了的月亮！

今年（民九）我和展堂到湖州去避暑，那時執信已回南方去了。他有一封信來責備我們，說我們不應該下鄉，他說：「你們既然不是作隱君子，此刻何苦跑開，將來仍舊要跑出來的，現在下鄉，豈非多事！」原來執信這個人，他自己是不作享樂生活，亦不作隱遁生活的。他對於享樂，並不是極端反對，他對人類一般的享樂，原是很主張的，但他只是對於負革命責任的人，認為不應享樂，他認為在革命時代，要由少數人吃苦，方能換得大眾的享樂，他對於隱遁，卻是極端反對的，有一次和我談天，他說：「現在那些自命高尚而作隱遁生活的人，都是過份的貪婪，既然吃眾人做成的飯，著眾人做成的衣，住眾人做成的房屋，就應該為眾人服務。」其言是十分合理的。現在回憶，我那次去湖州避暑，是含有偷懶和規避的意思，真是慚愧和懊喪。

我們對於這樣一個人，又是我們的同志，是我們很親切、朝夕相切磋的朋友，今看見他轟烈悽慘而死，我們何能不慚愧！而他的死，不是在達了目的之後，也不是在惡戰苦鬥之時，只是在不明不白的場合，沒有多大意義而犧牲，怎麼不令人懊喪呢！

輯二：憶胡展堂先生

汪希文　著

憶胡展堂先生

（一）

國民黨元老胡展堂先生於民國廿五年逝世，逝世後不久，廣東即歸政中央，胡氏所主持之國民黨西南執行部，及西南政務委員會，旋亦瓦解。平日信仰胡氏之黨員，散而之四方，迄今不覺已二十年，筆者未見有人寫過胡氏之傳略，今者其墓木已拱，仍未有人為撰碑銘。

六年前，其妻舅陳協之與筆者俱寓澳門，常有晤談，筆者屢囑協之為展堂作傳，或墓碑銘，協之曰：「我只知展堂辛亥後的事跡，辛亥以前的事，我不清楚，要胡毅生方能寫」云云。筆者曰：「如此正好，囑毅生寫前半截，由閣下寫後半段，前後兩篇合璧，便可以為將來之文獻。」協之雖以為然，終因年老，因循未果，毅生在台北亦已病廢，恐僅能口述，而乏秉筆之人，誠憾事也，筆者之於展堂事蹟，犖犖大者則知，細節則所知者甚少。爰將記憶所及筆之於篇，以備他日史乘之參考云爾。

胡漢民，原名衍鴻，字展堂，祖籍江西，先世幕遊於粵，遂占籍番禺。少日文名藉甚，年廿三，中光緒辛丑科舉人，時適在戊戌政變之後，清室慈禧太后，依然守舊，仍以八股考試取士，後世只知展堂為協助國父創造中華民國之革命元勳，而知其為以八股考中舉人者則不太多。清末遊學日本，藉乃弟毅生之介，始識國父而加入同盟會，為革命黨中之重要幹部，黃克強屢次揭竿起義，展堂無役不參與，與汪精衛交尤厚，在南洋宣傳革命有年，時人汪胡並稱。汪有標準美男之名，胡則聲音清嬌，時論以二人一則聲嬌，一則貌美，傳為佳話焉。

宣統辛亥三月廿九日，廣州起義之役雖然失敗，兩廣總督張鳴岐，水師提督李準均由是震驚。鳴岐不能單獨信任李準，調廣西陸路提督龍濟光率濟軍入粵鎮攝，李準以此更不安，六月，李準復被黨人陳敬岳行刺，遂暗遣其胞弟李次武（汪精衛之受業學生）赴香港，通款於展堂，表示贊同排滿，必要時可以向清廷倒戈。農曆八月中秋後（即雙十節）武漢義師起，長江各省響應，九月廣州亦震動，李準率所部巡防營，退守虎門，張鳴岐電囑李準派兵拱護穗垣，李準按兵不動，俄而黨人拍來「京陷帝奔」之電，張鳴岐大驚，於農曆九月十八日宵遁。展堂遂與同志入粵，就第一任廣東大都督（未到前，蔣尊簋曾代理一日）。展堂時年僅三十三歲，以朱執信為總參議，幕僚中人才濟濟，時人以「杜古金張」為四大金剛：杜貢石（之杕）、古湘芹（應芬）、金浩庭（章）、張蔭亭（樹棠）等是也。至於廖仲愷、汪道源（宗洙）二人，則有紅鬚軍師之號。其時陳炯明別在惠州起兵，獨樹一幟，遂推陳為副都督，黃士龍為參都督。農曆十一月，國父由海外歸國，道經香港，邀展堂同赴南京，乃由陳炯明繼任粵督。民國元年元旦（即辛亥十一月十三日）國父就任臨時大總統，以展堂為總統府秘書長，那時未有設置國務總理，總統府秘書長為百僚之長，等於首相焉。

（二）

民元，南北統一，國父讓總統與袁世凱後，遂與展堂甫歸廣州巡視，陳炯明過於剛愎自用，與情不洽，為眾所反對，不安於位，自行向廣東省議會辭職，省議會票舉汪精衛為廣東都督。其時汪精衛方與李石曾、吳稚暉等組織進德會，標榜六不主義，即：不吸煙、不飲酒、不賭博、不冶遊、不納妾、不做官是也。不做官既為其信條之一，自然無就任都督之理，袁政府之政令，一時又未及於粵，遂由國父親蒞廣東省議會，推薦展堂為粵督。國父之措辭，謂展堂之才，不只可以勝任一省的都督，即畀以全國性的要職，亦可勝任愉快。於是，全場一致通過，展堂復任粵督，而以陳炯明為廣東全省綏靖總處經略。

民國二年，袁世凱使人刺死宋教仁之後，陰謀消滅國民黨，暗使梁士詒南下香港，利用粵紳江孔殷勾結陳炯明，離間胡陳不睦，又賄賂粵軍第一師長鍾鼎基；第二師長蘇慎初，混成旅長張我權，誘其輸誠於袁，美其名曰擁護中央。及其成熟，遂由袁政府下令，免展堂粵督之職，調為西藏安撫使，而以陳炯明繼任廣東都督。俄而李烈鈞在湖口起義討袁，二次革命起，陳炯明亦附和討袁，不知各師旅長均已被梁士詒暗中買通，龍濟光則率濟軍由梧州東下，駐肇慶之軍閥李耀漢響應之，鍾蘇駐燕塘之陸軍，竟砲轟都督府，陳炯明遂逃，二次革命完全失敗。展堂乃隨國父東渡日本，改組國民黨為中華革命黨。民四，袁世凱謀稱帝，國父遂命同志組織中華革命軍，以居正主持山東軍事，陳其美主持江浙兩省軍事，于右任主持陝西軍事，朱執信主持廣東軍事，國父自任統帥，展堂在國父左右，策劃大計焉。

民國五年五月十八日，國父所派主持江浙兩省革命軍事之陳其美將軍，被袁世凱使人行刺於上海英租界，遂殉國。國父命展堂由日本東京返滬，繼續主持陳氏之任務。六月六日袁世凱死，黎元洪繼任大總統，旋恢復舊國會，及舊約法。帝制既倒，民國危而復安，國父遂通令各省、結束軍事行動，各路國民革命軍，於是一律復員。

民六，參議院依法須改選一部分參議員，廣東佔三名，由廣東省議會選舉，展堂當選，遂赴北京出席，其餘兩名為陳炯明及黃金聲。未幾，國會又被督軍團壓力所解散，滿清殘餘軍閥張勳竟擁宣統帝復辟，段祺瑞由馬廠出兵討平之，而廢棄約法如故。國父函電紛馳，力爭無效。乃偕展堂率海軍南下至粵，以護法號召天下，非常國會推國父為海陸軍大元帥，成立大元帥府於廣州河南之士敏土廠，國父以展堂為總參議。

民七，由國會議員楊永泰領導之政學系，與桂系軍閥勾結，陰謀改組大元帥府為軍政府，採七總裁制，以岑春煊為首席總裁，國父乃離粵，展堂亦隨赴滬，國父乃遙領總裁虛銜。

（三）

民八，南北政府開和會於上海，展堂與唐紹儀等為南方代表，會議歷時數月，雙方意見紛歧，卒無成就。

民九，桂系軍閥莫榮新竊據粵省多年，大開煙賭，政以賄成，除拆城築馬路一事，差強人意之外，並無其他政績表現，民怨沸騰。那時陳炯明所統粵軍，駐防福建之漳州，國父遂命陳氏率全軍回粵討莫，下潮汕，克惠州，勢如破竹，國父又命展堂及朱執信設機關部於香港，使人策動福軍李福林，及第三師長魏邦平，各將所部軍隊，集中廣州之河南，號稱李魏聯軍，響應回粵之粵軍。莫榮新大驚，率桂軍逃回廣西。國父乃偕伍廷芳唐紹儀及展堂，重返廣州，再開軍政府會議，以圖貫徹護法大業。

民十，粵軍大舉援桂，廣西全省平定，陸榮廷領導之桂系，完全瓦解。五月，國會開非常會議於廣州，國父當選為非常大總統，展堂任總統府文官長。

先是，國父使汪精衛潛赴華北，連絡東北之張作霖，及已下野之段祺瑞，謀組織孫段張三角同盟，共同討伐直系軍閥。民十一，連絡成功，國父乃率各路軍取道桂林，出師北伐，期與張段兩軍會師中原，前鋒已入全州，乃陳炯明與直系軍閥吳佩孚勾結，企圖阻撓國父之北伐大計，不肯接濟餉械，國父乃出桂林回師返粵，意圖說服陳炯明，車駕至梧州，電令陳炯明赴梧商討大計，炯明見國父回師，頗懼，初擬遵命晉謁，以圖緩衝，其謀士金浩庭（章）勸陳不可去，謂去則必遭鎗斃，炯明竟惑於其言，不肯晉謁。國父遂下令，免去陳炯明粵軍總司令兼廣東省長兩職，以伍廷芳為廣東省長，仍留陳炯明為陸軍總長，兼內務總長，以觀後效。

下令之後，國父率北伐軍約四萬人，由梧州東下，次於三水縣之河口，國父駐節軍艦上，仍希望可以說服陳炯明，期其覺悟，再電約其即赴河口相見，陳不特不往，且聞國父率兵到河口，竟奔返惠州之白花洲，擁兵數千，負隅自重。此時適令總統蔣先生，聞北伐軍改道，特由滬趕到三水，登艦謁見國父。謂陳逆勾結吳佩孚，逆跡昭彰，若大軍改道江西北伐，而任令陳炯明擁兵在後方，實為心腹之患，今我軍既有四萬之眾，而陳炯明在惠州之兵，不過數千人，宜趁此時以全力將老巢撲滅，徹底傾覆之，然後可以安心北伐云云。蔣先生當日此項主張，的是卓見，惟展堂則謂陳炯明叛跡未著，一旦發生內鬨，實為不宜。許崇智將軍則謂國父屢次對陳炯明切實表明態度，惟一之目的在北伐，決心將粵事完全付與陳氏，今若失信，非王道也云云。展堂喜曰：「許將軍能見及此，此軍長之所以為軍長也。」國父遂納展堂之言，而不用蔣先生之策，蔣先生以主張不行，知必僨事，悄然而再赴滬焉。

（國父在永豐艦蒙難時，蔣先生又隻身來粵，登艦援救國父。）

（四）

國父既不採用蔣先生先發制人之策略，遂容納展堂之主張，命令隨駕回粵各軍，悉數取道北江及粵漢鐵路，向韶州進發，即設大本營於韶州，命展堂赴韶州主持一切，指揮各路軍踰大庾嶺入江西。於是，許崇智克龍南，黃大偉克崇義，李烈鈞克大庾，李福林亦率所部為後繼，軍威甚盛。

國父以陳炯明為本黨一手培植之人，縱使稍懷貳心，若於北伐軍入贛，勢如破竹之後，稍有人心者，亦決不致實行反叛，為梟獍之行，且其部下諸人，亦當有深明大義不致附逆者，乃僅攜帶少數衛隊返廣州鎮攝，此外有海軍艦隻在珠江河面拱衛而已。

不期陳炯明竟喪心病狂，電令其所部將官葉舉，將原駐廣西南甯之軍隊，約二萬人，兼程返粵，國父命葉舉率部入贛，以壯北伐軍威，葉舉竟以清君側為名，請國父驅逐展堂，以為要脅，並要求陳炯明全權包辦北伐，視國父為傀儡，當然為國父所拒，葉舉竟於六月十六日砲轟總統府，張貼佈告，口號為「請孫下野」。

國父登永豐兵艦（後改名中山艦）砲擊叛軍，一面電令北伐軍回師討逆，相持逾月，北伐軍終以接濟困難，不能取勝，乃向福建退卻，以待時機，陳軍進迫韶州大本營，展堂是文謅謅之人，身軀瘦弱，那時又未有飛機，由親信副官背負之奔走，渡過大庾嶺，易服間關至滬，此役展堂之勞苦與虛驚，當為有生以來所未嘗有，而主張失敗，亦為其一生最失策之一著焉。

國父以北伐軍回師討逆無功，已轉進入閩，陳逆竟忍心圖以魚雷轟炸永豐船，置國父於死地。比時蔣先生再由滬返粵，登艦援救國父，換乘英國兵艦離粵，與展堂及各同志在上海環龍路會齊。

那時滇軍張開儒楊希閔，及桂軍劉震寰劉玉山所部，均駐廣西之白馬，展堂命眾議院議員葉夏聲，潛入廣西，傳達國父意旨，徵兵討賊，楊劉均久隸國民黨籍者，接納葉氏之言，立即遵令出兵，並連絡其他之桂省殘餘軍閥沈鴻英，由梧州會師東下，討陳炯明，陳軍屢戰屢敗，滇桂軍直下廣州，陳逆擁兵退惠州。

十二月，國父以陳逆已逃，特任展堂為廣東省長，展堂那時在香港設立機關，主持大計，奉令立即赴穗就職，視事僅數日，竟發生意外之事變，即世所稱之「江防會議」也。

（五）

所謂「江防會議」之變，算是吾粵過去的一件不大不小之事，敘此事之前因後果，不能不敘述魏邦平其人。

邦平是日本士官畢業，而未嘗隸國民黨籍者，但民國元二年間，展堂在廣東都督任內，注重人才，曾任用魏為參謀長，佐治軍事，不能謂於黨全無淵源。民四，朱執信奉國父命，在港澳設立機關部，主持廣東革命運動，在四邑一帶組織民軍，謀逐龍濟光，那時執信因魏未入國民黨，未有使用魏氏，而他究竟是有為之人，既未為朱所用，遂與康梁系之徐勤合作。民五之夏初，奪獲龍濟光之軍艦十餘艘，另組織軍隊，分道由水陸開至肇慶，與桂軍統帥陸榮廷，肇軍統帥李耀漢共同擁戴岑春煊為兩廣都司令，那時筆者在李耀漢幕府，始認識魏君，筆者同時奉執信之命，與岑陸李魏各軍連絡，共同目標在討龍濟光。筆者曾詢問邦平，何故不將所獲兵艦歸隊於朱先生？魏答：曾三次謁朱，未獲接晤云。執信此役未有羅致邦平，是其不無小誤之處。

後來合兵驅逐龍濟光成功，新任廣東督軍陸榮廷，委任魏邦平為廣東陸軍第三師師長，待之頗厚。及民九粵軍由漳州回粵，魏邦平接受展堂之策動，與李福林響應粵軍，桂系由是而敗，前文已詳敘及此，桂系軍人由此恨魏邦平入骨。

民十一冬，滇桂聯軍擊走陳炯明之後，沈鴻英設桂軍司令部於廣州西北郊之石井，所部約萬餘人，分布於廣州市西一帶，及長堤之西部，滇軍則駐東郊，及長堤之東部，魏邦平所部之第三師則駐河南。

十二月，展堂接任廣東省長後，約旬日，由各軍政負責人，往返磋商同意後，召開軍事政治聯席會議於南堤「江防司令部」，是晚八時開會，展堂及滇軍統帥楊希閔，桂軍統帥沈鴻英，及劉震寰、劉玉山、陳天太、魏邦平、陳策等，均依時到會出席，江防司令部之房屋，那時則是滇軍所佔有的，會議甫開，沈鴻英即挾昔日之舊恨，怪責魏邦平當年響應陳炯明之罪過，害到桂軍一敗塗地，竟當場拔槍，欲轟擊邦平，邦平方欲拔槍自衛，已被桂系軍官從後面奪其手槍，並將邦平打倒在地，會場秩序遂大亂。那時在會場的桂系軍官，不分青紅皂白，竟將展堂捆縛，置於角落，陳策則由騎樓跳落馬路，以致傷足，魏邦平倒臥於樓板上，沈鴻英正欲持鎗轟之，魏則左右輪轉以圖掙扎，正在千鈞一髮之際，楊希閔及滇軍將官，仗義解圍，謂此處是滇軍駐地，沈總司令不能在此殺人，一面傳令守衛的滇軍，未奉命令，不准放一人出司令部門。沈鴻英不得已，方不敢開槍，結果，則將魏邦平扣留在滇軍司令部，楊希閔看見展堂被縛在角落，大呼不應如此無禮，大家應該尊重省長，命人解去其縛，請劉震寰用汽車送展堂回省署，展堂被縛時以為必無幸，返署後驚魂未定，翌晨，乘省港輪船赴香港暫避，以觀形勢。

（六）

是役魏氏所部駐河南之第三師，全軍三千餘人，竟受壓力全部被繳械解散，全官兵，泣不成聲，向珠江揮淚以救主帥。滇軍則接受國父由滬發來電令，內容為「著即釋放魏邦平。」一僅七個字，魏始獲釋赴港，是之謂「江防會議」之變。當時桂軍之目的，完全在魏邦平，展堂則因城門失火，殃及池魚而已。

桂軍統帥沈鴻英，本是桂系殘餘軍閥。民九，在粵給粵軍打倒。民十，國民黨軍援桂，又傾覆其老巢，故沈氏之於國民黨，只有舊恨，而無好感，是自然之理。葉夏聲奉國父及展堂之命，徵勤王兵於廣西時，只係徵發駐白馬之滇軍，原未徵及沈軍，特滇軍恐獨力未足以驅逐陳炯明，所以拉攏沈軍合作，以壯聲威。沈軍既已入粵，鴻英與邦平，正是冤家對頭，一旦相逢，豈有輕易放過之理，所謂「江防會議」，展堂及魏氏，均絕未考慮到沈鴻英的危機，事前並無切實之連繫，又毫無情報，輕身赴會，我不爾虞，若竟我詐，鑄成此錯，《春秋》責備，疏忽之咎，蓋無可辭。民五，黎元洪繼任總統，曾特授展堂為智威將軍，此役展堂可謂不智。

一黨之內，再分派別，大約是無法避免之事。陳炯明未叛之前，黨內分為胡陳兩派，陳氏叛變脫黨之後，國民黨內，又開始分為「元老」與「太子」兩派，元老派以展堂為首，太子派則以孫哲生（科）為首。

江防會議的悲劇閉幕後，展堂避居香港，驚弓之鳥，不再計畫返穗，坐看時局之發展。「太子」

派乃乘時而起。

展堂以文章才智，為國父所優禮，在黨內可說是一人之下，萬人之上，除汪精衛可以與之分庭抗禮，為國父所並重者之外，其餘諸同志，有汪胡在，總要讓他兩三分的，若不論才智，而論年齒資深，則當時尚有與國父年齡相若之陳少白，年齡比展堂大十多歲，少白不免有多少老氣橫秋，展堂則才氣迫人，平時對少白總有不甚客氣的說話，不算刻薄，亦算尖酸，即對任何同志，亦不免如此，在展堂不過取快於一時，受之者不免尷尬而懷怨，此是人情之常，自從江防會議之變，黨內許多同志，均埋怨展堂措置失當，陳少白即是其一。

滇桂聯軍之來粵討陳，既係由葉夏聲所遊說，夏聲與沈鴻英，自然曾有晤面，夏聲以展堂既留港不歸，乃與元老陳少白，奉孫哲生為首腦，以哲生之意旨，與沈鴻英折衝，沈則虛與委蛇，實則心懷叵測，夏聲竟誤以為沈可利用，欲藉沈以自重，乃不經展堂，而逕赴滬謁見國父，為沈鴻英說好話，並謂展堂既不回穗，省長要缺，不能虛懸，夏聲與哲生及陳少白數人合力為徐紹楨捧傷，謂為老成碩望，可資鎮攝。國父乃下令，調展堂仍為交官長，而以徐紹楨為廣東省長，楊西巖為廣東財政廳長，孫科為廣州市長，事在民國十二年一月也。

（七）

令既下，「元老派」譁然，以為粵局糾紛，決非徐紹楨所能斡旋，鄒魯及胡毅生，均因此事向國父力爭，幾至反臉。大約國父則欲一試少壯一輩之活動成果為如何，竟將「元老派」暫時凍結，試令孫哲生運用其聯絡沈鴻英的理想。

徐紹楨、楊西巖、孫科三人就職後，會同滇桂兩軍統帥，聯名電請國父返粵，展堂在香港，以沈鴻英陰謀不可測，電阻國父勿南歸，謂宜慎重，國父不納，卒於民國十二年二月二十一日返抵粵。

徐紹楨，字固卿，前清舉人，官江蘇補用道，改武官，任江南新軍第一鎮統制（等於民國的師長）。辛亥革命，接受革命黨策動，向清廷倒戈，光復南京有功，國父任命為南京衛戍總司令。民元，南北統一後解職。其人和易而忠厚，別無所長，不為世重，賦閒十年，因緣此次機會，始被起用，當時的粵局，十分複雜，以多才多智的胡展堂，尚感棘手，何況垂老的徐紹楨，時人呼為徐鼻涕，就職後一籌莫展。

楊西巖是本港股商，國民黨為地下革命運動時，西巖資助經費不少，國父任用他為財長，是酬庸之意。惟以商人而負財政重責，絕無行政經驗，是不行的。那時的滇桂兩軍，自己一面開煙開賭，一面向財廳索餉，西巖亦窮於應付。

國父之於沈鴻英，鑒於江防會議之變，當然不會信任，故抵粵登岸之初，立即與滇軍統帥楊希閔同乘汽車，逕駛至東沙馬路農林試驗場，即滇軍總司令部，並即下榻該處，表示對於滇軍之推心置腹。沈鴻英則始終不敢謁見國父，滑稽得很，他反為欲請國父到他的司令部相見，再演一幕「江防會議」，國父自然不會上當。

國父的確偉大得很，仍企圖說服沈鴻英而感化之，冀其衷心歸順，為革命效力，使人通知鴻英，謂可駛永豐軍艦至白鵝潭，國父與沈氏，約齊同時在軍艦把晤，沈鴻英仍不能從。

至是，國父方深知沈鴻英之不可靠，並知孫科及葉夏聲之活動及其理想，係屬徒然，不無幼稚之處。

先是，展堂於江防會議被釋返省署之後，決定翌晨離穗赴港，仍留乃弟毅生在穗，與滇軍切實連絡好感，滇軍之能擁護國父，毅生之功勞不少。展堂一面漏夜特派古應芬為江門行營主任，面飭古氏立即馳赴江門，剋日成立行營，集中粵系各路軍隊，佈防於四邑一帶，於是粵軍將領梁鴻楷、陳可鈺、李濟深，陳濟棠等，各率所部來歸，古應芬儼然以文官為主將，擁眾二萬餘人，軍威一振，與滇軍成犄角之勢。

國父以內有滇軍擁護，外有粵軍聲援，遂受各軍之推戴，於三月二日稱大元帥，成立大本營，命令沈鴻英率部移防肇慶，沈竟不受命。

（八）

沈鴻英是舊桂系的殘餘軍閥。民六至民九，舊桂系盤踞廣東之時，因軍人頭腦單簡，他們缺乏政治人才，由國會議員楊暢卿（永泰）領導之政學系，當日是與舊桂系密切合作的，軍閥們靠暢卿為靈魂，言聽計從，故楊暢卿由財政廳長而升為廣東省長，把持民財兩政，一時炙手可熱。民九，粵軍回粵，舊桂系與政學系，同時垮台，溜之大吉。及至滇桂聯軍驅走陳炯明，廣州初定，那時筆者由香港乘省港輪船返穗，在船上遇見幾位政學系的二三流人物，記得林正煊、林正烇、勞勉、何惺常、游金銘等，均是粵人，亦筆者所素識，不過派別不同，若輩皆是楊暢卿的親信，在餐樓內喁喁細語，若似互商大計者，看見筆者入餐樓，立即停上談話，改談天氣的寒暄，筆者已知若輩必有陰謀，看見沈鴻英率兵到粵，又復捲土重來，要替沈鴻英劃策了。

林正煊等自然不願國民黨獲得廣東地盤，乃勸沈鴻英輸誠於北方軍閥吳佩孚，他們一切的行動，俱是受楊暢卿所發蹤指示的，吳佩孚雖然與陳炯明有默契，此時見炯明軍事失敗，不能立足於廣州，若得沈鴻英軍為擾粵之爪牙，亦大佳事。

吳佩孚乃壓迫北京政府下令，於十二年三月二十日，特任沈鴻英為廣東督軍（那時是黎元洪復職總統，等於傀儡。）

是年四月十五日，沈鴻英居然即在廣州西郊之石井，宣布就北政府所委廣東督軍之職。國父知沈軍之必叛，事前已有準備，一面命令滇軍即在廣州進兵討伐，一面命令古應芬督飭駐四邑之粵軍，向西江進發，佔據肇慶，以斷沈軍之歸路。

豈意滇軍與沈軍，一經交綏，沈軍即棄甲曳兵而逃，以肇慶已不能通過，乃由北江退入湘贛邊境，不久，便全軍瓦解。

計由民十一年十二月中旬，至十二年四月中旬，國民黨「元老派」自展堂以下，為國父所凍結，未予使用者，凡四月之久。

當沈軍未叛之前，展堂有一長函，命專人呈與國父，再三申述沈鴻英之不可靠，洋洋數千言，筆者曾經見過此函稿，全文現已忘記，僅記得最後有幾句云：「……漢民受任於敗軍之際，奉命於危難之間，邇來二十有一年矣。……」是借用諸葛亮出師表的說話，十分沉痛，自道經過甚苦。

沈軍敗走後，國父知「太子派」聯沈計畫之錯誤，傳葉夏聲至大本營，大加申斥，幾至要被扣留，賴陳少白解圍乃免。省長徐紹楨，財廳長楊西巖均辭職，孫科之市長則不辭。

（九）

國父乃命人至香港，敦請展堂返穗，倚重之如初，展堂只允就任大本營總參議，而推薦廖仲愷為廣東省長，鄒魯為財政廳長，「元老派」至是始再抬頭。

廣州之南堤，設有一所「南堤俱樂部」，晚間開放電影，以供軍政界人員之休息。十二年夏秋間，筆者偶到該處坐談，適展堂及孫哲生均在座，此外尚有多人，談及哲生企圖聯絡沈鴻英的運動，展堂嘲笑他人的詞鋒，一向是很尖銳雋永的，哲生年少氣盛不能忍，反提出陳炯明未叛前的舊事，謂陳的反動，是展堂所激成，你一唇鎗，我一舌劍，兩人竟拍案大罵起來，不歡而散，是為「元老派」與「太子派」磨擦的掌故。

說者謂展堂輔助國父數十年，革命運動期間，任何同志，都被國父責罵過，獨胡漢民汪精衛朱執信三人，素為國父所敬禮，從來未曾稍假以辭色，哲生以世姪輩而如此，可謂太沒分寸，不止幼稚而已。

孫哲生與展堂口角爭執之後，事為國父所聞，曾誥誡哲生，謂後輩對於前輩，應守相當之敬禮，並引述孔子的遺教，謂「幼而不遜悌，長而無述焉，老而不死是為賊。」幾句名言，諄諄昭示哲生，勉其於「謙遜」兩字多多注意，哲生亦能遷善，在大本營遇著展堂，表示道歉，兩人遂和好如初，一笑而罷。於此亦可見國父感召力之偉大矣。

平心而論，陳炯明的反叛，完全是其自私之心使然，意圖霸廣東，為「南天王」，故不惜勾結吳佩孚，欲將國父排出廣東地盤之外，處心積慮，蓄之已久，其親信謀士金師爺（名章，字浩庭），不特不為之糾正，反為逢君之惡，助紂為虐，以致革命大業，受一挫折，絕不關展堂所激變，此不過欲加之罪而已。

展堂之於陳炯明，感覺其行動有異，認為有危機，為顧全大局起見，不能不予以忠告，同志間抱「如切如磋，如琢如磨」之道義，率直規勸，冀其覺悟，是正當的本份內事，惟措詞之間，則應善為斟酌，以能婉轉動聽，使對方有接納的可能性為宜，若果語氣稍微過火，或於對方責備不留餘地，則對方每因「氣」的不能平，即會發生不良的反應，由是而易起裂痕，若再不圖補救，裂痕愈來愈深，勢必不可收拾。俗語說得好：「星星之火，可以燎原。」結果便鬧出大禍。陳炯明一個人的身敗名裂，殊不足惜，革命大業中途受挫，則損失無可補償了。故「言語」一科，為孔門弟子重要的「科目」之一，一言可以興邦，亦可以喪邦，其關係可謂大矣。

展堂先生之為人，立身行己，自有本末，有其不朽之所在，革命勳業，政事文章，均足千秋，若論到他平日對一般同志說話的態度，常會超過了「恰到好處」的水準，每每使人難堪，此層真是不可為訓，此並最公允的論斷也。

民十三年三月，大本營成立之初，廖仲愷原任財政部長，沈鴻英敗走後，徐紹楨辭職，展堂推讓仲愷為廣東省長，所遺財政部長一職，展堂則薦所謂「交通系」之葉恭綽氏繼任。

（十）

葉恭綽原是北洋政府的舊官僚，在所謂「交通系」坐第二把交椅的，比時忽然投入革命陣線，而且負財長重任，似係奇蹟，茲乘便述其原由於下：

梁士詒本有財神之綽號，袁世凱死後，無所依歸，財閥與軍閥，其趨勢是必須互相利用的，交通系遂與東北的軍閥張作霖結合。民十一，梁士詒曾一度組閣，任國務總理，是由張作霖撐腰的。任事僅一個月，即被直系軍閥吳佩孚所推倒，那時國父鑒於中原為直系軍閥所盤踞，欲圖打倒直系，自非連絡與直系為敵之「奉張」及段祺瑞不可，由於汪精衛的努力斡旋，歷史上有名的「孫段張」三角同盟告成，「奉張」以葉恭綽為粵人，與展堂有誼，命葉南下聯絡，展堂與葉，早歲在穗同應府縣試及鄉試，素有往還，又同應書院試，在文擅互相角藝，久為文字之交，又同是番禺捕屬的鄉誼，梁士詒既有財神之稱，恭綽是梁氏手下第一人，而廣東因迭經變亂，財政未入軌道，軍費極感拮据，展堂遂思利用及葉，獻議於國父，使其理財焉。

國父以陳炯明的叛軍，尚盤踞東江，臥榻之旁，不容叛逆鼾睡，必須絕去後顧之憂，方可與段張會師中原。十二年八月，命展堂以總參議名義，負大本營留守之責，國父統率滇軍楊希閔，桂軍劉震寰，粵軍許崇智，三支大軍，親征陳炯明。九月，進攻惠州，豈意滇桂兩軍，士氣消沉，不甚賣力，許崇智所部粵軍，本來曾經百戰，向來異常奮勇，此次因友軍不能合作，粵軍獨力難支，惠州久攻不能下，俄而陳軍大舉反攻，滇桂軍先退，粵軍亦不得已，節節後退，兵敗如山倒，收容亦感困難，國父行營，先由前方退石灘，再退石龍，陳軍步步追迫，國父乘火車的車頭返廣州，陳軍迫近廣州之東北郊，勢甚危急。

展堂既受命當守廣州，見前方軍事不利，急電湘南，徵調湘軍，一面嚴飭粵漢鐵路局長李仙根，剋日準備大量車輛，以為運輸湘軍之用，於是譚延闓統率所部，可以及時趕到，立即加入前線作戰，滇桂粵三軍，見有生力軍來援，士氣大振，一致反攻，陳炯明的叛軍，遂如強弩之末，不能穿魯縞而逃。

為革命策源地之廣州，反危為安，展堂負留守重責，此役調兵神速，其功殊不可沒。

（十一）

獨國父與展堂，一向抱百折不回之心，不甘安逸，展堂對於吳稚暉之言，痛駁不留餘地，直指為太過老朽昏庸。國父見蘇俄能同情於我，亦認為不宜錯過機會，民十二年秋冬間，俄人鮑羅廷到粵，由廖仲愷伴同晉見，鮑羅廷以國民黨組織不健全，故革命成績，不能如理想，獻議改組，重行登記黨員，國父概予接納，於十二月十二日，中國國民黨發出改組宣言，由國父以國民黨總理身分，特派胡漢民、汪精衛、譚延闓、廖仲愷、孫科、伍朝樞、鄧澤如、譚平山等八人為臨時中央執行委員，聘鮑羅廷為顧問，（譚平山是跨黨份子），籌備召開國民黨第一次全國代表大會。

十三年一月二十日，中國國民黨開第一次全國代表大會於廣州，到各地代表一百七十餘人，會期十日，通過黨綱章程，頒布歷史上有名的〈第一次全國代表大會宣言〉，明揭對內對外之政策施行方法，確定國民黨最高權力機關為全國代表大會，閉會期間則為中央執行委員會，由大會推選中央執行委員會十二人，組識中央執行委員會，推選監察委員五人，組識監察委員。經此次改組，黨的基礎鞏固，組織嚴密，黨務推行迅速，正式容納共產黨，亦由此次大會始。

大會一切宣言文告及章制，當時均由汪精衛一人秉筆主稿，而由展堂潤色之，大本營秘書長楊庶堪，亦有參加工作，其餘諸重要同志，不過任抄寫之役而已。

國民黨容納共產黨合作，為近代中國一件極重大之事，此一政策，是由國父孫中山先生本人衷心所裁定，而為之奔走斡旋最出力者，則是廖仲愷。至於展堂先生，則他的衷心，始終不以共產黨為然的。國父未逝世以前，國民黨內，顯然已分為左右兩派：左派主張容共；右派始終反共。展堂隱然是右派的首領，不過展堂眼見當日的形勢，國民黨侷促於廣州一隅，內憂外患交迫，東路及南路，尚有陳炯明的殘餘勢力未除，大本營倚為干城之滇桂兩軍，隨地開煙開賭，暮氣沉沉，除了要求發給餉械之外，絕無革命表現，使人為之氣結，為加強充實革命之力量起見，自然急切需要一面練兵，一面求取外援，其時蘇俄既然同情援助，則暫時容納共產黨，使其為三民主義而奮鬥，亦屬不得已之舉，因「渴」得太厲害了，明知是「鴆」，也要吞下的。

展堂之於國父採取聯俄、容共、扶助農工，三大政策，心不謂然，而未有力阻，且明知阻之亦未必有效，故聽其自然。

國民黨右派之鄧澤如、古應芬、鄒魯、林森、居正、吳鐵城、劉成禺、謝持、覃振、李文範、蕭佛成、胡毅生、鄧青陽等，均極力反對容共的，國父一概不予接納，廖仲愷當時則極為接近汪精衛的，故汪氏成為當時左派的首領，陳公博、甘乃光、陳樹人，宋慶齡、何香凝、陳璧君、褚民誼、經亨頤、王法勤、王樂平等均屬之。

（十二）

國父決策聯俄容共之後，蘇俄立即有軍械援助，國父乃於十三年五月，特派今總統蔣先生為黃埔軍官學校校長，開始積極練兵，汪、胡、廖諸公，於此事均一致贊成，開辦時經費支絀萬分，陳璧君且變賣首飾，捐出以助。

國父既與段祺瑞、張作霖有三角同盟之協定，十三年九月段系之浙督盧永祥，與直系之蘇督齊燮元，在上海崑山一帶，發生戰事，國父以北伐時機已至，決定親自督師，響應段張，遂命展堂留守廣州，代行大元帥職權，國父親自率兵北上，不意師次韶州，忽有廣州商團之變。

廣州的商場，遍佈於西關及長堤一帶，因迭經變亂，外省軍隊入粵，常有發生搶劫之事，商人為自衛起見，呈奉政府批准，自行組織武裝商團，以資自衛，由來已久，自國民黨改組後，實行容共，革命空氣，籠罩華南，若干頑固反動份子，以為不利於己，思有以破壞之，會廣州商團團長陳廉伯，原充滙豐銀行廣州支行買辦，乃假借商團名義，購械練兵，企圖阻撓革命，國父燭其奸，密加防範，後來果然發現商團祕密私運軍火入口，當即悉數扣留，陳廉伯復煽動商人罷市以示威，又勾結陳炯明為外應，預招土匪二千餘人，假充商團，在廣州之西關，武裝戒嚴，公然作反。

廣東省長廖仲愷無法彈壓，滇桂軍又袖手旁觀，不肯用命，國父乃由韶州發出電令，調廖仲愷仍為財政部長，以展堂復任廣東省長，代行大元帥職權，責令負責平亂，奠安後方。

展堂接事後，立即調黃埔軍校學生軍，及李福林駐河南之福軍，將商團包圍，勒令悉數繳械，陳廉伯幾乎被逮，逃遁來港獲免，叛變敉平，是役滇桂兩軍竟按兵不動。

十三年九月三日，蘇浙兩軍，在上海崑山一帶開戰，歷史上名為齊盧之戰，直系之齊燮元與段系之盧永祥交綏。

九月五日，國父發出通電，為盧永祥聲援，電文是展堂起稿，節錄其大意於下：

……曹錕亂法行賄，瀆亂選舉，與吳佩孚同惡相濟，以賣國所得，窮兵黷武，毒流四海，本大元帥夙以討賊戡亂為職志，誓必翦此蟊賊，以除民害，剋日興師北指，期望各方將帥，同時並舉，決無南北之分，只有順逆之辨，其間絕無中立之地，亦絕無可以旁觀之人，露布一到，祈即會師，務使曹吳諸賊，次第伏法，布告天下，咸使聞知。……

通電發出後，東北的奉軍首領張作霖，立即響應，於九月十六日，進兵入關，討伐曹吳。蘇浙之戰，因直系之軍閥孫傳芳，由閩出兵入浙，以助齊燮元、盧永祥兩面受敵，不支而敗。奉軍則分為五路，大舉入關，曹吳則分兵三路迎戰，以彭壽莘為第一路，王懷慶為第二路，馮玉祥為第三路，奉直兩軍九月十六日開始接觸於朝陽，奉軍奮勇異常，節節前進，直軍退秦皇島，奉軍入山海關，吳佩孚復以海軍運兵謀大舉反攻。

（十三）

先是，五六年前，直軍混成旅長馮玉祥，駐兵安徽之武穴，同情於國民革命，國父特遣汪精衛潛赴武穴，與之密切聯絡，馮遂輸誠於國民黨，而未敢露面，輾轉數年，馮氏因緣時會，逐漸擴充武力，至是，洊升至直軍第三軍總司令，擁眾數萬，乘曹吳與奉軍相持不下之際，突於是年十月二十三日，回師北京，發出主和通電，一面截斷吳軍之歸路，吳佩孚遂一敗而逃，曹錕亦不得已而下野。

馮玉祥以京津一帶已定，一面與張作霖擁戴段祺瑞為臨時執政，一面電請國父晉京，與段張會商國是，履行三角同盟的諾言。

國父遂於十一月十三日離粵北上，偕汪精衛、戴傳賢、李烈鈞、何香凝、陳璧君、孫科等二十餘人同行，命展堂留守廣東，代行大元帥職權。

國父於離粵時，發出對解決時局之宣言，此次宣言，是汪精衛起稿，略經展堂潤色，其大意如下：「……往者國事之糾紛，皆由武力與白色帝國主義者相勾結，故其所措施者，無一不是有害於人民，此後補救之方，務使武力與人民相結合，全國之一切武裝，悉數使成為人民之武力，而不再為軍閥之武力，以絕軍閥之為禍，故主張召開國民會議，大量容納人民團體，以民意解決國是，而在國民會議之前，先召開預備會議，以為國民會議之張本。……」云云。

國父於十一月十七日抵止海，十二月四日始到天津，北京為一國之首都，勢不能日久無政府，段祺瑞遂被各軍推戴為臨時執政，段氏竟不待國父駕到，於十一月二十一日發出召集善後會議及國民代表會議之主張，又宣言尊重歷來與各國簽訂之條約，旋於二十四日入京，就臨時執政之職。

國父十二月四日到天津後，寓於行館，張作霖即來訪謁，國父旋往回拜，時值天寒，在中途感冒，又聞段祺瑞種種專斷獨裁，尤憤其違背國民黨廢除不平等條約之主張，一怒之下，肝疾乃大發，三十一日扶病入北京。

十四年一月十七日，國父雖臥病，仍命汪精衛主稿，致電段祺瑞，堅持善後會議，必須容納民眾團體代表之主張。段氏於二十九日乃答覆，僅允於善後會議之內，加聘民眾團體代表為專門委員，列席會議。

國父以身在北京，又為病魔所纏，遂不再在北京發言。是時國民黨中央黨部設在廣州，展堂為留守，代行大元帥職權，一時成為「黨政軍」之重心，遂由展堂領導主持，用國民黨中央執行委員會名義，在粵發佈宣言，聲明北京召開之善後會議，未曾容納本黨總理之正當主張，本黨一致議決，不參加會議。

（十四）

十四年二月一日，段祺瑞包辦之善後會議開幕，十三日舉出，前清遺老趙爾巽為議長，湯漪為副議長，以迄四月二十日閉幕結束，開會期間，國民黨始終未有派員出席。

國民黨在廣東之黃埔，積極練兵，以今總統蔣先生主其事，由廖仲愷為黨代表，於十四年二月，已有一部分學生軍，訓練完成，可以成軍。於是，由展堂以代行大元帥職權之名義，特任蔣先生為黨軍司令，兼廣州衛戍司令，吳鐵城為衛戍副司令。國父在世之時，任用蔣先生為粵軍總司令部參謀長，及黃埔軍官學校校長，蔣先生之直接統兵自此始。

國父十三年離粵北上，以肅清陳炯明之責，付之展堂及在粵各武裝同志，至十四年一月，接獲情報，陳炯明聞國父病耗，以為有機可乘，又企圖反攻廣州，展堂遂在大本營召開軍事會議，決定分三路拒敵；許崇智統粵軍會同黨軍任右翼；劉震寰統桂軍任中路，攻惠州；楊希閔統滇軍任左翼，攻河源。二月一日粵軍及黨軍出發，連克東莞石龍，十四日即達淡水，而楊劉之滇桂軍均屯兵不進，蔣先生知非速攻，必墜奸謀，乃於十九日奮擊逆軍洪兆麟部，大敗之，佔領平山，直下海豐。

捷報傳至北京，國父雖已疾篤，臥在病榻，亦為之欣慰萬分，口令致電嘉獎，並勉以務須徹底肅清餘孽。

三月十二日國父逝世於北京行館，噩耗傳至廣州，全省「黨政軍商學報」各界人士，無不哀慟，如喪考妣。國民黨中央執行委員會，由展堂領導主持，一致議決，一切悉遵國父遺命，以南京紫金山為萬年吉地，靈櫬先停北京中央公園，後厝西山碧雲寺。展堂電派國父生前隨從武官黃惠龍、馬驤二人，留居北京西山，負責守衛靈櫬。

先是民六國父率海軍南下，倡導護法時，非常國會推舉國父為海陸軍大元帥，兩廣巡閱使陸榮廷及雲南督軍唐繼堯為元帥，國父已在粵就職，而陸唐兩人均不就職，民十二，國父於驅逐陳炯明離穗之後，再次蒞粵，仍稱大元帥，而推唐繼堯為副元帥，唐仍不表示就職。

至是，國父逝世消息傳至昆明，唐繼堯始於是年三月十八日通電就副元帥職，並以有楊希閔一支滇軍在粵為之聲援，又暗中派員與陳炯明勾結，竟欲由雲南率兵經桂入粵，冀登大元帥高位。

展堂以其就副元帥職，是無所謂，若未得大本營同意，而擅自出兵經桂入粵，又勾結留粵之滇軍及叛逆之陳炯明，則殊難容忍，遂由大本營及中央黨發表聲明，反對唐繼堯之東下。於是，廣西亦響應，反對唐氏借途，唐氏目的遂失敗。

（十五）

豈意唐繼堯野心未死，暗中派員勾結駐粵之滇軍，冀為己助。而駐粵滇軍之統帥楊希閔，來粵已滿三年，於防地開煙開賭，與及走私，有三年時間，所得之孽錢，自然不少。大抵不論什麼軍閥，無論大小，懷中有了錢，由軍人而變富翁，那時的革命心情，便會煙消雲散，沉下的暮氣，自然流入腐化之途！此是一定的因果律。與滇軍狼狽為奸之桂軍統帥劉××，亦不會例外，國父在粵之時，屢次督促楊等出兵東征，消滅陳炯明的餘孽，給他們去幹光榮歷史的出路，奈言者諄諄，楊等則聽者藐藐，意氣消沉，毫無鬥志。筆者有一次在大本營，親眼看見國父已將東征計畫籌備就緒，面諭楊等出兵東征，指導他擔任某一路，乃他們不是請求多發軍餉，便是覬覦蘇俄運來的軍械，不知國父已決定將這幫軍火，發交辦理黃埔軍校之用，楊等則堅請分我一杯羹，國父當然不會答允，在他們之意，若不分給與之，便以軍械不敷用為名，不願出兵東征，激到國父啼笑皆非，不免在楊等的面前，表露出極不愉快的態度。國父肝病的逐漸嚴重，楊等二人的激氣，實足以致之。及至商團意圖作反，省長廖仲愷，曾親往訪晤楊等，請其派兵協助解決商團，他們仍然按兵不動，及至黃埔學生軍及福軍出動，他們不出一兵一卒，袖手旁觀，及後看見商團全部繳械，楊等又復請求分我一杯羹，惟利是視，冥頑不靈，一至於此！當日的情形是如此，欲望滇桂兩軍忠於革命大業，可說是絕無希望的了。

大約楊等自己亦知道對人不住，失去國民黨當局的信心，既已日暮途窮，更加倒行逆施，竟接受唐繼堯的勾結，一面暗通陳炯明，欲步沈鴻英的後塵，企圖佔據廣州。民十四年四五兩個月內，他們積極預備反動。

此時正是展堂代行大元帥職權，根據各方情報，知滇桂軍將會作反，立即召集各路軍事長官在大本營開祕密會議，今總統蔣先生此時統率黨軍，主張迅速解決楊劉，以免養癰為患。

六月十三日，展堂即以代行大元帥職權名義，下令將楊希閔劉××兩人免職，命令各路軍事長官，密切連絡，將滇桂軍合圍，責令繳械。

於是，東江方面蔣先生所統之黨軍為首，會同許崇智軍，及西江之李濟深軍，同時並舉，將滇桂軍四面包圍，不滿三日，全軍二萬餘人，悉數繳械。於此可見養肥了的軍閥，不論大小，是不堪一擊的。

人云：治軍如養鴵，飢則為用，飽則遠颺。此話半點沒錯！

（十六）

自從國民黨採取聯俄、容共、扶助農工三大政策之後，適值「孫段張」三巨頭打垮曹吳，共產黨遂藉國民黨之掩護，分頭活動，京津滬粵漢各大城市之工會、農會、學生聯合會等，均為共產黨滲透的所在地，施行他們的恐怖政策，企圖搗亂社會的安寧秩序。民十四年五月三十日，上海公共租界發生歷史上有名的「五卅慘案」。

慘案之發生，由工人要求改善待遇而起，因勞資兩方不協調而罷工，逐漸發展為齟齬，終至雙方衝突，死傷工人七八名，巡捕又逮捕數人，於是各校學生受共產黨之鼓動，巡行示威，為工人聲援，最後發展至學生糾合群眾千餘人，包圍巡捕房，要求釋放被捕者，外籍巡捕竟開鎗示威，結果傷斃學生及群眾數十人。

共產黨又陰謀在廣州施行恐怖，繼上海之後，搞出所謂「沙基慘案」。

滬案發生後，共產黨發動廣州各界聲援上海工人，於六月二十三日舉行示威巡行，參加團體有粵港澳工人團體、國立私立各大中小學生、農會代表、黃埔學生軍，及各軍代表等，巡行至沙面對岸之沙基，由共產黨徒先向英法租界開鎗轟擊，沙面英法租界之守軍，不得已而還鎗，於是泊在白鵝潭的英法軍艦亦發炮，互擊半小時，結果，群眾死傷二百餘人。

沙基慘案發生之時，展堂尚在代行大元帥職權，及廣東省長任內，他知道慘案的內容，是共產黨故意搗亂地方秩序，惟恐天下不亂的舉動，徒然以頭腦簡單的學生與工人為犧牲品，心裡極不以為然，惟事已至此，官廳不能不「打官話」，乃向沙面英法兩國總領事館提出嚴重抗議，並要求懲兇及賠償，領事館完全拒絕，將責任推諉在先開鎗者，交涉不得要領。

共產黨遂決定封鎖沙面，斷絕省港的交通，以示與英國經濟絕交，僑港工人亦紛紛回穗，罷工的男女，幾達十萬人，中英屢經談判，皆無結果，延至民國十五年十月，省港交通方恢復。

展堂對於共產黨所發動的一切恐怖行為，皆持反對心理，極不謂然，只以當時所執行的是國父在生時所決定國策，一時無法攔阻，其內心的痛苦，只有展堂自己及知己同志知之。

（十七）

先是，展堂於上年第二次再任廣東省長之時，廣州市長孫科辭職，胡毅生頗思繼任廣州市長，展其抱負。大約展堂因毅生是其介弟之故，為表示大公無私起見，市遺缺，不欲由「阿哥」任命毅生，乃決定改為選舉制，由市民投票選舉。當時競選者兩人：一為胡毅生；一為伍廷芳老博士之哲嗣伍朝樞。兩位均有良好的背景，可說得是旗鼓相當。筆者聞人言，展堂實在是支持伍朝樞的，選舉的結果，是伍氏當選，展堂掌握政權時之公正無私，即此一端，足證其餘。

伍朝樞的思想，是右傾的，他的太太何女士，是本港爵紳何啟的女公子，伍氏接任廣州市長之時，省港的罷工風潮，尚未解決，伍朝樞曾祕密請示於展堂，企圖和平解決罷工案，當時香港政府曾表示，可以由滙豐銀行借港幣一億元與廣東政府，以解除罷工及恢復省港交通為交換條件。伍朝樞以香港方面的意思，報告於展堂，展堂心裡是右傾的，自然表示同意，方在祕密磋商之中，尚未十分成熟，而忽然發生一件意外的大事，大本營改組為國民政府，展堂竟被迫下野，事在民國十四年七月一日。

此事的前因後果，不能不詳細寫出，上文曾經敘述過，民十三，國父裁定聯俄、容共、扶助農工三大政策之時，國民黨的重要幹部，顯然已分為左右兩派：

左派以廖仲愷為中堅，是絕對主張容共的，仲愷之夫人何香凝，那時與陳璧君甚為友善，由此而仲愷亦極接近汪精衛，大約仲愷知道自己的聲望，未足以鎮壓群倫，所以企圖拉汪精衛為左派的首領。

右派以展堂為首班，他是一向懷疑容共政策，衷心反共而被環境所限制無可如何的。

國父未逝世之前，汪湖二氏，一切政見與行動，是一致的，甚至可說是同一鼻孔出氣。讀者可一查汪氏所著〈雙照樓詩詞稿〉，他於行刺滿清攝政王而入獄時，在獄中謠傳展堂於辛亥三月廿九之役殉國，精衛於獄中哭以詩，有句云：「祈憐二人血，不作一時流！」看此兩句詩，可知汪胡二人的友誼，如何的深而且厚，有似劉關張的「不願同年同月同日生，但願同年同月同日死」的神氣。汪胡兩人情義的密而且切，為全黨同志所共曉的。

（十八）

民元，國父返粵，展堂偕行，適陳炯明辭職，廣東省議會票舉汪精衛為廣東都督，汪氏由滬電辭，議會改選展堂為粵督。精衛旋亦返粵，此為汪氏在北京出獄後，第一次歸鄉里，入居西關陳璧君的外家。汪氏家人聞報，聯袂前往相見，筆者亦在其列，坐談不到十分鐘，展堂亦來，汪先開口曰：「得你做了我的替身，好極了！我一身都鬆了。」云云。展堂微笑答之。於是，兩人攜手入密室談話，我們在外間，完全不知他二人談什麼說話，大約有三刻鐘之久，兩人乃步出客廳。此為民元之事，筆者親眼看見的。汪胡二人的友誼，在那時以至於民十三，其親密的關係，非親骨肉所可比擬的。

當年國民黨除國父之外，汪胡是共同分坐第二把交椅，兩人的工作，性質則有多少分別，黨中同志，皆認為胡是「坐宮」；汪是「行宮」。展堂經常是在國父身邊，真的一人之下，萬人之上，無人可以與他比擬的。汪則多數是擔任「外勤」，小事可不算，其最著之工作，如民元「南北統一」之和議，北方首席代表是唐紹儀，南方首席代表，雖然是伍廷芳，但伍氏本是前清官僚（郵傳部侍郎，駐美國公使），武漢起義之後，始贊成革命，國父重其老成，故列為首席，其實則精衛當時為和議之中堅核心，一切秉承國父意旨，完成其使命。其後，由民九以至民十三，孫段張三角同盟之組成，完全是精衛奉國父之命，始終其事，一手斡旋。民十三之冬，國父北上，展堂留守廣東，由精衛在國父身邊，輔弼一切。有「歷史性」之國父遺囑，亦汪氏所起草，汪胡兩人，在國父生前，是分工合作，殊途同歸，始終未嘗發生過磨擦，迄國父逝世後，汪胡乃開始分道揚鑣。

由民元至民十四，汪精衛雖已知名於國際，但十餘年之內，絕未就過一官半職，那時他的名片，並無銜頭，但他不論去到什麼地方，只憑著「汪兆銘」三個字的名片，去拜訪那些所謂「大總統、副總統、督軍、巡閱使」任何要人，那些要人，無一個不禮重他的，便是最叛逆的陳炯明，對汪氏亦異常敬重，故汪氏在黨中的地位，是可以與展堂分庭抗禮的。因此之故，共產黨心知展堂是反共的，不合利用的，國父既然逝世，自然不會願意以展堂繼任首領，又眼見汪精衛在國民黨內的資格與名望，不下於展堂，於是看中了汪氏，自然企圖利用之，同時最接近共產黨之廖仲愷伉儷，與汪精衛伉儷，四個人是常時聚首在一處的。

（十九）

汪精衛的為人，本來是一位很「恬澹」的好好先生，為黨中各同志所公認的。他由民元至到民十四，真可以說得是「與世無爭」，況且，他與展堂先生一向是交稱莫逆，一位原是前清的舉人，一位是前清「案首入庠」的秀才，都是早歲已經飽讀線裝書之人，應視「禮讓」二字為當然之事，許多同志，都估不到國父逝世後，汪氏竟會取展堂的領導地位而自代之，恐怕世人至今仍未十分明白。

此事的原因，相當複雜，一言難盡，概括言之，有四個因素：

第一、共產黨心知展堂的心理是反共，自鮑羅廷以下，不願以展堂繼承國父為國民黨的領袖；第二、廖仲愷向共產黨一面倒，為展堂所不滿，閒談中每為展堂所責備，胡廖間的感情無法彌縫，仲愷為貫徹他的理想起見，圖謀展堂退讓，改推汪精衛為首領；第三、汪氏本人雖然恬澹，但他的夫人陳璧君，於國事黨事，素具熱腸，自然會具有所謂「支配慾」，仲愷伉儷遂乘此弱點進言，很容易一說便合，第四、展堂先生平日在黨內待人接物的風度，每每過於嚴峻而尖銳，為領袖者，「精明」自然是必要的條件，但精明到適可地方便要止步，凡事應該留些餘地與別人為宜，倘若事事不留餘地，精明得太過了，便容易接近「精刻」，為人所畏，因此黨中亦有許多位重要幹部，不甚滿意展堂先生，以其固不似國父之豁達大度，無所不容，亦不如汪精衛氏之融和而易與也。

基於以上四個的有力的因素，廖仲愷所企圖改組大本營為國民政府，改推汪氏為領袖一事，很容易水到渠成，汪氏亦不由自主，犧牲了他在民元所標榜「不做官」的舊主張，接納廖仲愷伉儷的勸進，要出任艱鉅了。

國父生前所頒佈的《建國大綱》，軍政及訓政時期，規定組織國民政府，領導革命大業的。仲愷等於十四年六月底，趁展堂先生偶然因事未有出席中央政治會議那一天，突然根據國父手訂的《建國大綱》，提出改組大本營為國民政府一案，推汪精衛為第一任國民政府主席，兼軍事委員會主席，國民黨中央常務委員會主席，驟然以一位「秀才」，總攬黨政軍三位一體的大權，展堂先生呢，推他屈就外交部長兼國民政府常務委員之一。

此一件「晴天霹靂」的改組案，是共產黨及蘇俄顧問鮑羅廷所策動，廖仲愷所一手經理，並有過半數出席中委所支持，通過發表之後，展堂始知，事前他並未與聞的。

（二十）

民十七之春，展堂由上海放洋出國遊歷，筆者適因他事由滬返香港，無意中與展堂同乘美國郵船「塔虎脫」總統號南下，在舟中傾談積愫，展堂曰：「先生棄世後（先生指國父），精衛若想做首領，我是廿四萬分贊成的，我以為是求之不得之事，他若事前通知我，我豈有不同意之理，希文！別人或者不知，你應該知，我和他自從赴日本留學，加入同盟會以來，可說是他即是我，我即是他，由他幹，和由我幹，是無絲毫分別的，我真不明白，他何以事前絕不通知找，難道恐防我會反對改組麼，我的仔肩輕一些，豈非更好，他如此祕密，乃是信我不過而已。」

展堂先生這一段說話，自然大部分是他肺腑之言，的確不錯，倘若精衛能將廖仲愷計畫的改組案，事前先向展堂說明，措辭婉轉一些，展堂不是一定反對的，數十年曾共生死患難的「老友記」，豈有不能諒解之理。乃精衛先生計不及此，一切任從廖仲愷的擺佈，改組大本營，是一件重大的決策，事前完全未曾取得這位「代理大元帥」的同意，連一個「知」字亦無之，的確是一件難以為情之事。平心而論，講公道話，我們設身處地，亦曾替展堂抱不平。關於此一節，汪精衛是對展堂不住的。但事前之所以不給他知，不是精衛一個人的本意，自是共產黨人及鮑羅廷廖仲愷等的主張，恐防萬一洩漏，或會發生意外的阻力。精衛是一位好好先生，為左右的環境所包圍（包括陳璧君在內），自然亦有他的為難之處。

展堂先生對筆者之言，謂「精衛信我不過」一語，此是他的胸襟「看不開」的毛病，未能諒解「老友記」處境之難，他一生常在國父的左右，本是一位極忠實的信徒，於國父的寬宏大度，竟學不到，他一生的心事，有如萬里之長，而度量之狹，狹到不可以形容！恩怨過於分明，適足以示人不廣。蓋其天賦的才能與福澤，使其擔當全黨的領袖，條件是未夠的。此不是筆者一人之言，公諸全黨的同志，與廣大的讀省，皆必有此同感也。

汪胡二氏在政治舞台上之分道揚鑣，是由大本營改組為國民政府一案而起，嗣後兩人如參之與商，縱然藕斷絲連，已無再次密切合作之可能性，此為國民黨史內一件重要的掌故，現在寫出來，筆者亦為之扼腕，不免擲筆三歎也。

歸結此事之論斷，是共產黨作祟，國民黨上了當，而廖仲愷呢，是以國民黨重要幹部的身分，而甘心做共產黨的貓腳爪，則百辭莫辯焉！

（二十一）

大本營改組為國民政府一案，既已順利通過，民十四年七月一日，國民政府正式成立於廣州，選出國府委員十六人，其各單為汪精衛、胡漢民、譚延闓、廖仲愷、戴傳賢、孫科、伍朝樞、許崇智、林森、程潛、張人傑、古應芬、朱培德、張繼、徐謙、于右任。

汪精衛兼國府主席，廖仲愷兼財政部長，許崇智兼軍事部長，胡漢民兼外交部長，徐謙兼司法部長，孫科兼交通部長。

展堂於國民政府成立之翌日，亦就外交部長職，汪精衛於國府成立之初，任用與展堂最接近之李文範為國府秘書長，大約乃是表示對展堂的尊重與客氣，不欲使他十分難過的意思。

國府及各部，既已分別成立，此時的廖仲愷，成為一位「炙手可熱」的重要角色，於政治方面，他是國府委員兼財政部長，於軍事方面，他是黃埔軍校的黨代表，於黨務方面，他是國民黨重要的中委而與共產黨最接近之一人，可說是當時「黨政軍」三位一體的核心。

十四年八月二十日，廖仲愷偕其夫人何香凝及中央監察委員陳秋霖，同乘汽車赴中央黨部（在廣州市之惠州會館），甫登石階，兇徒數人，突起狙擊，仲愷中要害，遽卒。陳秋霖亦被創，後二日亦死。獨其妻何香凝，不傷亦不死，大約上天有意，留此老婦生命，完成其丈夫未竟之志，要將中華民國由他倆一手經理送與共產黨，所以她至今「老而不」，以絕不懂僑務之老婦人，偏要擔任紅朝的僑務委員會委員長，言之可為痛心！

暗殺本來是一件不可為訓之事，遠者不暇細論，民元，孫袁合作，清帝退位，民國告成，是可喜事；民二，袁世凱使人暗殺宋教仁，孫袁遂永遠分裂，孫氏之建國大計固受挫，袁氏亦終歸不利；民七，舊桂系踞粵，國父率海軍南下，號召護法，桂系恨海軍總長程璧光之不己助，使人暗殺程氏於海珠，終無補於桂系日後之慘敗；民九以後，粵軍回粵，是國民黨再抬頭之機，陳炯明使人暗殺鄧鏗，亦無補於陳逆日後之一敗塗地，暗殺之不可為訓如此！

後來經過徹底的調查，證明主使暗殺廖仲愷的人是朱卓文，他本人亦曾直認不諱。

朱卓文是中山縣人，本是國民黨的老黨員，革命運動時期，他幹地下工作，擔任運動綠林豪傑參加革命，乃是所謂「走政治纜」之人，曾在中山縣與他人爭任中山縣長，動起干戈，思以武力爭奪，曾受國父所痛斥，一向有「老粗」之名，因恨廖仲愷之受共黨利用，故有此舉。以現在時勢來評論，其志是可嘉的，就當時的形勢而言，則「刺廖」的風潮，鬧得太大了！

（二十二）

展堂是讀書明理之人，頭腦相當清楚，胸襟狹一些是天賦的，但萬萬不會要暗殺同志之理。主張不同，思想不同，是另外一件事，展堂決不會要置仲愷於死地的。真估不到，竟緊隨改組大本營為國民政府一案之後，晴天霹靂，再來一次出乎意料以外之事，杯弓蛇影，使這位曾任「代理大元帥」的胡先生，要受不白之冤。當局竟因一時感情的衝動，懷疑展堂是主謀刺廖之人，真可說得是冤哉枉也！

所謂「當局」，不是指某一個人，是有好幾位：第一個便是仲愷的愛妻何香凝，婦人死了丈夫，自然會傷心，何況是死於非命，又是死於丈夫最「行運」之時，不免加倍憤恨，由此而疑三疑四，疑鬼疑神，共產黨則自鮑羅廷以下，失去他們的貓腳爪，少了一個最堪利用的角色，故對於何香凝懷疑的心事，很容易表示同情。

其次，汪精衛國府主席的地位，多半是由於仲愷出力捧場，一手替他打來的，以仲愷慘死之故，有過份的傷感，亦是人情之常。

又其次，那時今總統蔣先生，主持黃埔軍校，積極練兵，仲愷是兼任軍校的黨代表，與蔣先生並肩工作，屢次由蔣先生率黨軍東征，勢如破竹，場場勝利，繳獲軍械無算，黨軍實力，日形充實，革命形勢，方在蒸蒸上，一帆風順之際，忽然被人刺死他最得力的夥伴，亦是極難為情之事。

仲愷之死，展堂之所以受嫌疑，大部分是其弟毅生所連累的。毅生自從競選廣州市長失敗之後，開設文華堂文具店於廣州市之廣大路，樓下舖面營業，樓上設俱樂部。又辦報館，名曰《國民新聞》，宗旨是極向右傾，其社論大力宣傳反共，對於仲愷的行動，痛罵至體無完膚。又攻擊及於汪精衛，短評內有「聖人不死，大盜不止」的字樣。因精衛在黨內，素有「聖人」之綽號，在當時的環境與氣氛之下，能有如此的作風與表演，可說得是極大膽的，值得欽佩！其時筆者亦常有到文華堂坐談，毅生曾囑筆者為之算命，毅生的命運，本來是平常，惟筆者有反共的同感，那時亦未深信命理，為獎勵其奮鬥起見，極力恭維他，謂「算君之運，貴不可言」，毅生迷信以為真，決心鼓吹反共，不遺餘力，卒至闖禍！及今思之，筆者是對毅生不住的。

毅生主持之《國民新聞》，風骨凜厲如此，仲愷被刺案，毅生若不受嫌疑，方是奇怪，展堂是其兄，安得不受連累呢！

（二十三）

廖案發生後，朝野震動，中央黨部召集全體中委及國民政府軍事委員會全體委員，開聯席會議，咸以毅生為有嫌疑，惟亦不過嫌疑而已，尚無實在的憑據，自非徹底調查不可。於是，決議推汪精衛、許崇智及蔣先生三人，組識特別委員會，負完全責任，辦理此案。當時的老大哥鮑羅廷，其說話足以左右汪許蔣三公的，加以何香凝啼啼哭哭的叫囂，胡氏兄弟的小劫，便無可逃避了！

於是由特別委員會令派黃埔新練的黨軍，前往逮捕胡毅生，及搜查文華堂，毅生原寓廣州市德宣西路，坐南向北之屋，前面對正舊總統府，黨軍到毅生住宅，適商會會長鄒殿邦，由胡宅內進出至大門，恰與黨軍迎頭相遇，黨軍執而問之曰：「你是否胡毅生？」因黨軍非粵人，言語不通，爭論良久，後來殿邦取出商會會長的名片許多張出來，黨軍乃釋之。在此短短時間內，毅生在內面，已聽聞外面有外省軍人要找他，心知不妙，急由後門避去，乃不致被逮（這位鄒殿邦君，現時尚居留本港）。

黨軍在胡宅內，找不著毅生，遂轉往胡青瑞及展堂住宅內覓之，青瑞住宅亦在德宣西路，坐北向南，在舊總統府之西便，青瑞最倒楣，竟被黨軍拉去，後來查明不關他的事，知道逮捕錯了，審判官朱培德，很禮貌地遣送其回家。

展堂先生是聰明絕頂之人，更為機警，聞有軍隊入門，於青瑞被逮之時，急由後門避往西華二巷汪精衛家中，汪不在家，此時之陳璧君，不甚明白廖案內容，不無惑於何香凝之言，亦恐受包庇展堂之指責，遂請展堂往珠江二沙頭之頤養園小住，派出軍警保護之。

展堂到了頤養園之後，汪精衛、何香凝等均有去看他，何香凝是善哭的，動不動以「寡婦」、「未亡人」的身分，向展堂撒賴，指住和尚罵禿奴，展堂只得用好言安慰之，於仲愷之死於非命，亦表示極痛心的哀悼。

汪精衛則不免怪責一下毅生，並問展堂道：「毅生的行動，你知情否？」展堂答道：「是否毅生主謀殺仲愷，我完全不參加意見，此案關係重大，自應徹底調查，以明真相，你可秉公處理，無所用其客氣，若講到我，豈有鳩入羊叔子，如果懷疑及我，則太過滑稽，我豈是暗殺朋友之人，何必多談，但聞得青瑞家兄亦被逮，則使我午夜難安，家兄一向不問黨事政事，你所深知的，我和你兩人，都是幼年喪父，同是靠長兄教養成人，請你千萬不可難為青瑞家兄，是為至要。」精衛又道：「此事是他們誤會，大先生已平安回府了。」展堂道：「如此甚好！」

後來特別委員會的汪許蔣三公會商，已明白展堂於廖案無涉，而鮑羅廷則嫌展堂的思想未搞通，要趁此機會替他洗腦，主張送展堂到莫斯科遊歷，展堂遂有蘇俄之行，其親信的同志李文範，辭去國府秘書長一職，與展堂之女公子木蘭，隨同前往，事在民國十四年初冬。

（二十四）

展堂出洋赴蘇俄之後，國民政府將駐粵各軍之番號，重新調整改編。黨軍司令蔣先生，數月以來，領導各軍東征陳炯明，節節勝利，功績燦然，繳獲軍械無算，俘虜亦眾。蔣先生汰弱留強，黨軍實力為之大增，當時的黨軍，儼然成為國民政府最有力之砥柱，汪精衛兼任軍事委員會主席，召開軍事會議，決議將駐粵各軍，一律改番號為國民革命軍，以黨軍立功最偉，應居首位，將黨軍改編為國民革命軍第一軍，特任蔣先生為軍長；湘軍譚延闓為第二軍長；贛軍朱培德為第三軍長，粵軍許崇智為第四軍長；福軍李福林為第五軍長；雜牌軍程潛為第六軍長；分別由國府特任，六軍旋即宣告成立，隨後桂軍之李宗仁亦向國府輸誠，乃特任為第七軍長。

蔣先生本來是許崇智軍的參謀長，自從展堂出國後，蔣先生為充實革命軍之質素起見，認為許氏所部，有整頓之必要，取得汪精衛主席之同意，請許氏暫時離開部隊，以便代為徹底整理，許崇智亦有謙讓之德，肯予接受，離開廣州，赴滬休養，所遺第四軍長一缺，由國府特任李濟深繼任。

查當日之國民革命軍第一軍，師長是何應欽、王柏齡，團長是顧祝同、劉峙。國民革命軍第四軍，師長是張發奎、陳濟棠、陳銘樞、徐景棠。當日的七個軍，後來北伐成功，以「一四七」個軍的戰功最偉，「二三」兩個軍次之，「一四七」三個軍所部的各師長，後來均能建立光榮的歷史，飛黃騰達，各有千秋焉。

十四年冬，軍隊改編完竣後，此時國府一面修明內政，整頓稅收；一面整軍經武，籌備北伐。黨政軍全體人員，均具有一副蓬蓬勃勃的朝氣，亦是蔣汪兩人最能精誠合作之秋，海內外人士，對國府均寄以極大的期望。

惟「派別」與「歧見」，是無法避免的。自從展堂被迫出國之後，國民黨右派中委，及幹部諸老同志，咸認聯俄容共之政策為危險，於民國十四年十二月廿三日，在北平西山碧雲寺國父靈柩之前，召開會議，發佈宣言，反對容共，聲明開除共產黨的跨黨份子的黨籍，此事在國民黨史內，名為「西山會議」，其在場出席者，名之為「西山會議派」。出席之重要人員為林森、鄒魯、居正、張繼、謝持、覃振等。其主張亦殊足以樹一時的風聲，給全國人民以特殊的印象。因他們是堅決反共，表示絕不與共產黨妥協的，他們並以書面警告那時領導廣州政權的汪精衛。

（二十五）

民十五年一月四日，中國國民黨由汪精衛領導，召開第二次全國代表大會於廣州。除發表宣言，繼承國父所定聯俄容共扶助農工三大政策之外，改選第二屆中委及監委，通過接受國父遺囑，續聘鮑羅廷為顧問，並以西山會議派的行動為違背黨紀，聲明應予懲戒。此時之國民黨左右兩派，可謂針鋒相對。

廣州第二屆選出之中委，展堂仍有名，但開會時，展堂在莫斯科，未有出席。

民十三年由國父領導，召開第一次全國代表大會時，今總統蔣先生，有緊要任務在上海，旋奉國父命，赴蘇俄考察，因此蔣先生未有出席第一次全國代表大會，是以國民黨第一屆選出之中委，蔣先生未與其列。民十五年由汪精衛領導召開之第二次全國代表大會，選出第二屆中委，蔣先生始被選為中委焉。

民國十六年，國民革命軍定鼎南京，定為首都。十七年全國統一。十八年在首都召開第三次全國代表大會，此次是由展堂領導開會的。汪精衛此時出國在野，未有出席，且發表宣言，反對出席的代表是由中央指派，惟三全大會選出之第三屆中委，汪精衛仍被選有名，出席代表頗多對汪氏責難者，展堂且為之迴護。

由是觀之，二屆大會是由汪氏領導，展堂未出席，而當選為中委。三屆大會是由胡氏領導，精衛未出席，而當選為中委。三屆大會是由胡氏領導，精衛未出席，亦依然當選為中委。他倆雖然分道揚鑣，藕雖斷而絲仍連，其微妙如此。

在南京開三全大會時，胡毅生已被推為廣東出席的代表，且已到了上海，筆者在碼頭遇著他，但其時「刺寥案」尚未水落石出，毅生的嫌疑尚未解除，仍未能到京出席。

民十五年一月，第二次全國代表大會閉幕之後，二月份一個月，國民政府勵精圖治，埋頭苦幹，局面甚為安定，匕鬯無驚。三月二十日，忽然發生一件轟動一時的所謂「中山艦案」。此案之複雜與關係之重大，筆者至今實在尚未十分明瞭其內幕，可以說得仍是一個謎。據黃埔軍校教育長王君柏齡之言，則謂當時蔣先生根據特別情報，偵悉共產黨蓄有陰謀，將有非常舉動，企圖以中山艦劫持軍事當局，圖謀不軌，蔣先生主為先發制人計，臨時迫得未及與國府及軍委會連絡，必須作緊急之處置，命令當日第一軍之團長劉峙、顧祝同，漏夜在廣州大捕共產黨，將海軍局長兼中山艦長李之龍扣留，鮑羅廷亦被監視。此役可說是一項非常的措施，為朝野所震驚的。身任國民政府主席，兼軍事委員會主席的汪精衛，事前竟完全無所知，聞報大為震驚，因蔣先生駐節黃埔，汪遂產傳團長劉峙、顧祝同兩人到主席官邸，大加申斥，並下令將二人扣留。蔣先生聞報，乃由黃埔返穗，向汪氏陳明原委，係臨時緊急處置，由第一軍本部發動執行，自當由軍長負責，不關顧劉二人之事，請予保釋。蔣先生並自行呈請議處，汪蔣間之不協調自此始。

（二十六）

汪精衛對於蔣先生的非常處置，因事前未知，心中雖然不滿，但他對於蔣先生的才能與功績，是十分欽重的。當時革命策源地的廣東，東路的陳炯明餘孽，南路反動的鄧本殷，方由一四兩軍先後予以蕩平，全省剛剛統一，廣西亦已加入革命陣線，雅不願「中山艦案」而發生內部裂痕，故對於中山等於停頓的狀態。

艦案的應付，只有予以默認，惟從此表示消極，許久未有到國民政府視事，有一個期間，一切政事，

話要說回頭，展堂先生圭攜兒到莫斯科之後，自不免要與蘇俄當局交際應酬，交換意見。展堂之生平，於書無所不讀，所謂「馬克思」主義的內容，他已爛熟於胸中。此時被流竄到蘇俄，若企圖解脫回國，說話與態度，自然要從權。「見人講人話，見鬼講鬼話」，展堂當然優為之，他對蘇俄當局所表現，能盡其「偽裝前進」的能事，蘇俄當局，大為驚異，認為如此良好人才，何必派遣來俄，宜使其回國發展革命事業。展堂遂安然由蘇俄派人保護其回國，事在民國十五年之夏。

展堂返抵廣州之時，適值在「中山艦案」發生之後，此時汪精衛方持消極，閉門謝客，竟未與展堂把晤。蔣先生則在黃埔整理軍事，亦未與展堂相見。

展堂以「元老」的資格歸國，雖然有招待報界記者，發表政見主張，惟各方面均持消極，並無反應，且在「中山艦案」糾紛之後，「蔣汪胡」三巨頭之間，不無若干隔閡，展堂亦殊有無聊之感，乃決意離粵，赴香港作小休。

此時汪精衛因有很久未有到國府視事，一切例行公事，乃由常務委員譚延闓處理。蔣先生駐節黃埔，積極訓練新編之國民革命軍第一軍。那時的汪精衛一方面重視蔣先生的非常才幹，一方面接納「中間人」譚延闓的調解，以革命策源地的廣東，方告統一，黨的行動，亟宜一致，力避分裂，勸精衛勿為已甚。汪氏遂決心離粵，與陳璧君遠赴法國小休，國府主席，由譚延闓代理。

天下事「無巧不成書」，展堂由蘇俄回國之後，汪胡兩人在穗未有晤面，而兩人離粵之時，剛剛同時乘搭省港輪船赴香港，好像兩人是有約在先的，其實完全是湊巧，彼此事前完全不知，兩人在輪

船內均是緊閉房門，到港後亦係各自先後登岸而去，大約兩家的隨員，在輪船之室外會有碰頭，心知其事，故事後有許多同志，知道有此情形，民十七之春，筆者與展堂同舟，曾以此事為問，展堂曰：「誠有之，當時我不知精衛與我同船，若果事前知道，我一定約他談話的。」云云。此節可說是有多少「戲劇性」了。

（二十七）

精衛離粵赴歐之時，曾致一長函與國民革命軍第一軍長蔣先生，函中大意，仍以「中山艦案」事前不知為遺憾，略謂「此後革命大計，當由吾兄秉承國父遺教，努力幹去，吾兄若能完成建國事業，實現三民主義，則弟雖終身流亡海外，在所不惜，苟不能貫徹始終。………則那時全黨同志需要弟再出而領導革命，以與吾兄相週旋，弟亦不敢辭。……」云云。措詞大致是如此，是不卑不亢的，此亦國民黨史內，一件重要掌故也。

關於「中山艦案」發生之時，筆者雖在廣州，但筆者那時是在廣州國府財政部工作，部長是宋子文先生，筆者站在「事務官」的崗位，絕未與聞大計，故於「中山艦案」的內容，實在未曾明白。事後訪之於王柏齡先生，僅略談其大概。上文已敘述過，王先生是最接近當時軍部之人，所言自有其根據，筆者聽過之後，淡然置之，亦未再深切考究其內幕。

由民元至民九，除國父之外，本黨先進諸公，筆者最信仰朱執信先生。自從民九朱氏殉國後，筆者則與幼年之受業師古湘芹先生（應芬）比較接近，但亦不過任中下層工作，關於黨國一切大計，久已不聞不問，蓋有自知之明，才力薄弱，不敢負荷重大事。古先生是最接近展堂的，自從汪胡分道揚鑣之後，展堂於汪氏諸弟兄，亦驟然疏遠，與從前之可以參與密勿者是兩樣。自此以後，筆者眼見諸領袖間如此不協調，深感苦悶，更加流於消極。故筆者中年以後，可以說是一個「不革命」之人，有負「獻身革命」的初衷，言之慚愧！竊謂本黨若果朱執信先生不死，諸領袖決不致分道揚鑣，發生派別的鴻溝，甚或陳炯明亦不會叛變，革命事業，可望不致屢受挫折，言之可為長太息也！

筆者寫文章，向來是信筆直書，想起什麼，便寫什麼，因此往往會寫出了題目之外，此毛病是在所難免的。前面既寫到朱執信，回憶起來，有許多關於執信的史料，是可以報導出來，作為國民黨黨史之重要史料的。執信與胡展堂的關係，可謂太密切了，現在順筆附帶一寫朱執信，俾讀者由此也可以明瞭展堂的全貌。

朱執信先生可說得是國民黨內一位「超人」。他的母親，乃筆者的姑母，是姑表弟兄，他比筆者大五歲，童年同在沈孝芬先生書塾讀書，共筆硯者有年。他比精衛先生少兩歲，以輩數論，他與精衛雖是舅甥，以年歲論，若兄弟手足而已。宣統辛亥之冬，展堂出任廣東大都督，執信任大都督府總參議，時年僅二十七歲，適與諸葛亮初出茅廬之時相同。展堂之於執信，是虛左以聽，都督府內，不論內外大小公事，展堂擬定了一個處置辦法，倘若執信不以為然，只要執信說一個「不」字，或一個「否」字，便可立將展堂的主意推翻，改從執信所主張的辦法施行。所以當時有人謂朱執信方是「太上」大都督。最難得是展堂亦能「言聽計從」，如魚水之相得，可說是劉備與諸葛亮，不能專美於前了。

（二十八）

陳炯明繼展堂之後，為廣東都督，亦是一樣，因炯明在前清時，曾肄業廣東法政學堂，朱執信是他的教師，份屬師生，自然更加不客氣。民元，陳炯明決策，要將民元以前起義的各路民軍，全部解散，以節軍餉。李福林的福軍亦在奉令全軍解散之列。

執信不以為然，特因比事往晤陳炯明，謂各路民軍，可以任從其解散，獨福軍則非保留不可。陳氏頗有難色，因其人之個性是剛愎自用的。執信大怒，立即右手拔出左輪手鎗，左手執持陳氏手臂，謂你若不接納我的建議，我現時先打死你，我亦立即自殺。陳氏至此不敢不從，立即下手令，保全福軍。後來民國六年，國父率海軍南下，號召護法，成立大元帥府於廣州之河南，河南一向是福軍防地，由李福林派兵擔任拱衛之責，執信之有遠識如此。

民九，執信在虎門遇難殉國，靈柩運回廣州，在南堤天字碼頭上岸。筆者親眼看見國父攜同宋慶齡偕展堂等，從碼頭步行，親自執紼，送執信靈柩至東沙馬路，並登山送葬，國父之重視執信亦如此。

即今總統蔣先生之於執信，亦非當禮重。民七，蔣先生在上海請執信為其封翁蔣肅菴先生撰墓志銘，執信亦欣然秉筆為之，原文見已刊行之朱執信文集內。文內敘蔣朱二人的交誼綦詳，執信先生之「學」與「行」，足以使人敬而且畏，其感召力的偉大，是不可思議的。

吾人讀《三國志》的歷史，劉備晚年東征孫權，兵敗死於白帝城，諸葛亮歎曰：「法孝直若在，必能制主上東行。」蓋劉備之伐吳，諸葛本不謂然，徒以劉備恥關羽之辱，仗義起哀兵，諸葛無以難之，故不克勸阻。兵敗後乃追思，以為法正若不死，當能兩人合力制止劉備此行。蓋當日蜀漢的人才，法正是與諸葛相伯仲的，於此可知「中堅人才」之生與死，足以關係其國之興與衰。朱執信倘若不死，國父之後，蔣汪胡三領袖，必能接受執信不可思議的感召，可能始終精誠團結，不致中途分道揚鑣，削弱了革命的中堅力量，以致黨國屢受挫折，甚至稱為本黨敗類的陳炯明，有其師尊朱執信在，必不敢犯上作亂，可斷言也。

今者時局每況愈下，筆者流亡海角，眼見「紅」水橫流，共匪坐大，「東望王師已六年」，想起了朱執信，不禁為之涕泗橫流也！

（二十九）

國民黨的中堅人物，除了朱執信之外，譚延闓亦是一位不可少的要角。朱以「凜若冰霜」使人敬畏；譚以「和靄執中」使人敬愛。兩人的說話，均能重如九鼎，即如「中山艦案」之發生，筆者當時目擊汪精衛席中樞會議之後，歸家時神經衝動卒不能自制，不及從容自解其領帶，竟將領帶用兩手大力撕破，怒不可遏。其左右之左傾份子，竟有主張其調動新編之二三四五六七軍，以應付第一軍者。幸得譚延闓居間調停，汪氏終能接納譚氏意見，不致發生內訌，後來由蔣先生領導北伐成功，無所掣肘，譚延闓之功，誠不可沒。及後民國二十年，因約法一案，展堂與蔣先生發生歧見，因譚氏於早一年已暴卒，調解無人，展堂退休於湯山，西南各省竟有「非常會議」之召集，另組國府，以抗中央。是年秋，連續鬧出九一八瀋陽事變，天下從此多事，牽一髮而動全身，至今海外同志，猶痛惜譚延闓之早死也！

這篇文章，敘展堂先生的事跡，不過寫至民國十五年，已排至第三十節，大概已寫了二萬字之譜，不覺其辭之費而且贅，但係凡事之發展，皆有其前因，乃有其後果，必須將其經過情形，和盤托出，方能明白其歸結之所以然，故無法減少其所欲言。民國十四年三月十二日國父逝世時，雖有遺囑，而未指定繼承領導革命之人，此為一件最失策的漏洞。後來將大本營改組為國民政府一案，展堂因「事前不知」而有遺憾。汪不告，胡不諒，鴻溝遂分。加以有「廖仲愷被刺案」之插曲，事件愈形複雜，汪胡二人，在黨中地醜德齊，一個半斤，一個八兩，兩皆富有由我領導的熱忱，其發生磨擦自是意中事，蓋為無可避免者矣。

竊以為胡之於改組案，汪之於中山艦案，若兩人均能不念小我，側重大我，坦率同情，能夠不懷絲毫的「憾」，則蔣汪胡三巨頭，必能毫無隔閡，黨內太平無事了，其奈無此度量何！故筆者謂國父臨終之時，未曾指定繼承領導革命之人，是一件失策的漏洞，不為無因也。

（三十）

國父良好的遺教甚多，書不勝書，其最偉大的說話，謂吾人之所以要獻身革命，其出發點是為著「愛」人，為著滿足四萬萬五千萬同胞之福利而革命，而絕不是「自私」。故不論中外人士，凡向國父請求墨寶者，國父多數是大書「博愛」兩字付之，筆者亦曾蒙賞給一幀，蓋國父的胸襟，是充滿偉大的「愛」，亦即吾國聖賢之所謂「仁」，甚至犯上作亂之陳炯明，應該罪在不赦者，國父亦曾宣稱：只須陳炯明親筆具一紙悔過書，即可網開三面，既往不究。其「愛力」之不可思議如此！

最可惜者，汪胡兩氏，天下後世皆知其為國父生前最親信而又最得力的左右手，兩氏之才學與道德，均各有其水準，非吾人所能及。但兩公之「愛力」的份量，則真追不上國父，度量亦追不上國父。即如大本營改組為國民政府一案，展堂因事前不知，以此憾汪先生，後來蔣先生發動「中山艦案」，汪氏亦以事前不知，以此憾蔣先生。此兩事似乎有多少因果循環，在當時視之，胡汪兩氏，均是犯了將事件看得太重的毛病，現在事後觀之，實在不值得太過重視，此兩事都不過是小圈子的問題，當時應該彼此相忍相諒為合，應該使大事化小，小事化無為宜，何必因比小事終身抱撼，可謂太不上算！

就人事而言，大本營改組為國民政府一案，汪氏於事前不告胡氏知之，表面上似乎未合友情，惟汪氏當時之處境，至為複雜，亦有其為難之處，上文已詳言之，自有其不能不從權之苦衷。

後來之「中山艦案」亦然，關係於緊急安危之機，間不容髮，稍縱即逝，蔣先生當日之非常處置，亦是出於不得已，將相貴乎相忍為國，如昔日廉藺之交歡為美，汪氏以此為憾於懷，棄職遠去，亦未必為全黨同志所同情的，此亦《春秋》責備賢者之意也。

吾國歷史上的堯舜，後世所稱為大聖大賢的，大舜微時，不為其父所喜，後母及異母弟，且欲置之死地，是失去父愛之可憐人。幸而堯帝知大舜之賢，不特予以大用，且準備傳帝位於舜，又以二女妻之，大舜概予接受。後世論者，以大舜不告其父而娶，於孝道有虧之一說，孟子為之辯正曰：「告則不得娶矣。」蓋古說不孝有三，無後為大，若舜將堯之意稟命於父，萬一被否決，便不得娶，勢必無後，反為不孝之大者。

明乎此，古聖人亦有必要從權之時。汪先生於改組案不先告胡知，與蔣先生於中山艦案之不先告汪知，皆有其不能不從權之因素。汪胡兩氏，如能以大局為重，何所用其遺憾哉！故筆者謂汪胡兩氏，胸襟度量，均不如國父，「愛力」亦不逮，此蓋是一般讀書人的毛病呢！

（三十一）

查展堂先生生於一八七九年，歲次光緒己卯。精衛先生生於一八八三年，歲次光緒癸未。蔣先生生於一八八七年，歲次光緒丁亥。胡汪兩先生若果現尚生存，胡先生是七十八歲，汪先生是七十四歲，蔣先生今年是七十大壽。三位巨頭相比，剛剛是胡先生比汪先生大四歲，汪先生比蔣先生大四歲。以年齒論，自然是胡先生居長，蔣先生最少。但國父逝世時，所謂革命策源地的廣州，困守一隅，四面皆敵，東江陳炯明，南路鄧本殷，常懷蠢動；北方諸軍閥，更為虎視眈眈。當日廣州的環境，實在是岌岌可危，自從得蔣先生掌握兵權（胡氏首先以代帥任命為黨軍司令，汪氏繼之以國府主席任命為國民革命軍第一軍長），先之以統一廣東，不二年，繼之以統一全國，戰功之偉，古所未有。汪胡兩先生，若能有自知之明，既是功不如人，何必斤斤計較於首席之領導，若能以從前輔弼國父之精神，綴續輔弼蔣先生，悉力於公，而不及私，則完成建國大業，實現三民主義，並不是難事，又豈有今日「紅」水橫流之慘禍哉！知人論世，讀者當不河漢斯言。

但有一節，筆者如骨骾在喉，仍須吐之為快。胡汪兩先生之長處，均在政治，因他倆均是士人出身，而是在日本留學法政的，他倆於軍事均為外行，無可為諱。蔣先生則屬文武兼資，北伐成功，軍事雖佔絕對勝利，政治則尚未能如理想。抗戰勝利之後亦然，日寇投降，軍事自然是全勝，勝利後之政治則是一團糟，此無他，病在政事人才之未充實而已。汪政權之財政部長周佛海下獄，初判死刑，後改無期徒刑，那時筆者投荒來香港，為國憐才，曾寫筆者的自白書一冊，凡六千餘言，寄呈南京當局，文內力陳預防「經濟崩潰」為當務之急，希冀政府能留用周佛海，後來不滿三年，金圓券垮台，竟不幸而言中，可為扼腕也！

中共竊據大陸，已六七年，其財政支出之巨，遠在國府在大陸時預算之上，乃中共之幣制，始終能站得穩，彼亦人也，我亦人也，豈有他們做得到，我們做不到之理？「財經政策」實在宜與軍事並重，財經人才，決不能忽視，興言至此，愈使人思念周佛海也。

（三十二）

展堂之於人才，頗能留心扶掖與任用。民初，日本仕官畢業之魏邦平，本不隸國民黨籍，展堂拔之為都督府參謀長，使其佐治軍事。日後陳炯明率粵軍於民九回粵，驅逐舊桂系軍閥，乃得魏邦平與李福林聯合行動，響應粵軍，立功甚偉。凡黨中之同志，展堂均能量才器使，使能各盡所長。民初，李煜堂原任財政司長，不久，以其不甚稱職，立即改用留學日本習政治經濟之廖仲愷繼其任，以鍾榮光辦理嶺南大學夙負聲譽，即任用為教育司長。筆者之長兄祖澤（字通甫）在日本留學時習法律，即任用為司法司長。陳鴻慈亦是學法律的，以其人鐵面無私，即任用為都督府軍法處長。用為警察廳長之陳景華，其治蹟更為膾炙人口，至今使人追思不置。筆者之次兄宗洙（字道源），本在前清廣東水師提督李準之幕府，任文案職，奉展堂命，為地下的活動，策動李準贊成革命者，及兩廣總督張鳴岐逃，李準遂命宗洙代表到香港，迎接展堂赴穗，就大都督職。展堂以宗洙為都督府參事，宗洙與仲愷，同時有紅鬚軍師之稱。當時與杜古金張齊名，均能各稱其職。展堂民初所任用之縣長，以其為親民之官，尤能慎重銓選人才，故民國初年廣東之吏治，頗為可觀，與民國後期吏治之貪污載道者，真有天淵之別矣。

汪胡兩家，本是三代世交，展堂之胞叔胡金甫丈（毅生之尊翁），是先叔祖芙生先生之門人，與先君子少年共筆硯，以世交論，筆者兄弟與展堂昆仲，算是平輩。辛亥九月，軍政府成立之初，廣東之東江北江及西江，各路民軍蠭起，皆是接受胡朱兩先生所策動者，其實則皆是綠林豪傑，其時先君子（諱兆鏞，號憬吾）客居韶州之樂昌縣，任樂桂鹽埠的總經理，道梗中能返穗，展堂特派大家兄祖澤為北江民軍宣撫使，撥衛兵一百名護從，取道北江至樂昌縣，迎接先君子返穗，展堂並欲請先君子就任廣東鹽運使之職，先君子因年老，又欲以前清遺老自居，不願入仕民國，復書辭謝。民廿五，展堂在粵逝世，先君輓以聯云：「三世論交，烽火倉皇猶念我；尺書卻聘，疏水平生總負君！」雖簡單數語，亦紀實之言也。

（三十三）

展堂執政時，絕不肯徇私。民十三，其弟毅生，欲競選廣州市長，展堂反為支持伍梯雲（朝樞），使毅生競選失敗，此節上文已敘其詳。頃又憶起一件事：展堂之妻兄陳協之（融）品學俱優，郎舅間感情甚洽，但辛亥九月，協之不過初任司法司署的一等科員，尚為筆者的家兄祖澤所委派的。數月後有科長缺出，始以協之遞升。翌年，陳炯明繼展堂之後為廣東都督，協之乃獲升司長，蓋陳炯明曾肄業廣東法政學堂，協之亦是其師也。民廿一，西南政務委員會時代，展堂雖然高臥於香港之妙高臺，而隱然可以控制廣東的用人行政的，因西南政委會的常務委員鄧澤如、蕭佛成、鄒魯、陳濟棠等，均是國民黨右派的幹部，絕對信仰展堂之人，惟展堂之馬首是瞻的。陳濟棠等屢次提出。擬以協之出任廣東省政府主席，若以資格及人才而論，本來甚為適當，而協之則力辭，展堂亦不以此強之，卒由協之推薦林雲陔以自代，協之僅允就西南政委會的委員兼秘書長而已。胡陳兩郎舅能如此謙抑，真可風矣！

試觀民廿九後之汪政權時代，陳璧君要任用一名異常低能之陳耀祖為廣東省長（耀祖是璧君胞弟），在任三年之久，政事廢弛，一無成就，日惟沉迷於古董肆，於市儈斤斤計較於一二元之討價還價，玩物喪志，每日流連於文德東路，卒為愛國份子所鎗擊，肝腦塗地而死，為天下笑！協之與耀祖，雖然皆以懿親見重，一則以低能而靦顏居高位；一則以雅才而能謙抑自下。兩者相比，陳耀祖要愧死，真「活該」矣。

民元，展堂任用老黨員陳景華是廣東警察廳長，景華厲行解放婢女的運動，凡居民家中蓄有婢女者，不論官紳商家，均須一律交出。其年長者，由警察廳發交慈善團體擇配；有父母家長者，發還團聚；無家可歸而年稚者，發交孤兒院教養。一時雷厲風行，廣東人蓄婢之惡劣風氣，由此遂止。陳景華之德政尚多，以此事最為膾炙人口。

（三十四）

展堂之胞兄青瑞，其年齡較老，距離時代稍遠，積習相沿，家中蓄婢，成為習慣。青瑞的妾侍又多，凡五人，更加需要有奴役的婢女。其中有一妾，經常虐打婢女。有某婢被毆打之後，心中有所不甘，風聞警察廳解放婢女，遂走出街外，向站崗警察報告，謂被主人虐打，警察帶其返區署，區長詢知其為胡都督之長兄府上婢女，惶恐不安，不特不敢收容，且用善言勸該婢返胡宅。該婢痛哭不肯行，謂若回去，必再遭毒打，苦苦哀求援手。區長不得已，報告於廳長陳景華，景華立命將婢女解送警廳，親自詢問詳情，詢知此婢尚有老母，乃傳其母到廳領回，母女遂獲團聚。

青瑞聞報，大怒，親到警廳訪陳景華，要求將婢女發還，景華當然不答允，青瑞大為咆哮，有誓不干休的神氣。陳景華乃曰：「如夫人虐打婢女，是不對的，此婢女不得已而出走，我們站在人道的立場，和革命的立場，是應該如此做，我隨時可以不幹警察廳長，此婢女是萬難發還，倘若大先生認為非發還不可，請大先生囑胡都督將我免職，另委新人來接，那時由大先生向新廳長交涉，或者新廳長可以商量，我陳景華有一天職權在手，此事是無可商量的，萬望大先生鑒諒，恕難遵命」云云。

青瑞以不得要領，乃憤然赴都督府覓展堂，思以都督的高壓力，向警察廳討回此婢女，曾向展堂謂：「縱然你不給面子與我的家眷，亦應該給些面子與阿哥。」展堂答曰：「此事不能怪六逵（陳景華別字六逵），六逵並沒辦錯，解放婢女一案，事前是弟同意的，豈可以出爾反爾，自己打自己嘴巴，若如兄言，弟何以服眾，別事可以遵兄命，此事愛莫能助，萬無可能。」同時，又用善言婉勸其兄息怒，此事卒以不了了之。

青瑞竟因此事，憤極，隻身赴廣西，依附廣西都督陸榮廷，兄弟從此一別數年。

關於此一事，胡青瑞可說是老糊塗，展堂之大公無私，誠可人也。

民廿三，筆者於役南京財政部，是年夏間，因先君子患病，請假回粵省親，道經香港，登妙高台，訪謁展堂，談話一小時又三十分鐘。那時汪精衛氏在南京為行政院長兼外交部長，展堂仍殷殷垂問精衛的近狀，並表示不以其兼任外長為然。筆者答謂若他不兼外長，便是無事可辦，那時行政院長的環境，可以說得是側重外交之責任的。筆者也曾問及，廣東何故不以陳協之為省政府主席，何必使用一位無咎無譽的林雲陔？展堂笑曰：「南京方面正在重用宋子文，任財政部長而兼行政院副院長，去年令叔精衛出國治病，宋子文居然代理行政院長，倘若廣東方面又是用協之，居行政首席，甯粵如此遙遙相對，豈非是一件笑話麼？」展堂先生說話的風趣，及其幽默，一生都是如此尖刻，可謂江山易改，品性難移了。

（三十五）

是年廣東佛教團體，歡迎駐錫南京之西康諾那活佛來粵修消災佛法，並為佛弟子開灌頂法會。諾那答允南來，在甫京將近首途時，因筆者亦是諾那的弟子，將此事報告於汪精衛氏，請其以行政院長名義，致電廣東省市政府，令其於諾那到粵之日，務須妥為保護，以示政府懷柔遠人之至意。電文是筆者起稿的，由汪氏酌改數語拍發，這完全是徇筆者之請而發的，絕無絲毫的政治意味可言。乃因此時國內的政治舞台，汪胡久已分道揚鑣，汪在南京，胡居香港，隱然控制著廣東的政局。省主席林雲陔，市長劉紀文及西南執行部的右派同志，接閱汪電，遽起恐慌，因陳濟棠頗崇奉佛教，他們懷疑，以為諾那此次南來，可能接受蔣汪的使命，有政治企圖，用佛法的幌子，暗中離間西南，拉攏陳濟棠。於是大起戒嚴，多方設法阻隔諾那與廣東軍人接近，取嚴密監視態度，因此累到諾那在穗，反為行動不甚自由。筆者聞此消息，即將諾那離京來粵的經過情形，報告展堂，證明並無政治關係，展堂乃釋然。後來諾那獲與陳濟棠相見，亦矢口不談政治，西南執行部的誤會始冰釋。此亦佛教掌故之中，一段小插曲也。

日本的著名戰犯土肥原，在東北製造「滿洲國」之後，曾到香港及廣州一次，分別訪晤展堂及廣州諸要人。筆者乘便曾向展堂問及此事，展堂諱莫如深，於土肥原之來訪，展堂並無任何意見吐露。筆者告展堂曰：「日本人詭計多端，其手段是『拆』法，分化我們，思以漢人制漢人，以遂其蠶食鯨吞之妄念，他們的政策，名為『水鴨式』外交，在水中用腳亂抓，以搗亂吾國之內部為手段。吾人對症發藥，宜以精誠團結應付之，未知胡先生以為何如？」筆者本交來並非奉有使命，向展堂遊說，不過是私交上交換個人意見而已。展堂雖以為然，但其成見甚深，城府牢不可破，久已決心不再與蔣汪兩氏合作，其所答筆者之言，都是口是心非，談到某一個階段，差不多給筆者說服，展堂又顧而談其他。筆者感覺話不投機，不欲再多費唇舌，而且坐了一小時又半，時間亦長，乃興辭而出。回穗省親事畢，遄返南京財部的崗位，此為民國廿三年夏間之事。

言歸正傳，上文敘述展堂先生一生經過的歷史，寫至「中山艦案」之後，展堂由蘇俄回國，在廣州不甚得意，無所展布，無意中與汪精衛同舟離穗，兩人抵港後，亦未約晤，各行各路，汪精衛陳璧君遠赴法國休息，展堂在香港小住數月，國民黨右派各老同志，反對本黨之容共政策者，大多數旅居於滬，紛紛函約展堂北上，會商黨事及國事是，展堂遂到上海租界作寓公，以觀時局的演變。一面與右派同志策劃反共大計，在滬居住，將近一年（約由十五年秋至十六年夏）。

汪胡同時離穗之後，蔣先生統率第一軍，會同友軍，陸續將陳炯明在東江之餘孽，完全肅清，使陳逆不留一卒一彈，陳逆逃竄來港，不久病死。蔣先生以消滅陳逆大功告成，通電中外，辭去第一軍長之職。筆者尚記得電文中最有價值的說話，謂「務使此後軍不成閥，閥不再興。」此兩語最為時人所稱頌。所遺第一軍長職，由蔣先生推薦何應欽將軍繼任。

（三十六）

陳炯明兵敗後，未死之前，匿居香港，貧甚。因欠繳電費，給電力廠截斷電線，以致無電燈可用。病死時，竟無以為殮，所部將官，均已風流雲散，由陳之謀士金浩庭（章）電告於展堂，由展堂私人贈以治喪費三千元，於此亦足以見展堂友道之厚。

十五年之夏，汪胡離粵後，廣東政局，蔣先生與譚延闓合作，仍與共產黨暫時妥協。且政策改容共為聯共，準備大舉北伐。十五年六月五日，國民政府特任蔣先生為國民革命軍總司令，七月九日就職，同日誓師北伐。俄而湘軍統帥唐生智來歸，國府任命為第八軍長。

八月十日，蔣總座率師抵衡陽，十二日至長沙，二十五日克羊樓司。蔣總座進駐岳州。二十七日革命軍與吳佩孚軍大戰於汀泗橋，吳軍大敗，武漢震動，九月七日漢口漢陽皆下。

九月十七日，馮玉祥在五原就國民軍聯軍總司令，宣布全軍加入國民黨。

十月十日，國民革命軍克武昌，二十日朱培德程潛兩軍克南昌，後來又失而復得，十一月四日克九江。

十二月十八日第一軍長何應欽率兵克福州，福建平。十六年二月十九日，進克杭州，浙江平。閩浙兩省，均由何應欽將軍兵不血刃而平，世稱何氏為「福將」，良有以也。

十六年一月一日，國民政府及國民黨中央黨部由廣州遷武漢，以武昌、漢陽、漢口三地為京兆區。此時在武漢主持國府中樞之要人，雖由譚延闓、宋子文、孫科諸人領導，惟共產黨妬忌國民黨軍事進展之神速，陰謀阻撓，無所不用其極。一面電促汪精衛回國，企圖利用汪的招牌，以為攻擊蔣先生的利器，極盡其離間的能事！

三月廿二日，革命軍佔領上海，廿四日克南京，長江一帶皆已抵定。在北伐軍事進展期間，展堂在上海與國民黨右派各中委，策動反共計畫，至是已屆成熟階段。四月二日，國民黨右派執行委員與監察委員在南京召開會議，檢舉共產黨的罪行，宣布於中外，於是蘇浙皖閩及兩廣各省，同時開始清黨，將共產黨之跨黨份子，一律清除。展堂以第四軍長李濟深，本是由古應芬一手提拔出來的，指派古應芬督同李濟深負責在粵清黨，古李在粵誅戮共產黨不計其數，李濟深今日竟靦顏投靠於共黨，終當有被清算舊帳之一日呢！

談到李濟深，此人真是卑不足道。他在國民黨內的資格，實在淺得很，現在他居然膽敢自稱為「國民黨革命委員會」的「主席」，向中共靠攏投降，真可謂「不要臉」！

民十以前，李濟深是一個完全不現「經傳」之角色。民九粵軍由潭州回粵之後，鄧鏗（仲元）將軍是粵軍總司令部參謀長，兼第一師師長。李濟深當初不過在第一師當一名參謀。鄧將軍以其人勤懇而有謀略，拔升為師部參謀長。

（三十七）

國民黨先進朱執信先生在生之時，奉國父命，主持廣東地區的革命工作，古應芬及鄧鏗兩人，一文一武，實為執信先生的左右手。因此古鄧兩人，關係甚為密切。李濟深由鄧鏗之介紹，得與古應芬接近。民十一之春，鄧鏗被陳炯明使人暗殺，古應芬遂保薦李濟深繼任鄧氏所遺第一師長之缺。至是年冬，舊桂系軍閥沈鴻英所鬧「江防會議」之變，古應芬奉展堂命，集合粵系軍隊，退守江門，古氏充任江門行營主任（已詳上文）。李濟深得古應芬大力栽培，左提右攜，實力逐漸擴充，統率四個師，由陳銘樞、張發奎、陳濟棠、徐景棠四人分任師長。後來陳銘樞張發奎兩師，隨同蔣總司令北伐，李濟深統率陳濟棠徐景棠兩師，留守廣東後方，故民十六廣東之清黨運動，是由展堂特派古應芬在粵主持，李濟深是受古應芬之策動，執行在粵清黨任務的。

因李濟深是廣西人，他得了廣東地盤之後，與廣西後起之軍人李宗仁、黃紹竑勾結，組成所謂新桂系，時人呼為「李黃李」三角同盟。新桂系要將兩廣打成一片，造成「清一色」局面，於粵局稍微安定之際，李濟深竟將古應芬排擠，施用種種陰謀，給他許多難題，又無故逮捕古氏之幹部人員，使古氏不安於位而離粵（那時古氏是廣東政治分會主席兼廣東財政廳長）。

李濟深之忘恩負義，犯上作亂的行動，有類於陳炯明，日後自食其果報，不到兩年，民十八李濟深因事赴南京，此時蔣先生任國府主席，古應芬任國民政府文官長，胡展堂任立法院長，蔣胡古三公會商同意，將李濟深留於南京，因新桂系有異動陰謀，企圖作反。展堂於事前已有準備，命古應芬暗中連絡陳濟棠，責以大義，引導其擁中央。李濟深既被扣留，國府遂明令將其所領之第八路總指揮一職免去，特任陳濟棠氏繼其任，陳濟棠之發跡為南天王，自此始。

李濟深是由古應芬一手提拔，本來可說是受恩深重，乃凶終隙末，待古氏太過不忠，不兩年，其所部師長陳濟棠，竟取而代之，信是因果報應了！陳濟棠氏比李濟深忠厚，故陳氏在粵之成就，比李為勝。筆者以為李濟深專用術而無學，交友不以誠，此其所以不濟也乎！甚矣，書之不可不讀如此！儒將之難求如此！

（三十八）

我們讀過二十四史之人，以古鑑今，可知凡恃著個人的聰明，玩弄權術，自以為本領勝過別人，目空一切，任性而行，而其精神上無「學問」的修養者，結果多是「鮮克有終」。歷史上的先例太多，舉不勝舉，姑且舉一兩個例，是人所共知的：遠者如曹操，史稱為一代奸雄，一生玩弄權術，其事業雖然是有所成就，但及身不能統一全國，蓋棺論定，是與王莽齊名，後世論者，「操莽並稱」，殊不足貴，近者如袁世凱，亦以權謀邁眾名於時，對清室，則欺負孤兒寡婦，對民國，則戕殺元勳，一生使用權術，不信不義，其成就亦不過僅能取快於一時，曇花一現，及乎其術已窮，圖窮匕見，取消帝制，氣死於新華宮，為天下笑，此無他「不讀書」、「不知足」、「無學問」之過也。

號稱為中興清室的名臣曾國藩則不然，他讀破萬卷書，學而優則仕，用兵與秉政，一本儒先之道，知所進退，克破南京之日，乃弟曾國荃進言曰：「難道我們一定要向他人叩頭的麼？」要擁亞哥稱帝的心事，已躍躍欲動。其湖南同鄉的文人王闓運（壬秋），武將彭玉麟，均祕密勸進。曾國藩用一個「妄字」答覆之，此無他，讀書人能格物致知，深明「四時之序，成功者退」的哲學，亦與老子「知足不辱，知止不殆」的學說相吻合。以功名始，亦以功名終，不亦懿乎。

遠者如諸葛亮，劉備死時，謂曰：「嗣子可輔則輔之，如其不才，君可自取。」劉備死後，諸葛開府視事，蜀漢全國的「政」、「軍」大權，均操於一人之手，倘若他遵依劉備所囑而「自取」，是易如反掌的，但諸葛則不然，聞劉備言，汗流浹背，口稱雖肝腦塗地，不足以報知遇，終歸他是「鞠躬盡瘁，死而後已！」蓋棺論定，史筆推為三代下第一人，名垂千古焉。

曹操與諸葛，一樣為漢室丞相，曾國藩與袁世凱，一樣為清室最大權的總督，曹操與袁世凱是一類型，諸葛亮與曾國藩是一類型，嘗考其所以歸趨各異之故，蓋曹操是讀書而不消化之人，袁世凱更絕不讀書，均以此敗其名。諸葛與曾，俱是真正的讀書種子。觀乎此，可知書固不可不讀，尤貴乎讀而能化也。

何物李濟深，固未嘗讀書，他所秉賦的天才，固不如曹操，亦不如袁世凱，僅恃其「微乎其微」的聰明，也要東施效顰，玩弄權術，今日身入牢籠，不復再見天日，不特可憐，亦可笑矣！（民廿三之冬，筆者乘皇后郵船由港赴滬，適與李濟深同舟，曾以朱執信尊人所著《朱棣垞集》贈之，想他必不會讀，惜哉！）

展堂先生呢，他是前清一位「孝廉公」，早年已讀破萬卷書，又曾留學異邦，環遊過大地，展堂「學問」是有的，可惜欠缺了「術」。筆者上月為文，論述清末有名的三總督，直隸總督袁世凱，有術而無學，兩湖總督張之洞，有學而無術，兩廣總督岑春煊，不學無術，此話本來是五十年前的輿論。

（三十九）

展堂頗似張之洞，學問好而術不足，光緒帝的遺詔，要誅袁世凱，為張所阻，清室卒亡於袁。書獃子辦事不能狠，是術不足以濟事。民十一，國父取道桂林北伐，因知陳炯明勾結吳佩孚，乃率兵四萬人回師，其時陳逆所部葉舉大兵尚在南寧，陳炯明僅擁眾二千在惠州，蔣先生主張國父先發制人，立將陳炯明撲滅，此乃蔣先生之卓見，是奇策，乃為展堂書生之見所阻，此是展堂的術不足以濟事之一。

民國十六年四月十八日，國民政府成立於南京，初與武漢的中央黨部及政府，是對立的，那時武漢政府尚在容共時期，因此而下令免去蔣總司令之職，並開除其黨籍，此當然是共黨的主張。

此時之汪精衛氏，已由歐洲回國，亦在武漢，六七月間，在武漢國民黨之重要中委，發覺共黨的陰謀，確有危害國民黨之虞，於是亦決策分共，與南京方面，取同樣的步驟，除宋慶齡一人反對之外，汪精衛、譚延闓、孫科、宋子文、陳公博、唐生智、張發奎等，均一致實行反共，驅除共產黨。

八月十二日，南京方面，既知武漢的行動，為促成甯漢合作起見，蔣總司令及胡展堂、蔡元培、吳稚暉等，先後通電下野，以示合作誠意，歷史上稱為「寧漢合作」。此事是由馮玉祥居間調停的。

九月十五日，國民黨在南京召開聯席會議，由南京武漢及西山會議派，三方面同志，共同組識特別委員會，行使中央黨部職權，由九月至十一月，因蔣先生下野後，出遊日本，失去重心，黨內糾紛愈甚，內容十分複雜。汪精衛氏主張召開國民黨第二屆之四中全會，解決國是。

十二月十日四中全會開預備會議於上海，由汪精衛建議，敦促蔣先生復任國民革命軍總司令，繼續行使職權，全體通過。

十七年一月，蔣總司令宣布復職，發出通電二通：一致各路將領，戒勿口誦心違；一致全國人民，言自上年八月退職後，糾紛益甚，認為是本人曠職之咎，故不容計私人得失，遵黨的決議，繼續舊職，專司軍事，至黨務政治，應由中央主持云云。

蔣總司令之復職，是由汪精衛在四中全會預備會議所提出，大約展堂因此之故，心中仍有若干芥蔕，故未有返京與蔣先生合作。二月初間，展堂且約同孫科、古應芬、伍朝樞、吳鐵城諸同志，放洋出國，漫遊歐美各國。

（四十）

汪精衛於是年四中全會之後，因其主張請蔣先生復職，大遭桂系李宗仁、李濟深等之忌，聯合吳稚暉等，對汪氏大肆攻擊，將以行動不利於汪，於是汪亦引咎下野，遠赴法國休息。

汪氏聞得展堂到歐洲旅行，於其逗留在德國之時，特由法赴德訪之，意欲解釋前嫌，交換政見。但展堂竟拒而不納，不允接晤，此節外間甚少人知，事後汪氏親口對筆者所言。於此一端，亦足以見展堂先生度量之不廣也。

十七年五月，蔣總司令自兼第一集團軍總司令，以馮玉祥為第二集團軍總司令，閻錫山為第三集團軍總司令，李宗仁為第四集團軍總司令，會師北伐。六月，國民革命軍抵定北平，七月六日，蔣馮閻李四總司令，同蒞西山碧靈寺國父靈柩之前舉行祭告北伐成功之禮。蔣總司令以國父未能及身親見，哭甚哀，馮閻李三人則無甚戚容云。

八月，展堂及古應芬、孫科、伍朝樞、吳鐵城等，環遊歐美各國事畢，回抵上海。

國父所製定之《建國大綱》、《建國方略》、國民革命的步驟，第一級為軍政時期，第二級為訓政時期，第三級為憲政時期，規定於施行憲政之時，舉出總統，然後成立五院的。此時南北已統一，軍政的階段，已告完成，應該可以進入訓政時期了。展堂回國後，發表訓政時期的政見，認為可以提前成立五院，以便容納各方人才，共圖建設。

八月八日，國民黨召開五中全會，通過展堂的主張。十月四日，中央政治會議公佈國民政府及五院組織法。中央常務委員會議決，選任今總統蔣先生為國民政府主席，譚延闓為行政院長，胡漢民為立法院長，王寵惠為司法院長，戴傳賢為考試院長，蔡元培為監察院長。

雙十節，國府主席及五院長宣誓就職，旋發表施行訓政宣言，是為展堂與蔣先生再度合作之開始。

（四十一）

筆者寫此文的動機，欲將展堂之生平事跡，撮其要者報導出來，以備他日有人替他作傳者參考之用。初意以為至多寫十期或八期，約七八千言，可以畢其事。不意於敘事之餘，夾以議論，又因題外之人與展堂有關連之故，不能不引其人其事，夾敘入內。於是，越寫越有，長寫長有（粵諺），寫滿了四十期，尚未能完稿。現在僅寫至民十七年的事，倘若要寫至展堂先生逝世時為止，尚須寫數萬言，方能完畢，縱使讀者不討厭其冗長，筆者亦自覺其辭太費。昨與編輯先生商量，擬寫至現在階段為止，暫時告一段落，下期當改寫其他的掌故文章，替讀者一換口味。編輯先生甚以為然，想讀者亦必同情。

民十七，展堂先生五十歲，交入晚年時期了，民廿五，卒於廣州，享年五十有八。由民十八至民廿五，尚有八年事跡可紀，倘若讀者仍欲知甚後事如何，擬遲一個月，筆者將展堂晚年的事跡，搜羅齊備，當再寫一篇〈記晚年的胡展堂先生〉作為續編，那時讀者便可以窺全豹了。

抑尚有所欲言者，自從汪胡分道揚鑣之後，展堂先生之於凡是姓汪之人，已逐漸疏遠，見面時候甚少，故筆者於其晚年事跡，不甚知其詳，尤其是民二十，展堂辭立法院長職，退休於湯山一事，那時筆者不在南京，不明瞭其經過的實在內容，若僅據報章所載，恐未足以證其詳實，筆者雅不欲以耳聞者，當作目擊，故不願輕率下筆。至展堂五十歲前的事跡，容有為筆者所遺忘，掛一漏萬，在所不免。展堂先生知交遍海外，老同志今尚健存者，尚有多數，倘若記錄有展老的嘉言懿行，及其他史實，深望賜給筆者，俾得重新寫過一篇內容比較充實的傳稿，以為保存歷史文獻之一助，亦我輩後死朋友之責也。企予望之，請寄本報社轉交即妥，盼甚！禱甚！就此擱筆。

輯三：胡漢民先生外傳

張叔儔　著

胡漢民先生外傳之一

胡展堂先生（別字漢民），助國父孫中山先生完成革命，建設中華民國，其勳業彪炳，舉國皆知。國父有云：「展堂為余之腦，精衛為余之足。」（此二語係國父秘書李祿超先生對筆者所云），蓋腦所以供思想，足所以供奔走。腦與足，兩者皆重要也。胡氏之革命歷史，凡關心民國史者多耳熟能詳，然其幼年逸事，或少知者。茲編所述，係根據胡氏晚年赴蘇俄時，因其時蘇俄政府請胡氏撰自傳，宣示其國人，氏窮數日之力，始克成自傳，尤其秘書朱鉌中譯為俄文德文及各國文字，印行歐洲。而氏手寫之自傳，則留存其女公子木蘭處，迄未即行。木蘭女士囑為展堂先生撰年譜時，筆者曾一閱及之，茲編多根據此自傳及筆者所記憶（按筆者與胡氏及其兄清瑞先生，均為同學），因輯述胡氏一生所有逸聞野史，編成外傳，以實《春秋》。

童年隨父幕遊各方

展堂先生於公元一八七九年十月（即前清光緒五年）誕生，其先世為江西省吉安府廬陵縣延福鄉青山村人，累世業農。祖父燮山，父文照，均幕遊廣東（前清例：幕遊者分督撫司道府縣各級，更分刑名錢穀兩種，刑名主審案，錢穀主出納，多屬聘請，而不受札委。先生之祖及父，均就府幕，而屬刑名者也），遂家焉，寄籍廣東番禺縣捕屬（前清例：外省人不能考本省試，必須入本省籍。廣東番禺縣、除沙灣、菱塘、慕德里等司外，另有捕屬，以容納各省人。汪精衛亦以浙江省紹興籍入番禺捕屬）。母文姓，為江西望族，能為詩，且解音樂，文廷式先生（字道希），則為其叔伯行。廷式以殿試一甲第二名及第，著有《雲起軒詞鈔》，能於浙江常州兩詞派外獨樹一幟，朱祖謀先生（孝臧）極推崇之。

展堂先生之父文照，生子女七人，長名衍鶚，號清瑞，腦豐滿，額突出如章太炎先生狀，記憶力極強，精研經學，少即補廩生，並考書院，即以膏火及其他收入供弟妹讀書，文名藉甚，考試輒冠儕曹。次女衍晉，早逝。第三子名衍鷟。第四子即胡氏。第五子名衍鵬。第六子名衍鶡。第七女名寧媛。展堂原名衍鸛，後改衍鴻，晚年號「不匱室主」。在民國九年，氏與戴季陶、朱執信兩先生，居上海辦理《建設雜誌》時，使石匠刻為圖章兩顆，一方是「孝思不匱」，一方是「勤則不匱」，時人稱為不匱翁。又展堂行四，人多稱為四先生。其父居廣東久，歷任刑幕，廉介自持，收入甚菲，且以食指浩繁，家常困乏，幸賴其太夫人勤儉持家，差足自給。

展堂先生少即聰慧，有異常兒，其父母皆鍾愛之，三四歲時，稍舉牆壁上所懸對聯一二字示之，許久均能記識無訛。五歲時其父文照封翁客廣東博羅，先生隨侍在側，有時口授短文，即能琅琅上誦。至六歲時，隨封翁至高州，沿途僱挑夫負行李，每給工資時，輒為挑夫頭從中尅扣，伕役受其剝削，咸暗中咒罵伕頭，而伕頭則大搖大擺進出煙館，各挑夫見之，亦無可如何。氏年雖幼，睹狀氣頗不平，謂各伕懦弱，不敢與伕頭爭，實為憾事。於此可見其幼時已具有剛毅性，殆亦天賦也。七歲時，仍隨文照封翁客高州，時封翁方主高州府刑幕，一次，方在衙中刑訊犯人，犯人不認罪，遂鞭笞之，犯人呼號如豖啼，適老僕引胡氏於衙中路過，氏見狀掩耳急避，數月不敢出。老僕有時強之出，亦必繞別路而過，不敢復經衙中矣。

博取膏火贍養弟妹

至八歲時，隨父返廣州，在老城（當時廣州有老城、新城、西關之別）賃屋而居，因家境清寒，未能購屋。與乃兄清瑞從宿儒張德瀛（別號采珊）讀書，翌年仍在張家就讀。張館在倉邊街角，與胡氏所居甚近，氏在同學中最穎悟，於讀書餘暇，輒以茶杯盛清水，用墨汁滴下和勻之，以紙蘸水面，即成墨水龍，黏之壁上，作為遊戲。因墨與水和勻時，變幻不測，有似龍形，故謂之「墨水龍」。一次不慎，水傾全身皆濕，衣履盡黑，在館遭責罰後，返家亦受嚴斥，從此不再嬉戲矣。十一歲時，文照封翁第七女寧媛誕生。翌年氏又從宿儒任穆臣先生遊，已讀《十三經》及《史記》、《古文辭》之屬，至十三歲仍師事任穆臣先生，是年文照封翁逝世，自是無力從師，僅隨乃兄清瑞自修於家中。氏事父極孝，其封翁患病，以庸醫誤投藥劑，纏綿數月，以致不起，氏憤庸醫甚，驟入廚取刀，欲斫殺某庸醫，其叔父見之即掩入，奪其刀，舉家以為氏欲自殺以殉父也。其母哭尤哀，氏亦伏地哀慟，某庸醫懼，避地十年不復見。十四歲時氏仍隨乃兄清瑞自修於家中。至十五歲，其母文氏復逝世。

氏自父母相繼見背，家庭生計，日益困難，居母喪時，凡兩月始克舉殯。至十六歲時，以生計仍窘，乃課徒自給，門徒中有十七八歲者，既課徒，復須自修，乃應考書院，博膏火以贍養弟妹（按前清廣州各書院有膏火之設，所以獎勵士人者，各士人試卷，獲上取者，每得銀六錢，中取者每得三錢，如官課屬藩臬司運司省，另有加獎）。雖然如此，惟因人口眾多，饔飧難繼，氏之一兄一姊兩弟，皆以營養不足，相繼殂謝。

仰慕中山無由通款

氏於課徒之餘，肄業於學海堂及菊坡、越華、粵秀等書院，於學無所不能，能治經史詞章性理之學。時孫逸仙博士（按胡氏所撰自傳，稱國父為孫逸仙博士，有時稱先生，現仍之）以清廷喪權辱國，敗於日本，乃創立興中會，糾合華僑及同志，急謀革命於廣州，以為空前之奇舉。孫先生原為教徒，其時耶穌教乃官府所懾畏者，所有反對清政府之祕密書籍，亦由教徒密為輸售。是時胡氏即心焉嚮在於孫先生，惟無由通款，僅從教徒往來，略知一二，是為氏崇拜孫先生之始。

至十七歲時，氏與史古愚堅如兄弟締交，又從左斗山、王毓初遊，以是更知孫先生之為人。時孫先生偕鄧蔭南返國，共策革命進行，欲襲取廣州為根據地，遂開乾亨銀號於香港，設農學會於廣州為機關，孫先生則往來於香港廣州間。胡氏聞之，色然喜，雖欲追隨孫先生，惟苦無由介紹，此時氏身雖在家，而心已許國矣。

此時胡氏應考書院，博取膏火，並課徒以謀自給，除家中應用外，所得餘貲，每出若干，合各友人資以為文酒之會（即廣東俗語所謂田雞東也），在友人酬酢中，氏與陳協之最相善（協之為陳融別號，其後為胡氏之舅兄，即氏元配陳淑子之兄也，其時尚未留學日本）。一次設席於協之家中，協之食量最巨，每次聚餐，均未能飽其饕餮之慾，乃別出奇計，伺廚人盛魚翅上席，未到各人座位，協之先趨前代為接受，各人不虞其他，乃未到座位，即滿吐涎於魚翅上，然後放置桌中，座中各人見之欲嘔，均不敢下箸，協之即將碗翅移置身旁，大快朵頤。時胡氏亦在座，以此事殊屬不雅，代座中人不平，思有以懲之，復俟廚人盛掛爐鴨來，未到座，氏代廚人接之，取箸分給在座同人，獨協之不與。經氏此一報復，協之亦無可奈何。酒未半，座上各人談笑風生，協之素滑稽，徐言曰：「余今有一聯，願在座諸公對之。」眾詢以為何聯？協之即曰：「胡衍雞、胡衍鵝、胡衍鴨！」氏聆罷不假思索，即對答云：「陳皮梅、陳皮欖、陳皮羌。」其巧思綺合，妙趣橫生如此。蓋當時胡氏昆季之名字，恆取鳥字旁，其兄清瑞名衍鶚，其弟毅生名衍鸞，五弟六弟為衍鵬衍鷗，若以雞鵝鴨呼之，未免太俗，故協之以此譏笑之。不知胡氏亦旗鼓相當，復將陳姓以普通之物名答之，氏素有急智，故能對答如流，此事距今逾六十年，知者頗少矣。

氏與筆者堂兄月舟，少為同學，稍長同考各書院，故時相過從，筆者少從遊堂兄月舟，恒與胡氏晤面。胡氏每偕葉道生（前駐美大使葉公超之父）、譽虎（前交通部及鐵道部長）昆仲，暨彭蠶生來談。某日方出作文題及對聯，對聯為夾對燕頷格，押「是非」二字，筆者苦思莫得，旋暗請胡氏代庖，氏即為代擬一聯曰：「我是玉堂金馬客，君非圭竇蓽門人。」

胡氏少時即自負，志氣昂揚，每溢言表，其後任國府主席、任委員、任立法院長，誠不愧為玉堂金馬。惟筆者以垂暮之年，避亂香江，伏處斗室，日向毛錐討生活，乃承胡氏當年許為非圭竇蓽門人，迄今思之，殊覺自愧耳。

劉家小姐一度論婚

未幾，氏與乃兄清瑞遷居於廣州市老城舊倉巷盤氏家塾之橫巷，榜其門曰「安定寄廬」。乃兄清瑞受知於惲彥斌（號次遠）學使，補學弟子員第二。翌年張百熙（號冶秋）學使歲試又考列一等第一，食廩餼，更著文名，爭欲置醴酒致之，而胡氏之家計至此亦稍豐裕矣。

時有友人欲介紹胡氏與廣州老城天平街中醫劉某之令媛結秦晉之好，劉某素好研究相命之學，嘗算其女之八字，他日當貴為一品夫人。劉某聞友人欲介紹胡氏論兒女婚姻，允之，囑其來家相攸，面晤以覘一切。時值冬季，氏穿棗泥色錦袍，翩翩公子也。劉某初見之甚喜，旋又卻之。謂人曰：「胡公子相格極清高，他日當出人頭地，惜體質較弱，年壽不永耳！」（筆者按：胡氏少時，身體頗弱，自壯出任事後，每日天未亮即起，先往沐浴，旋在室內運動，稍息，即進雞蛋二枚，拔蘭地洋酒少許，旋出辦公廳辦事，日以為常，故能保持健康，享年五十有八。）結果，婚議告吹。

稍後，氏入廣州《嶺南日報》任編輯，與其同時者，有《羊城報》編輯莫天一、《七十二行商報》編輯羅少璈、《嶺海日報》編輯詹菊人等，均一時知名之士。當時氏之議論多激烈，對於滿清政府之腐化多所批評，當時民眾心理，於政府一切措施，已極感不滿，得氏之揭櫫，故而遠近爭誦，一紙風行，而民眾革命之心日益濃厚矣。

言論激烈見忌清廷

時翰林院侍讀學士徐致靖，保薦工部主事康有為等，在總理各國事務衙門行走，又命楊銳等參預新政。未幾，清室下詔捕康有為、梁啟超，並殺楊深秀、楊銳、林旭、譚嗣同、劉光第、康廣仁等，即世稱六君子，此外，凡與有關變法諸臣，誅戮始盡，稱為戊戌政變。西后臨朝聽政，幽光緒於瀛台，梁啟超等復倡為「保皇」之說，氏則著論力闢之，在文字論戰上，成為「革命」、「保皇」二派之對立，筆戰甚久，最後保皇黨終覺理虧不敵，鎩羽而退，革命之風，日以膨漲，而胡氏之大名亦不脛而走矣。

氏於二十二歲（庚子年），與金曾澄同考取廣雅書院之西學堂，列名於列字齋，惟氏終未往，仍授徒於沈贊清（演公）家中，門人為沈佩椒、沈恒（後留學法國，曾為立法院編修）、沈覲鼎（後曾任駐日本大使），均為演公兒女輩，暨柳氏兄妹（廣西省人，即柳毅夫柳衛丞昆季）。胡氏之第七妹寧媛，後嫁柳毅夫。其時史堅如埋炸藥於廣州市後樓房，謀轟廣東巡撫署，以應國父惠州之師，事不成遇害。氏事後曾對人云：吾素識史氏兄弟，且愛堅如之為人，惟是舉則未與謀云云。庚子年五月（即光緒二十六年），北京義和團亂熾，日本使館杉山彬書記被殺，德國公使克林德又遇害。五月十七日，清政府竟下令與各國宣戰，而大沽礮台，先已為各國聯軍所陷，清政府宣戰令下，粵督李鴻章視之為亂命，不奉詔，約兩江總督劉坤一、兩湖總督張之洞，以正式公文通知上海領事團，為互保東南之約，山東巡撫袁世凱附之。七月聯軍陷北京，西太后挈光緒奔西安，派奕劻為全權大臣，會同李鴻章妥辦和議。翌年七月，和約成，賠款四億五千萬兩。十月各國聯軍退出北京。是時胡氏憤清政府之措施，日趨腐化，每為論痛詆之，漸為清政府所忌，飭當地政府密切注意。蓋是時胡氏雖未追隨國父實行革命，而私心早已嚮往矣。

胡漢民先生外傳之二

胡氏廿四歲時，舉於鄉。當時滿清政府尚以八股取士，然胡氏為一極端厭惡八股，且向持排滿宗旨者，氏之親友類皆知之，茲一旦應舉獲售，友好間多不解其故？氏則向人解釋道：此無他，療貧而已！

按前清外省人來廣州者，均稱「捕屬」並無產業帶來，除候補官員外，其他惟賴就幕與教書兩途維持生計，而教書又必須擁有秀才或舉人功名，始有人延聘，如屬童生，便無人問津矣，胡氏所謂療貧，蓋即為教書取得資格耳。

偕吳稚暉東渡留學

胡氏於是年與陳融之姊淑子結婚，時已遷寓穗市德宣東路（舊名天平街）太華坊莘桂里一號。當結婚時，其大門口貼有喜聯曰：「洞房花燭日，金榜掛名時。」蓋其時胡氏適中舉人而又新婚，故有此聯。惟此聯當為他人所代貼者，因胡氏為文學中人，斷不屑用此俚句也。

胡氏於廿五歲前，久思出洋留學，以家貧未得償其願。自舉於鄉後，能文之名大著，某富室兄弟入場應試，皆邀其捉刀，使俱獲售，得金六千餘，而數年留學之願得償。是年五月，氏與吳敬恆（稚暉）以東遊日本，入弘文師範學校，尋以清廷駐日公使兼留學生監督蔡鈞，遏抑學生，迭起風潮，情狀惡劣，氏遂輟學返國。時廣西中學監督沈雁潭，聘氏入桂為教席，主講修身國文等科，因學問淹博，議論風生，全校翕然宗之。後梧州傳經書院改為師範講習所，氏兼任所長，日任講席至八九小時，尚以餘暇為學生講民族革命之要，學風驟變。其時梧州某紳士，又將傳經書院大事改組，奪其所憑藉，氏乃辭職離梧州返粵。旋與徐立三任教於廣東香山縣隆都學校。

是年暑假時，胡氏與徐立三同返廣州，航行至半途，忽遇賊劫輪渡，岸上槍聲卜卜，均向渡中射擊，立三伏渡中不敢動，氏則兀坐艙面，指揮船上伕役還擊，一路槍聲密集，纍纍如貫珠，不為動也。岸上劫匪，見渡船且戰且走，已衝出包圍線外，遂停止轟擊，輪渡得以脫險，而立三已嚇至面無人色。氏笑之曰：何膽怯乃爾？

其時適粵省將派學生赴日本學習法政，氏遂決計再度東渡深造，瀕行，有詆氏為危險份子，欲泥其行者，幸得廣州知府陳望曾力為之爭，始得登程。是次由廣州府知府所保薦留學日本者，僅胡氏及葉夏聲二人而已。

氏廿六歲時，在日本速成法政學堂肄業，該校由日人梅謙次郎主之，以翻譯講授。氏於暇時更習為日文，以便閱讀參考書籍。同學中，氏與汪精衛、朱執信、張伯翹、李君佩、古湘勤、陳協之等最稱契合。

初次晤見中山先生

中山先生於一九〇四年冬（即光緒三十年），重至歐洲，揭櫫三民主義，號召同志，首次開會於比京布魯塞爾，次在柏林，又次在巴黎，然後於一九〇五年至日本。留日學生中之覺悟份子，歡迎中山先生於東京富士見樓，復於內良本私宅，開籌備委員會，又於坂本別莊，召開成立大會，即日加盟者數百人，除甘肅一省無留學生外，十七省之人皆與焉。入會者必使書誓約，其誓詞曰：「當天發誓，同心協力，驅除韃虜，恢復中華，創立民國，平均地權，矢信矢忠，有始有卒，如或渝此，任眾處罰。」

是時胡氏方與廖仲愷夫婦同寓，聞之大喜，特夜延中山先生至寓，是為氏第一次得接中山丰采言論。中山先生為言中國革命之必要，與三民主義大略，均俯首稱善。中山先生曰：「皆已決心無有疑義耶？」同對曰：「革命本素志，民族主義，民權主義，俱絲毫無疑義矣。惟平均地權，民生主義，猶有未達之點。」蓋當時東京法政學校所講授之經濟學，實為資本主義之學說，即所閱參考書，亦不過社會改良而已，因舉所疑為問。中山先生乃更詳析辨正，於是胡氏與仲愷夫婦、淑子、寧媛等皆受盟。中山先生為全黨總理，置黨本部於東京，以黃興為庶務部長，其次則由宋教仁、張繼諸人任之；胡氏為秘書長，掌祕密文件；何天炯為會計；汪精衛為評論部長。黨中大事，悉秉承於總理，各省黨員，以省份自舉分部長，內地各設黨部，皆採民主選舉制。

中山先生提議刊行本黨機關雜誌，定名曰《民報》，黨中推胡氏為編輯，標榜政綱六條，復以張繼擅長日語，能對日人交涉，故用其名為發行人。《民報》之發刊詞，為中山先生口授，胡氏筆記，當時中山先生為文，恆使汪精衛與胡氏為之執筆。精衛第一次寫論文於《民報》，題曰〈民族與國民〉。胡氏初次所為論文，則為〈排外與國際法〉。均大受學界之歡迎。章炳麟（太炎）由上海出獄，來至日本，胡氏即讓《民報》編輯事於章太炎，已則專任黨中秘書長，兼任《民報》撰述，又為留學生總會評議部秘書。氏精力甚強，從事黨務之餘，於法政學校功課，仍無曠廢。

流寓河內化名陳同

清光緒三十一年，氏猶留學日本，聞清政府派載澤、端方、紹英、戴鴻慈、李盛鐸等出洋考察，倣日本維新故事。本黨黨員吳孟俠（名樾），持炸彈炸之於火車站，未達目的身死，氏極為痛惜。清政府知中山先生為革命黨渠魁，其黨部職員，集中日本，乃令駐日公使與日政府交涉，驅逐中山先生，不得在日本逗留，於是，中山與黃克強皆決定離日本，並令精衛與胡氏隨行。其時氏與精衛已畢業東京法政速成科，入專門部，既隨中山先生行，且為清吏通緝，故不能與執信、湘勤等歸國，遂辭去本部秘書職，將所有黨員盟書，皆移交何天炯接收保管。

胡氏從中山先生由日本先往新加坡，又繞道西貢而至河內，變姓名為「陳同」。中山先生以河內與海防兩地華僑，多數贊成革命，尤以甄吉亭兄弟、黃隆生、楊壽彭、曾克齋、張奐池等均出錢出力，熱心奔走。河內巴維學堂之學生，亦多傾向革命。中山先生與精衛時時為諸人演講革命宗旨，指導其各種任務。

不久，有黃岡惠州之役，胡氏特從河內趕至香港，參與發動計畫，既敗，復折回河內。

鎮南關之役，黃明堂已奪清軍要塞，氏隨中山先生登炮台，忽覺冷氣襲面，遽眩暈，中山先生著胡毅生即扶入炮台小屋，囑少臥。至天明，氏仍鼓勇隨中山先生再登炮台向敵陣發巨炮，此為胡氏在革命軍中參與實戰之第一次。旋因子彈不足，遂退，同行者為黃克強、胡毅生、盧伯琅、張翼樞及日人池亨吉、法國某上尉等。中山先生即往新加坡。黃克強旋率梁少庭等入欽廉，胡氏獨留河內，為之策應。

黃岡之役，主動者原為潮人余紀成，嗣因許雪秋以同鄉豪紳資格參加，余紀成乃願聽許氏指揮。時黨中竭力購得日本舊械千餘枝，逕運至汕尾，胡氏乃通知許雪秋與余紀成接收之，惟許氏於事前準備欠週，運械日輪駛抵汕尾時，駁艇伕役俱無，船候至三日，許仍徬徨無措。適清兵艦過，運械日輪恐被發覺，乃避至香港，胡氏急召集同志，計畫在港接收。但日本駐港領事懼犯港規，立命日船駛返門司。事敗，許雪秋往河內見中山先生及汪精衛，欲卸責於胡氏。精衛以電查問，胡氏覆述始末，精衛答書云：「同時得報告，知許言皆誣，轉欲得來書以斥其謬。」並謂「知人之明，素不如兄，而弟長厚，弟願不以長厚者入於糊塗鄉愿，亦企兄不以精明者流於刻薄寡恩。」氏甚感精衛之忠告，時時引為弦韋之佩。

及後，河口之役，又告失敗，胡氏乃由河內化裝為水手，搭輪潛來香港。不久氏又至吉隆坡、麻六甲、芙蓉、庇能、仰光、日厘、坤甸各埠，為各分部機關演講（時呂天民、居覺生二人為仰光《光華報》主筆）。旋又隨中山先生至暹羅，不旬日，清政府嗾使暹羅當局逐中山先生出境，中山先生復由暹羅返新加坡，旋住歐洲。

我今為薪兄當為釜

公歷一九〇九年（即清宣統元年），胡氏奉中山先生命回香港組織南方統籌機關，與黃克強、趙伯先、倪映典等謀攻廣州，運動清廷新軍舉義，業已成熟，並定期發難。事前，因新軍與巡警衝突，一發不可復遏，遂未能按預定計畫進行，以致功敗垂成。中山先生在美洲聞訊，亟取道日本回國，在未回國前，先約胡氏等往新加坡相晤，又召開庇能會議，商繼續進行計畫。

當胡氏與黃克強等謀攻廣州之際，汪精衛以整理黨本部及《民報》事，留在日本東京未返。汪鑒於河口及各地起義之失敗，遂啟個人向清政府要員暗殺之決心，胡對汪曾屢加規止，並有長函，力言暗殺之無濟。精衛答書云其志已決，乃偕黎仲賢、喻培倫、黃樹中、方君瑛、曾醒等入長江，欲殺端方。因行程相左，乃變計皆入北京，謀刺攝政王載灃。胡接汪瀕行手書，書僅八字，係以指血書，文云：「我今為薪，兄當為釜。」精衛當時曾有文刊登《民報》云：「革命黨人，只有二途，或為薪，或為釜，薪投於爨，火光熊然，俄頃灰燼。而釜則儘受煎熬，其苦愈甚。二者作用不同，而其成飯以供眾生之飽食則一。」其血書即約舉此義也。胡氏懷汪血書數年，視為珍物，及辛亥光復廣州後，因石錦泉部闖入水師公所，胡於倉卒中遺失此書，其後雖欲以重金購求，不可復得，氏甚恨之。

痛心良友夢裡哭聲

其時中山先生已任胡氏為南方支部長，支部費用，由港方同志負擔，林直勉、李海雲兩先生則傾其家以為助。黃克強由日本到港，氏與之規劃一切。運動粵省新軍之任務，以倪映典為總主任，其運動新軍，進步至速，至一九〇九年冬，新軍加入同盟會者凡三千餘人，氏與伯先、克強，尚慮其不足，復使姚雨平、張醁村等，運動巡防營之駐在省會者，又使胡毅生聯絡番禺南海順德之民軍為響應。是年鄒海濱、陳炯明二人，始以朱執信之介紹，至南方支部，克強大喜，與鄒陳一見如故。其時炳章（倪映典字）來港，報告定元宵十五前後起事。

嗣因舊曆十二月廿八日，新兵因刻名片事，與警察衝突，風潮擴大，炳章不及制止，及來港報告，胡氏與克強、伯先審議良久，改期正月（舊曆）初六起事。炳章既返省，則新軍反形已露，清吏張鳴岐、李準已嚴為戒備，協統張哲培密將士兵子彈收沒，復令八旗兵運炮登城。炳章率眾欲襲省城，中槍落馬死，除死事者外，黨人入清廷新軍中任運動工作者，大多亡命香港，胡氏於受挫之餘，唯有分別設法為收容之。

先是，孫壽屏先生（國父之兄）暨鄧三先生，各佃有墾地於九龍新界，乃設法使亡命者就其地從事耕作。事粗定，胡氏乃與伯先、克強為籌款善後，且謀再舉。氏為籌款事離港赴新加坡數日，遽得港電，獲悉汪精衛因謀刺載灃事發被捕。胡聞耗，嘆曰：「精衛死矣！」不禁流涕太息，痛心良友，竟至不能自解。既由星洲赴庇能，陳璧君、黎仲實亦至，知精衛下獄未死，胡乃以營救精衛為第一任務，召集庇能分部同志開會於陳璧君家園，結果不得要領。會後氏廢然就寢，恍惚夢精衛宣判死刑，乃大哭，哭聲驚鄰室，仲實、璧君皆起，急詢之，知為夢噩也。未幾，仲實、璧君二人冒險入北京，與胡執手言別，氏誦葉清臣賀聖朝詞云：「不知來歲牡丹時，再相逢何處？」相對皆泣下，仲實等行後，胡自念，革命職責，斷不容憂憤憔悴以死，惟繼續奮鬥耳。

胡漢民先生外傳之三

宣統二年，中山先生由三藩市取道檀香山、日本過香港，特約集胡氏及趙伯先、黃克強等密商再舉計畫，中山先生一見面即表示：「我知汝等正謀營救精衛之策，我所以決計要再次發難，即所以救精衛於縲紲中也」克強等以革命新敗，元氣大傷，當時聞中山之言，面露憂色。

在密商時，中山先生對各同志，勗以大義，諸多激勵，克強等亦由消沉又轉激昂，且於一夕之間，籌得活動費八千金。復遣各同志分途勸募，又得五六萬元。乃設立統籌部於香港，推趙伯先為總指揮，克強副之。胡氏則被推為秘書長。此次密謀再舉，即黃花崗之役之事先安排也。

突然決定舉事日期

清宣統三年，胡氏三十三歲。其時廣州方面，因清廷防範革命黨人滋事，警戒至嚴，胡氏等既決計再舉，遂在港加緊籌劃，密議多次。胡氏以為，若以廣州城為發難地點，必須有主幹部眾，冒死進攻。伯先並定其名為「選鋒隊」。由伯先、克強、林時塽、熊克武、何天炯、姚雨平、張醁村、徐維揚、劉古香等，分任召集人，而以同志中之敢死善戰者為合選，計共得四百餘人。朱執信、胡毅生二人仍任民軍指揮，以備響應。新軍方面仍由雨平與伯先舊部繼續進行遊說拉攏。其時黨中之重要同志悉來港，會議結果，分為兩種任務：一就統籌部分科辦事；一於長江上下游謀發動應援。至於向廣州密輸武器與佈置機關等祕密準備工作，分頭進行，最稱緊張。運輸之事推由毅生、仲實理之。運武器炸彈赴穗之任務則以女同志負祕密配運之責，女同志淑子、寧媛與徐宗漢、鄧蕙芳等，均曾為此而冒險奔走。事後據蕙芳同志為筆者言：「當時廣州城門戒備甚嚴，出入不易，乃偽裝大肚婆，將槍械藏諸懷中，檢查者以為女人，且已有孕，其時又未設女檢查，故可通行無阻」云云。此外，又設製彈機關於廣州城內，由喻培倫與李應生兄弟分任之。佈置初定，克強以伯先與胡氏俱為粵人所熟稔，自為湘人，與粵人甚少會面，乃自請先入廣州部署一切，因決議於伯先未到廣州時，由克強代行總指揮職權，時為一九一一年四月（即舊曆辛亥三月）也。克強瀕行，原已定下猛攻督署之行動，同時以一部襲擊水師行台，一部攻督練公所，使不能互相調兵相救。新軍巡防營之附我者，則使於最短時間內，入城鞏衛，如進行順利，則頂計全省可於一二日底定。殊不料駐紮於觀音山之防營（其中多數已受我方運動者）突被他調，計畫深受影響。而同志之祕密機關，亦有一二被破獲，幸未牽連。克強與在省幹部同志，會商決定，展期舉事，即密報統籌部，並遣各組選鋒隊暫先返港。至舊曆三月二十八日，統籌部突又獲克強密報，謂已定於三月二十九日發動。胡氏與伯先乃急遣選鋒部眾再度赴廣州，無奈時間過於迫促，通知不易，多有不及趕往者。而胡氏與伯先等亦於二十九晚由港分別乘船冒險赴省，船抵廣州已不准停泊碼頭，清軍艦派員至船檢夜，如臨大敵，胡氏見朕象不佳，即示意同船諸同志如仲實、璧君、君瑛、佩書等格外小心，胡氏此時已剪辮，以假辮繫帽中，檢查員並持有胡氏之相片，乃竟熟視若無睹。旋登岸，亦有警察盤詰，胡民以普通話答之，乃不疑，遂共入海珠酒店。仲實先返其家，旋使其姑母來與言，黨人圍攻督署已告失敗，死者甚多，現時緹騎四出，偵探君等，宜急避入鄉間，繞道返港！佩書聞言，失聲大哭，璧君急止之。胡氏曰：「此非死所，宜急入城，料必猶有未破壞之機關，尚可據以殺賊。」結果探知城門皆已緊閉，無法入城，幸方君瑛有戚魏某，為水陸師學堂總辦，家在城外，姑往其家，或可因以入城，胡氏等遂偕往焉。

黃克強傷心話經過

抵魏家時，始知魏某與眷屬均以亂避匿他處，僅餘婢媼在家，胡氏此時鑒於情勢危急，手無寸鐵，不宜久留，遂偕璧君等登往香港夜船，船中已有警官稽查，惟視胡氏一行，似是外省官眷之避亂者，不甚留難，船舶碼頭數小時始啟行，夜半抵港。淑子與寧媛，已於二十九夜船先返港，此時特來接船，得見胡氏安返，遂同返璧君居處。痛定思痛，相對慟哭。翌日，伯先歸，併得克強手書，始知未戕於敵。又越一日，克強裹創，與徐宗漢數人，亦偽裝避難者逃抵港。胡氏得悉港中警察將搜索黨人機關，乃亟銷燬祕密文件，逃港同志亦分別遷徙，胡氏與克強則移居九龍，克強已斷其右手兩指，驚魂既定，為述經過情形。

據克強云：「此次舉事，原初本決計展期，嗣因姚雨平復來言，謂防來省之清軍漸多，於是在小東營黨司令部密議進止，林時塽等皆慷慨主張速發，且曰：『余輩求殺敵耳，革命黨之血，可以灌溉於無窮，事之成敗，無足深計。』我當時亦以展期則須離開廣州，重入險地，實至不易，況此舉謀之期年，何忍盡棄前功，今日之事，全黨屬望，若遷延退卻，無以對天下人！是日列席會議之各同志亦無一人言退，遂復取消展期之議。二十九日下午四時，終於開始行動，以百餘人持手槍炸彈猛攻督署，督署之衛隊管帶金振邦當首抵禦，擊殺之，餘兵皆逃。我偕執信、林時塽、李文甫、鄭坤、嚴驚等，直入內室，遍搜張鳴岐不獲，置火種於床上而出。適李準大隊掩至，與戰良久，以寡不敵眾，遂分三路突圍，我率數十人走大南門，與防營遭遇，且戰且走，轉過幾條街道，四顧不見一人，乃以肩推一店門入而閉之，敵有近者發槍猛擊，斃七八人。及敵退，我乃乘間出城。執信與何克夫本與我偕行，至雙門底時，因彼等槍彈已罄，始避入友人家以免。而林時塽、喻培倫、方聲洞、宋玉琳、劉元棟、李文甫等七十餘人皆在血戰中犧牲（即後稱之七十二烈士，葬於黃花崗）！自革命起事以來，吾黨所受之損失，未有若此役之鉅者也。其中有被補後始遇害者，清吏迫為供詞，彼等則揮灑數千言，歷斥清政府之罪惡，而申民族大義，及所以為民眾犧牲之由，意義凜然，從容就死，問其家世，則多世家子，而勤學篤行之士也。張鳴岐李準等雖秘之而不敢宣，而法官愛其文詞，暗誦而流傳於外，其純粹由工人出身者，則有王××、鄭×。由農人出身者，則有花縣徐氏十餘人。」

克強傷心失敗，而右手又不能作書，乃口述經過，由胡氏作報告。克強並曾指姚雨平、胡毅生、陳炯明三人，虛妄誤事，皆當死！胡氏時亦悲憤已極，克強固主持軍事，且血戰而出，當悉以其言為依據，乃在此報告上共同署名。後據朱執信、何克夫報告，更從各方面調查，始知克強對於姚、胡、陳三人之批評，實有誤會。今此報告之原稿尚存，其述此役之本末至詳至確，要為革命中最有價值之史料也。

趙伯先死於盲腸炎

按此役之敗，最大原因為舉事一再改期，步驟乃呈零亂，致不能完全集中，減少力量，而作戰方法，臨時又不相照應，從軍事上言，此兩點不無微憾。然各同志為義而動，有進無退，甘死如飴，不復計及成敗利鈍，以表示革命黨犧牲偉大精神於天下，雖時移代易，猶足使人感念不忘。

事後，中山先生由三藩市來電云：「聞事敗，各同志如何？何以善後？」此電為致港機關者，而上款無人名，因彼時尚不明何人得生還也。時國內報紙，有言胡氏已死者，汪精衛在北京獄中聞之，突暈厥，悲吟三律，有云：「如何兩人血，不作一時流」之句。數日後，乃知其不實。民國元年，胡氏與精衛相見，汪特出示此詩。

是役失敗之後，胡氏與克強，尚能自持，伯先則悲侘無聊，輒痛飲，半月而病，為盲腸炎，病危時，始就港醫院割治，創口已膿化，竟爾不治而逝！哀哉。時胡氏與克強，以嚴避省港偵探耳目，不能親送其喪，伯先之妻欲自殺以殉夫，賴其父止之，遂由同志護其喪歸里。伯先少於胡氏二歲，有大將才，且能以精神提挈革命青年，大江南北之軍界同志，多傾服之。使伯先不死，則南京光復後，不致任程德全、莊蘊寬為都督，洪承點、冷遹、孫堅輩，亦當奉令惟謹。胡氏感於革命領袖養成之不易，三月二十九以後，又失伯先，其愴悼可知。

李沛基從容炸鳳山

是年六月十九日，陳敬岳、林冠慈在廣州又以炸彈擊李準於雙門底，不中，林冠慈當場轟斃，陳敬岳被捕見殺。

九月四日，李沛基炸斃滿將軍鳳山於倉前街，更使清吏為膽寒。據筆者所知：沛基於行事前，先與其兄應生及周之貞、高劍父等，偽開一店於倉前街，其地為南門出入城必經之道，備有炸彈三枚，其大者重達十七磅，以木板掩置簷際，用繩曳之準備隨時使用。是日晨，忽報鳳山將至，沛基認為時機來到，先令同志及夥伴皆離去，惟留沛基一人司執行之責，當鳳山肩輿至店前時，沛基即潛登店後樓割繩，繩斷，轟然一聲，鳳山與其從者十餘人皆斃。鄰近店戶倒塌者七家，沛基之店亦倒，彼則仆於後街，急起行，行未數步，忽遇四五歲小兒指之譁笑，謂此人乃滿頭灰也。沛基陡悟，亟挽此小童，笑言我買塘果予汝，一面自拂拭，遂偕赴市肆，市果予小童，從容逸去。此事克強實主其謀，並得省中同志為助，而沛基是年才十六七耳，臨事鎮定從容如此，亦難能矣。鳳山曾繼袁世凱就北洋四鎮，其來粵使命之重大可知。惟鳳山驕甚，其先行官到粵，即揚言要整頓粵省，併彈參張鳴岐、李準等語。彼抵省時，張、李二人曾勸其俟警備妥穩而後入城，鳳山怫然，謂其怯懦，逕擁儀衛入城中，竟罹此禍，血肉橫飛，其一足飛數十丈外，尚可辨識。此後清大臣與各省彊吏，人人自危，不止張鳴岐與李準膽落而已也。

胡氏出為首任粵督

未幾武昌起義，粵督張鳴岐逃。各界就諮議局開會，舉胡氏為廣東都督。已而諮議局，及省中同志陳景華、鄧慕韓等電報皆到，且言舉蔣尊簋為副都督，於胡氏未到時，暫由蔣代理等語。胡氏隨即偕夫人淑子、妹寧媛以及君佩、良牧、應生、黃大偉、李煜堂等即晚由港上省。抵省城時，見省河兵船，悉懸青天白日旗，同行者歡呼：「中國人真見天日矣！」登陸時，李準以所部來迎。胡即步行至諮議局，受各界歡迎，蔣尊簋即日交代。胡氏受任之際，全城滿清官吏皆走避一空，乃即日任命陳景華為民政部長（先使管理警政之事）、李煜堂為財政部長（收藩運兩庫），至於陸軍部長與參謀部長，終十八日由新軍宣布反正時所公推者則仍之，創立軍政府雛形於諮議局，使君佩、汪宗洙分任秘書參議，草擬安民佈告，併通電內外。時財政情形大棘手，搜盡全省官庫，僅得萬元，查悉為張鳴岐臨去時席捲而逃，而新軍及該營等部，立需餉二十餘萬，胡氏乃使李煜堂、楊西巖、陳賡虞等，商借港商款四十萬應付。一面將庫存官銀錢局紙幣一千二百萬（此項紙幣，係張鳴岐電請發行，不能流通，發生風潮，乃借滙豐銀行款，收回存庫），加蓋軍政府財政部官印發行，而使商會承認，乃不虞困乏。

隨中山先生赴滬甯

其時廣州各界代表大會，於都督之外，又舉陳炯明為副都督，黃士龍為參都督。嗣因胡氏覺各界代表大會凌亂，而諮議局舊議員，更無復活之理，乃與競存（陳炯明）、朱執信等草定臨時省會選舉法，當選者多屬同盟會員，嗣是省會不復與政府分歧。胡氏在粵兩月，大事草創，拼一生精力赴之，其初，至於寢食俱廢，迄各機關以次成立，而朱執信復居中助其規劃一切，乃不虞困厥。

十一月，聞中山先生歸國，已將抵香港，胡氏大喜，亟與執信、競存等，商議決定，要求留中山先生於粵，並親偕仲愷乘兵船至香港迎接。中山先生在艦上屏除左右與胡氏熟議，胡氏主國父回粵，國父則主與胡聯袂赴滬寧。討論良久，胡亦見中山先生所見遠大，乃服從國父主張，為書分致競存、執信、毅生諸人，使競存代理都督事，使仲愷回廣州與諸人佈置一切。

胡氏隨中山先生至滬，陳英士、黃克強俱來迎，見汪精衛，彼此恍如隔世，三人俱狂喜。其時清廷袁世凱，派唐紹儀為議和代表，各省革命軍之代表，則為伍廷芳同志，更推精衛與王正廷、王寵惠、溫宗堯、胡瑛等參贊其事，其會議地點，則在英租界之市政府。

國內同志，以中山先生既歸，共謀建立政府，舉中山先生為總統。旋入南京，由各省代表，開選舉大會，每省佔一投票權，共十五省，中山先生以十四票，當選為中華民國臨時大總統，並決定總統於陽曆一月一日就職。

胡氏則於距投票選舉數日前，急就旅滬廣肇潮嘉同鄉中，募得軍餉七十餘萬。

胡漢民先生外傳之四

民國元年（即公曆一九一二年）一月一日，中山先生入南京，就臨時大總統職，即日發表宣言，統一各省軍事民政財政，合漢滿蒙回藏五族而為共和國家。胡氏被任為總統府秘書長。胡氏治總統文書，事無大小，悉親為過目，未見總統者，必先見胡氏，其忙碌之況，甚於在粵時。氏與中山先生同寢室，每夜，必舉日間所施行重要政事以告，其未遽執行者，必陳其所以，常行事至於達旦。

當時，實業總長張謇，薦其徒十餘人於秘書處任職，先生悉不用。張謇由京返滬，揚言詆之，指胡氏為「第二總統」！汪精衛聞之，憤而告胡，且慰之曰：「惟負責始有此謗，譭之適足以譽之耳。」迨後中山先生讓位，袁世凱繼任總統時，乃正式任命各省都督，七月十二日，以胡氏為廣東都督。

先嚴詞稿胡氏作序

民元七月二十四日，前臨時大總統孫文入北京，與袁世凱會晤十三次，宣布內政大綱，任黃興督辦粵川鐵路。

先是南京政府改組，胡氏隨國父溯江而上，至武漢，見黎元洪，黎有武人本色，與談政治，多不了解。

是年六月，胡氏復與廖仲愷等，隨國父返廣東。當時陳炯明知胡氏即將復任粵督，乃亦由港返省，助理軍事。

民國二年三月二十五日，前農林總長宋教仁被刺，袁世凱復借外債二千五百萬英鎊，胡氏與李烈鈞、譚延闓、柏文蔚等嚴電抗議。六月十四日，袁世凱下令，免胡氏等本兼各職，另派胡氏為西藏宣撫使，氏一笑置之。討袁事遂起，氏奉國父命再上海。

民國元年，胡氏任廣東都督時，筆者曾攜先嚴〈耕煙詞〉稿，請其作序刊印，氏允之，旋以變故，攜往日本，乃擇先嚴詞稿刊登於在日本出版之《民報》及《國民雜誌》中。歸國後，曾將〈耕煙詞〉、〈詞徵〉序文及原書還給筆者，並由胡氏集合胡毅生、廖仲愷諸先生等，彙資為刊〈耕煙詞〉及〈詞徵〉，僅得二百部，版存廣州市登雲閣駱浩先生處，當以不敷分送，正擬續印，不幸登雲閣燬於火，版亦旋失。及民國十七年，筆者於役滬寧間，陳人鶴（群）方任國民革命軍東路軍總指揮部政治部主任，偶見及之，筆者提起胡氏等為先嚴所刊印之詞集已燬，欲為復版，人鶴慨然允之，乃召集揚州刻工，以姜君董其事，為刊〈耕煙詞〉及〈詞徵〉共四冊，較前在粵所刊者尤精，筆者復求序於胡氏，允之，翌日即將序歸筆者。序云：

> 采珊師〈耕煙詞〉及所著〈詞徵〉，曾印於廣州，未幾遇陳炯明之亂，版遂遺失。師詞品近蘇辛，不屑屑於南宋以後，異於粵中他詞家，生平窮約力學，不遇，輒以詩詞發抒其懷抱，詩不

存而存詞，蓋自珍也。〈詞徵〉脫稿時，同里汪莘伯先生，即許為創作而必傳。汪先生固以詩詞名於粵者，人知其顛倒之不易，漢民僅八歲時，從師受業句讀，其後格於人事，不復能獲文學之教於師門，每展遺編，未嘗不引以為憾。逦者人鶴同志，謀再版二書，嗟夫！廢學多慚，賞奇同快，余猶是十餘年來之感想耳，豈能有益於師之所學耶？民國十八年漢民識。

筆者因胡氏在日本編《民報》及《國民雜誌》時，曾刊有〈耕煙詞〉，故一併及之。

民國四年，胡氏仍滯留日本助國父辦理一切黨務，是時袁世凱帝制運動，日見緊張，楊度、孫毓筠、嚴復、劉師培、李燮和、胡瑛等六人在京發起籌安會，鼓吹帝制。艱難締造之共和，行將摧毀。氏乃贊助國父推翻帝制，使朱執信、鄧仲元至港圖粵。

民國五年氏奉國父諭，至南洋小呂宋各地，籌措軍餉，以為討袁準備。抵南洋各埠，大受歡迎。旋陳其美佔領江陰炮台，吳江、震澤亦相繼克復。氏復奉國父命，回滬策動。是時國民黨倒袁之聲勢，日趨擴大，袁世凱手足無措，知江陰炮台之陷，為陳其美主動，已啟暗殺之念，而陳其美於五月十八日即以被刺聞。其時氏方與英士（陳其美別號）同寓於上海法租界薩坡賽路，袁世凱意，以為陳其美被刺後，風潮可稍告弭平，而不知各省討袁之軍，相繼而起。而康有為復有長函致袁世凱，內有云：「早讓權位，遯跡海外，嘯歌倫敦，漫遊歐美，可安中國保身名」等語。袁世凱以形勢日蹙，頓萌悔意，乃召梁士詒入內，交各處文電與閱，磋商許久，遂於四月二十三日，廢止洪憲年統，仍以本年為中華民國五年。終以憂憤過甚，遂於六月六日病故，由副總統黎元洪代行大總統職權。袁世凱病故後，楊度曾有輓聯云：「共和誤民國，民國誤共和，百世而後，再平是獄。」；「君憲負明公，明公負君憲，九泉之下，三復斯言。」該聯殊可玩味。

自袁世凱死後，胡氏又奉國父命，偕廖仲愷至北平視察。越年（民六）督軍團叛變，總統黎元洪復根據吉林督軍孟恩遠等來呈，解散參眾兩議院，胡氏奉國父命，至粵桂促兩省獨立。國父復命程璧光率海軍南下。先是，海軍第一艦隊宣言，否認國會解散後之政府，國父以為國會為張勳迫黎元洪而解散，仍可自行召集，乃與南下國會議員、及伍廷芳、程璧光與海軍第一艦隊總司令林葆懌，率艦赴粵，六月二十五日國會議員開非常會議於廣州，討論組織政府事。三十日，復通過中華民國軍政府組織大綱。至九月，非常國會依據軍政府大綱，選舉國父為軍政府陸海軍大元帥，唐繼堯、陸榮廷為副元帥，並舉唐紹儀為財政總長、伍廷芳為外交總長、孫洪伊為內務總長、張開儒為陸軍總長、程璧光為海軍總長、胡氏則被任為交通總長。其時氏雖出長交通，然襄助國父之策劃尤多。

胡唐出任議和代表

民國七年七月五日，唐繼堯通告，由國會非常會議，選出之總裁七人，組織政務會議。國父與唐少川先生均不就職，表示不與合作，旋由軍政府推定岑春煊為政務總裁主席，國父即偕胡氏往日本。抵日後，國父在日本箱根患急性結膜炎眼病，八月二十五日，氏隨國父返抵上海後，因國父病尚未愈，絕少見客，氏則從著述方面啟發國民。國父見政府內容複雜，意見不一，早向非常國會辭去軍政府海陸軍大元帥職矣。

是年程璧光在廣州市長堤海珠附近被刺殞命，當時北京政府以為程璧光之率軍南下，實係胡氏獻議國父為之，因此恨極胡氏，每欲使人謀刺之，謀之不得，而程璧光遂以被刺聞，蓋北京政府已謀之許久也。

國父抵上海後，汪精衛來談云：「燕老（指梁士詒）數月來以調和南北、統一國事為職志，籌劃接洽，不遺餘力。」國父謂：「據年來經驗，知實驗理想中之政治，尚非其時，故擬採取消極態度，從事著述，以啟迪民眾。至於目前收拾大局，但期得有勝任之人，若東海出山（指徐世昌）則更不生異議」云。故胡氏在此一時期，秉承國父意旨，多從著述方面著手。

民國八年，胡氏與唐少川先生任南方議和代表，與北方議和代表朱啟鈐等，開和平統一會議。梁士詒於上年夏秋間，奔走南北，聯絡兩方政府，及與長江三督，協商和平統一辦法。是年十一月，北京已發佈停戰命令，而西南政府，亦於是月下令停戰。北京政府欲以梁士詒充總代表，燕蓀（梁士詒）謂：以桂莘（朱啟鈐）為宜，蓋梁在香港時與唐等有約也。蘇督李純，主張在南京開會，胡氏與唐少川等，則主張在上海，經南北雙方電商，決定以上海德國舊商會為會場，並定於二月二十日開會。在未開會前，有二大問題：

（一）關於陝西之停戰問題：查陝西省自民七年春初，胡景翼在三原獨立後，推于右任主持，佔領該省地域之一部，加入護法軍。而北方段派，極力攻陝，欲將該省置之停戰範圍以外，南方則不同意。

（二）關於參戰軍之取銷與停支參戰借款問題：查參戰借款，自段祺瑞在國務總理任內，已正式簽定，利用此借款，以擴充兵力，所以歐戰雖告終了，而向日本領支借款如故。南方則以歐戰既停，應取銷參戰軍及停止借款，此北方政府所不能讓步者也。

至二月二十日，南北會議，雖經開幕，而陝西省之北軍，仍若著進攻南軍，且段氏對於參戰軍問題，不特置之不理，且積極招募擴充。又發表是年二月八日徐樹錚與日本陸軍代表東乙彥所訂協約，未幾復將參戰軍改為國防軍，南方代表，對此異常憤慨。胡氏與唐少川等在和議席上，質問北方代表，限四十八小時答復，否則即證明北政府無誠意。北政府逾期不答，胡氏遂與唐少川通電停止和議，北方代表亦聯向政府總辭職。

在北方代表總辭職前，胡氏等在和議席上曾提出下列八條：

（一）上海和會對於歐洲和會決定山東問題之條件（即日本繼承德國在山東之權利），絕對不能承認。
（二）取銷中日一切密約、宣言無效，並處罰締結此等密約之關係人，以謝國民。
（三）取銷參戰國防軍，及其他一切類似之軍隊。
（四）各省督軍省長之罪情顯著、不洽民情者，一律更迭。
（五）由和會宣告民國六年六月十三日，黎元洪解散國會之命令無效。
（六）由和會選出全國聲望顯著之人，組織政務會議、和平會議，議決各案件，尤其監督履行，至國會得完全行使職權為止。
（七）和會已議定或審而未決之各案，分別整理決定之。
（八）執行以上七條，則承認徐世昌為臨時大總統。

當此八條件討論至國會問題時，胡氏等要求照第五條辦理，北方代表朱啟鈐加以反對，南方代表即退席，和議便告破裂，於是南北代表復總辭職。

胡漢民先生外傳之五

民國九年，胡氏隨國父在上海，與戴季陶、朱執信等創辦《建設雜誌》，復與國父從事著作，起草《建國方略》，努力於建設事業之宣傳，故國父《建國方略》一書，為口授胡氏成之，多出於胡氏手筆。

時南方軍政府總裁岑春煊、陸榮廷與廣東督軍莫榮新等，在北政府威迫利誘下，終於投降北方，並取消軍政府名義，國父在滬聞訊，乃令駐閩之粵軍陳炯明向粵邊進攻。陳炯明自兼第一軍長，許崇智為第二軍長，先向汕頭攻擊，乘勢直下惠州，與林虎戰於三多祝附近，大破之。而廣東省會警察廳長魏邦平與廣惠鎮守使李福林，亦在河南宣告獨立以為響應；粵軍既陷惠州，進佔石龍，岑春煊以及陸榮廷之桂軍進退失據，岑、陸遂通電解除軍政府職務。粵省軍民歡迎國父回粵主持，至此胡氏復隨國父回廣東，在廣州與伍廷芳、唐紹儀等，重開政務會議，繼續革命事業。

出任大本營秘書長

民國十年四月，南下之國會議員在廣州開非常會議，議決中華民國政府組織大綱，旋舉國父為大總統，五月五日國父就非常大總統職，並以廣州市內之德宣街箭道為總統府（即今之中山紀念堂），以伍廷芳為外交部長、陳炯明為陸軍兼內務部長、湯廷光為海軍部長、徐謙為司法部長，胡氏則出任總參議、馬君武為總統府秘書長。旋馬君武調廣西省長，復派謝持為秘書長。是年十月十五日，國父乘寶璧兵艦離粵北伐，出梧州赴桂林，邀胡氏同往，並酌調總統府一部分人員，隨同出發，組識大本營，由胡氏任秘書長，復任為文官長。國父到梧州時，電約陳炯明來梧州商議軍務（時陳炯明在南寧辦理遣散桂軍事務），久未見到，國父不惜親往南寧邀陳炯明來。陳炯明至梧州時，筆者尚見其御眼鏡，手執士的，衣灰色線仔絨單袍，與國父並肩昂然上樓，其時態度，已將跋扈之概，流露於不自覺間。陳炯明來梧後，國父即與胡氏等約陳開會，會畢，國父又偕胡氏沿撫河溯江而上，前往桂林。道經昭平、平樂、陽朔各縣時，胡氏對民眾均有演講，聽者掌聲雷動。尚憶船抵平樂之大墟時，剛泊岸，國父即偕副官黃惠龍、馬湘上岸行，忽聞緊急號令聲，胡氏詢以何事？隨行者答云：似有廣西散兵伏匿欲蠢動，何、許兩團已開隊往剿也（時何梓林及許濟兩團人，沿兩岸護衛隨行）。胡氏又問及國父何往？則云已同副官上岸閑步。胡氏遽帶隨從二人，上岸急行，追及國父，面勸即返，國父聽其言，相率回船，即此一端，可見國父之對胡氏言聽計從，如魚之得水也。

由梧州經過上灘若干，始抵桂林，航行約二十日。抵桂林時，桂人王乃昌，已預在皇城內獨秀峰旁佈置妥大本營，國父與胡氏及陳少白等同寓樓上，職員則居樓下，國父原與胡氏同一房間，未幾宋慶齡來，國父乃另闢東樓為寢室，以黃惠龍、馬湘分晚在房門口守衛，而胡氏則改與李祿超同一室矣。時滇、贛、黔各軍總司令，均駐紮桂林城外，待命北伐，一時軍容極盛。國父復設幕僚處，以蔣作賓為主任，又設黨務處，以陳群為主任。所有規程，均由各主任編訂，呈由國父發交胡氏審核後，始行公佈。

與陳少白不歡而散

當時廣西紙幣，其價格一元僅及粵省紙幣之五角，國父思有以整理之，派伍某（係廣東四邑人，為陳少白所介紹）為國民銀行行長，伍某即擬具該銀行章則，呈候國父核准施行。照例各處文件，必先經由文官處，候胡氏核閱後，再呈國父批示。胡氏一見銀行章則，以其所訂行長待遇太高，即在章則之上批云：「行長俸給多於部長，科長俸給多於次長」等語，飭其另造呈核。伍某不敢違抗，將批示送陳少白閱（時少白係大本營顧問），少白閱後極不高興，以為胡氏有意留難，翌日即偕曹亞伯離開桂林，國父挽留不獲，設宴為之餞行，邀胡氏作陪。胡氏知少白之離桂林，為了伍某而起，因此二人在席上鬧得不歡而散。而伍某亦因此辭去國民銀行行長職矣。

胡氏在桂林時，其隨從人阿金為筆者言：胡先生飲食起居，極有紀律，每日天未亮即起床，先在沐浴室洗澡（寒暑無間，即在桂林嚴寒時，亦復如此），浴畢，在室內作柔軟體操八段錦運動，然後進雞蛋二枚，拔蘭地酒少許，始到辦公室云云。胡氏到辦公室時，代國父擬電稿，一手持筆，一手吸香煙（當時桂林香煙缺乏，其所吸之煙係由許崇智軍長所送之三個五牌煙），擬稿未完，其香煙頭已積滿煙缸矣。

時筆者與李祿超同管理大本營電報密碼事，因胡氏絕早來辦公室，祿超每遲到，氏常將電稿交筆者先譯，俟祿超來，再行拍發。胡氏擬電稿畢，即批閱公牘，重要者呈國父判行。筆者忽憶一事頗足解頤：事緣當時文官處收到呈國父文件，經擬稿送批後，即交回書記謄清，再呈國父簽署，此事例由秘書楊熙績（別號少炯，湖南寶慶人，後任中央委員）持往簽字。時少炯以在外徵逐，染有風流疾，敷搽黃金粉，國父某次簽名畢，忽覺一陣藥味刺鼻，即四顧曰：「何來此藥味？」因國父曾涉醫學，故判別藥味極清楚，楊秘書當場為之赧然無地自容，以後楊即不敢再持公事往簽名，而由筆者瓜代。

湘省部隊拒任前鋒

各省總司令來謁國父商議要公時，必先見胡氏接談後，再行謁見國父。其時總司令彭程萬、谷正倫、李明揚等均常來文官處，李明揚常御長袍，其為人最重禮節及儀表，到文官處時，必與各職員點首為禮，恂恂有儒者風，以外表觀之，不知其為武人也。胡氏雖為文官長，然軍政重要事項悉集於一身，即大本營之組織條例，均由胡氏規劃之。但大本營最感困難者厥為財政，因桂省貧瘠，籌措匪易，胡氏迭電廣東省財政廳長廖仲愷磋商，許久始得廖氏覆電云：「可設法籌二千萬元。」胡氏聞訊大喜，立將電呈國父閱，國父曰：「能得仲愷如此努力，北伐軍餉有著，可安心向前方進發，余無憂矣。」

國父當時曾自撰誓師詞，僅四句十六字，言簡意賅，事後曾對秘書李祿超云：「余撰此誓師詞，足足費了兩日工夫。」可見國父於文字上亦極有研究也。乃將誓師詞與胡氏商妥後，飭文官處職負書寫，橫約一尺五，長約二尺五。書畢，用竹懸之，分發駐桂林各軍，準備定期在較場誓師。同時國父復與胡氏商由湖南直出武漢之北伐路線問題，為此曾迭電湖南著其出師作前鋒。是時湖南方面，早與北伐軍聯絡，常有電往來，未幾終受北方嗾使，暗中反對，因此迭電大本營云：「湖南在前方，應肩此任務，但餉械均不足，請予接濟」等語。國父恐有其詐，因此北伐軍未能順利推進，經與胡氏商議，派大本營參軍胡毅生，率同副官賓鎮遠（湖南人，與湖南帶兵長官有交誼）前往湖南聯絡，以觀究竟，仍未得要領，北伐軍行動遂以延遲。

胡氏獻議改道北伐

未幾，東三省之張作霖派代表姜登選來桂林聯絡，並攜贈照片一幀與國父存念（張作霖當時之照片，約五十餘歲，御戎裝，有短髭，貌極宏偉）。而北京方面之段祺瑞亦派代表徐樹錚來桂林聯絡，國父對姜、徐兩代表，均派為大本營參軍。樹錚雖為武人，然極嫻文字，與胡氏甚投契，是年十二月，樹錚以段祺瑞委辦之事已告一段落，乃乘船由撫河取道廣東返北京，至平樂時，曾有明信片寄胡氏，極言其在桂林招待之殷，末後付以絕詩一首，筆者尚憶其末句云：「又抱殘花過一年。」名士風流，可見一斑，蓋其時正值民十年十二月除夕也。

在桂林一住數月，各省北伐軍隊，雖已集中完畢，枕戈待旦，準備出發。終因湖南方面之行動，首鼠兩端，遲疑未決，欲待解決後，再由湖南直出武漢。時胡氏又獻議於國父，北伐軍事可改由韶關直指江西，國父然之。乃分兩路東下，一路由桂林沿撫河直趨梧州，文官處職員，多由此路進發。一路由桂林陸路經柳州直趨梧州，所有軍隊多循此線行。各軍到達梧州後，再行轉往韶關。在桂林時，供給局徵集船隻殊不易，經幾許交涉，始得船數隻，以供文官處職員乘坐及載運文件。我等方擬下船，忽有一船為大本營參議易某所佔去，以致船隻愈不敷用，無從起程。筆者是時除管理大本營電報密碼，又兼理文官處庶務事，爰將此情報告胡氏，時國父方在文官處，聞之，囑易某往別船，無誤公事。胡氏為調停兩者之間，毋使衝突，乃曰：「余與李祿超坐一船，尚有多餘地方，可容納數人，即命文官處職員搬來此船。」筆者乃先將大本營文官處重要文件，放在胡氏船中，再請文官處同仁前往，此事乃獲解決。

船中對弈兩盤皆輸

回憶大本營在梧州沿撫河出發桂林時，船行二十天，此次回師，航行僅五天，縮短時間數倍，蓋往桂林時係上灘，路經數十灘，均逆水行舟，由船夫揞船上岸，每人背纜徐行徐唱曲，比行陸路尤緩。由桂林至梧州，則順流而下，故倍形迅速也。

胡氏由梧州上桂林時，與國父同乘一船。抵達桂林後，國父之夫人宋慶齡隨後來桂，故回梧州時，胡不便與國父同船，遂邀李祿超同坐一船。在船上無事，每約李祿超下象棋，祿超則每盤均輸，筆者恆旁觀二人弈，某次胡氏忽謂筆者曰：「與汝弈兩盤，何如？」筆者從之，祿超在旁觀戰，第一盤我輸；第二盤，弈方半，贏了胡氏一車，是時當操必勝之權，胡氏至此，潛心苦思，欲扭轉大局，反敗為勝，連吸紙煙，頭上之筋悉漲，筆者見其如此，乃隨意亂行，此局卒為胡氏所勝。奕畢，祿超私謂筆者曰：「汝全非弈棋！」筆者對曰：「弈棋為遊戲之事，何必如此認真。」一笑而罷。

胡漢民先生外傳之六

吾等一行由桂林乘船東下，抵昭平縣附近時，正在夜間，船忽隆然一聲，搖簸不定，眾以為觸水雷，詢問何事？及叩之船夫，方知船在黑夜間，航線不清楚，船頭誤觸巨石，幸船身堅固，修理畢，又可繼續行程，未幾抵梧州。時廣東警察廳長魏邦平已先到，乃開軍事會議，議畢，改乘汽船東下至肇慶。國父電廣州囑陳炯明來肇慶磋商軍務，忽接陳炯來電云：「四月一日，當到肇慶。」筆者照電文譯畢，遂呈國父，國父閱畢，轉遞與胡氏閱，並云：「競存來，一切事均可解決矣。」胡氏亦喜。至期仍未見陳炯明來，國父心急，乃轉乘汽船偕秘書李祿超及副官黄惠龍、馬湘往廣州，至則陳炯明已匿往惠川百花洲矣。事後聞悉，陳炯明本欲親來肇慶，聞其親信金某恐嚇云：「公如往，恐被扣留不得回。」陳炯明懼，乃爽約。國父至是，乃手令免去陳炯明廣東省長職，而以伍廷芳代之。

葉舉要求免胡氏職

國父由廣西回廣州時，德宣街之總統府燬於火，遂駐蹕觀音山，整理諸事方畢，即偕胡氏乘專車往韶關。見北伐各軍，已齊集，爰於五月六日親臨誓師，十三日下令攻贛，十七日許崇智、梁鴻楷等部，克龍南虔南，二十七日，黃大偉克崇義，黃足受傷，仍勇猛前進。旋許崇智復克信豐、南康。李烈鈞克大庾，聲勢甚盛。不意陳炯明與曹錕吳佩孚勾通，陰謀擾亂北伐軍後方。國父當進行北伐時，仍與陳炯明電信往來不絕，國父且反覆聲明，如陳對北伐大計不生異議，必倚任如前，陳亦表示願留陸軍部長之職，稍事休息，再當效力行間。兩方且更商定，任葉舉為粵桂邊防督辦，分駐肇、陽、羅、高、雷、廉、欽、梧州、鬱林一帶。迨北伐軍入江西，戰鬥方殷，葉舉等忽率所部五十餘營回駐廣州，廣州衛戍司令魏邦平無法制止。國父在韶關聞訊，命令葉加入北伐軍，葉等竟要求恢復陳炯明粵軍總司令及廣東省長職，並免胡漢民職。國父則以粵軍總司令經已撤銷，不允恢復，惟以前方戰事吃緊，對於葉等，不能不有所安撫，乃於五月二十七日，命陳炯明以陸軍總長辦理廣東軍務，所有兩廣軍隊，悉歸節制調遣。陳炯明電覆，亦謂願竭能力，以副委任，並云已催葉舉等迅速回防，又云葉等必無軌外行動，願以生命人格擔保等語。惟葉等所部，仍以索餉為名，留滯廣州。至是國父乃令胡氏留守韶關，所有大本營大元帥職權，均交由胡氏代理。

此時前方北伐軍隊，已克復江西各縣，會師直攻贛州，未幾克之，守贛州師長陳光遠遁去。北伐軍入贛州後，獲軍械餉項無數，其時各軍所獲者均屬銀元，以攜帶不便，悉換紙幣，因此廣東省紙幣價值頓漲，以大洋二元，方換得廣東紙幣一元，一時北伐軍聲威大振，北方政府為之震驚。此時胡氏乃計畫一切，分電各軍，乘勝直追北軍，會師南昌。其時國父自率參軍兼衛士隊長姚觀順，暨副官黃惠龍、馬湘等回駐廣州，一則鎮攝廣州，二則示前敵將士後方並無變故，可安心前進也。其時前方所有電呈大本營捷報，均由胡氏轉電廣州呈國父閱，每日廣州與韶關均有電報往還。

胡氏赴贛韶關混亂

某日深夜，大本營電信隊長麥蕚樓，來對筆者云：「電線在清遠落地，屢叫不通。」筆者以事關重要，漏夜往扣胡氏之門，報告情形，胡氏聞訊，即對筆者云：「倘廣州有事發生，可將大本營移往江西」等語，筆者旋退，翌日胡氏早起，踱躞於辦公室中，情形順感不安。至是晚，何克夫來，據何氏云，聞粵漢路一段已被掘斷，彼係沿火車路步行來韶，故深夜始達韶關，何氏見胡後，詳細報告廣州情形，接著胡氏與許汝為李協和二人商議良久，旋即決定離韶赴贛。翌日，天未亮，胡氏即與林雲陔坐船往江西，時筆者偕張子丹往送行，並叩以大本營以後事如何處理？胡氏交二條字與筆者，囑分交各人，一係大本營政務由秘書楊熙績代拆代行；一係軍務由參軍長呂超代拆代行。並對筆者云：「以後各事，可商承楊熙績辦理。」旋握手而別。不料胡氏等行未幾，而陳炯明早已運動韶關大本營團附華某叛變（其時團長為張發奎，因公外出，團部事由華某處理），大本營秩序遂以混亂，參軍長呂超，偕副官賓鎮遠微服潛去，秘書楊熙績攜大元帥印乘一小船，用大三元汽輪拖之而行，擬往江西（因韶關近北江，經大雨後水流急而不易航行）。筆者亦偕張子丹馬如堅等（同屬文官處職員）另乘一小船，亦由大三元附拖離韶。船行至大橋附近，陳炯明軍已由陸路追至，槍聲卜卜，由船上飛過，大三元汽船上軍隊亦開槍還擊，蓋陳軍欲劫騎大三元汽船以追捕胡氏也。未幾而筆者之小船，有一船夫受槍傷，筆者即令船夫割纜靠岸，急偕張子丹、馬如堅等向山上尋路而逃，張子丹墜山坑，衣服盡濕，旋掖之起，同匿仁化小鄉一老嫗廚中。旋請老嫗燒飯，老嫗以無菜對，不知馬如堅如何方法，弄得一隻雞來佐膳，筆者飯畢，即同張子丹等在廚房睡下，並將大本營發電圖章藏於廚房之角落處，臨行時竟忘記攜取，迄今未知此四十年前之物，有人發現否也。吾等三人旋開小組會議，商定行止，筆者欲沿路奔江西追隨胡氏，張子丹等以路途遼遠辛苦，不如回韶關潛返廣州，馬如堅等和之，遂決定由韶關返廣州。

國父匆匆下觀音山

國父由韶關回廣州後，曾數電惠州，召陳炯明來省晤面，未見覆，復派汪精衛前往惠州敦促勸駕，然陳叛志已決，不特不來，反密電其所部葉舉、洪兆麟、楊坤如等在廣州將領，指揮圍攻觀音山（時總統府在德宣街已燬於火，故在觀音山設大本營臨時辦事處，國父與宋慶齡夫人回廣州時駐於此）及派兵進奪韶關。葉舉遂指揮所部發動，圍攻觀音山！國父於事發之夜，原已就寢，得參軍林樹巍、秘書長林直勉密告，呈說陳軍圍攻事，國父初猶不信，笑曰：「競存敢叛我？」拯民（即林樹巍）即袖出陳軍密令呈國父閱（按事發前拯民忽得陳軍某軍官來報告，該軍官以前係拯民之部屬，並出定期圍攻觀音山密令與拯民閱，拯民大駭，急往林直勉家中，商妥二人同上觀音山向國父報告）。國父見密令，始知陳果叛己，乃即偕林氏等人立下觀音山，因匆匆就道，下山時僅穿內衣，連孫夫人亦未及通知。下山後，經過大石街一帶，見已滿佈陳軍，軍隊喝口令，不准通過。直勉恐各軍認識國父面目，乃將自己所戴眼鏡，借與國父戴起，緩步復向前行，軍隊喝令停止，直勉向前對軍隊云：「現因內人分娩在即，許久未產下，故邀醫生（指國父）回家診視，望通融通過。」軍隊許之。

由大石街至司後街，幾歷艱辛，始抵雙門底，出天字碼頭，登上「楚豫軍艦」，即從艦上發炮向觀音山轟擊。陳軍見有準備，旋即相率退去。國父復由「楚豫艦」過「永豐艦」駛經車歪炮台時，炮台發炮轟之。國父親登艦面，指揮艦上軍隊還炮轟擊，時大本營秘書謝心準，追隨國父左右，忽車歪炮台一炮轟中船身，船身搖搖不定，心準遽抱國父足大號。國父笑曰，何膽怯乃爾，可下艙避之。船上炮兵，與炮台上炮兵互戰，旋戰旋駛，未幾「永豐艦」已駛出車歪炮台射程以外矣，至今永豐艦一洞痕跡，即戰時紀念也。

當筆者由韶返廣州時，獲見總統府秘書長謝持，由謝秘書長派以每日往「永豐艦」傳達電報及消息與國父之任務。時伍廷芳任廣東省長，當陳軍炮轟觀音山之夕，伍氏在夢中被炮聲驚醒，急問左右何事？左右以陳軍圍攻觀音山對，伍廷芳駭然曰：「竟有此事！」旋因受驚過甚，未幾逝世。

北伐大軍退駐福建

國父脫險後，孫夫人仍在觀音山上，由參軍兼衛隊長姚觀順及副官黃惠龍、馬湘保護下山，旋戰旋下，參軍兼衛士隊長姚觀順勇戰傷足。國父在永豐艦上，電調北伐入江西軍隊回師靖亂，大本營軍隊聞耗，終於盡棄前功，悉數調回。

先是，胡氏之偕林雲陔乘船往江西也，抵達大本營前方時，即約汝為（許崇智）、協和（李烈鈞）、益之（朱培德）等開緊急軍事會議，胡氏報告後方陳軍叛變狀況，並討論今後如何處置？一部分人意見，主張先下南昌後，再回師廣東，留一部分軍隊守南昌，撥一部分南下（此議協和主之），一部分意見，主張先回師靖亂，再行攻南昌（此議汝為主之最力）。會議許久，遂決定先回師靖亂，胡氏在軍中與各軍司令計畫一切進行，乃回師韶關，與陳軍戰於翁源縣附近。連戰數日，雙方軍力皆疲，但北伐軍尤勇戰，蓋恐北軍之襲其後也。既而陳軍力竭，其司令鍾景棠，方擬乘火車逃遁，忽陳軍師長陳修爵由惠州帶兵前來增援，直穿北伐軍之中線，陳軍鍾景棠部亦乘勢反攻，北伐軍不支，旋退往福建，佔據北軍王永泉在汀洲之司令部而有之，福州督軍李厚基亦聞風而遁，北伐軍遂入福州，而胡氏遂由福建轉赴上海，會晤國父（按國父此時已赴滬）。

胡氏既由福建赴滬，秘書楊熙績亦到上海，文官處同事，竟謂筆者挾文官處各件私逃（按當時國父印行《三民主義》多冊，由黨務處印就，交文官處由筆者保管，嗣因鞏衛團之華某叛變，職員星散，書籍未及帶走），報告國父，國父詢之胡氏時，胡氏亦不知情形，乃詢之楊熙績秘書，熙績答云：「彼此次與余分乘小船逃離韶關，一身以外無他物，斷無此事。」筆者聞訊，極憤，乃將情形函告胡氏，力為辯白，旋得胡氏覆書云；「此事不足辯，嘗憶吾師有詞云『要旁人慰藉，未稱勇兒。』會當以此共勉耳。」（按胡氏所稱吾師，即指先君也。）

滇軍開賭字花盛行

民國十二年，胡氏已四十五歲，仍追隨國父在上海策劃一切。陳炯明軍據廣州後，滇桂軍奉國父命援師來粵，旋克肇慶，不久三水河口亦相繼克復，陳軍知難抵抗，乃率殘部退返惠州，負隅抗拒。各友軍入廣州後，即電上海迎國父回粵，時國父方在上海辦理黨務及外交一切事項，未能首途，故命胡氏與許汝為先回粵，分理民軍兩政。其時滇桂軍將領，均飛揚跋扈，所有軍隊官兵每對人云：「廣東是咱老子們打回來的！」因此廣州市稅收，均由彼等把持，仍謂軍餉不足，每向省長要挾，胡氏則悉力應付，寢食俱廢。各駐軍長官，多擁有嬌妻美妾以自娛，省長公署職員，則枵腹從公，其富貧大相懸殊。

滇軍多佔據省市一地盤，開設番攤及字花廠，藉口籌餉，大抽賭稅。有一事最足解頤：滇軍之賭台，例僱有一師爺主持之，字花分為三十六份，每次開一份，猜中者一角銀幣，可贏得三元銀幣，由師爺做一字花謎語，分發婦孺猜之，到時即將所開之字，標之廠內，使各人共見，以昭大公，婦孺皆趨之若鶩。實則所開者內藏三四字，擇其所投注最少者開之，開時任人觀看。有一次因開者不慎，將一份字開時，其餘三份字竟同時俱下，觀眾譁然，投注者遂少，收入頓減，廠家揚言，開者舞弊，另易一人，實則仍暗藏三四字，擇其熟手者為之，賭者不察，仍投注如故，每日開上午、中午、下午三次，收久不少。因此弄至穗垣各地，皆成賭區，屢向滇軍質詢，並使設法禁止，均以軍餉不足為辭，亦莫奈之何。

會議席上險遭不測

一日忽得桂軍司令沈鴻英來函云，定期在江防司令部舉行會議，屆時請省長蒞臨等語。省署收發處接此信後，即托由筆者代達省長，筆者視此信，既未封口，又無蓋章，即遞呈胡氏，並獻議云：「此信頗有問題，請予考慮。」胡氏對筆者云：「此事沈總司令曾對余說及，該信不過形式而已。」

聽其語氣，已決定應邀前往。屆時胡氏乘汽車往江防司令部，衛士黎思隨之（後為旅長，在增城禦敵陣亡），胡氏汽車抵達時，各人已先到，陳策、魏邦平均在座。會議未幾，槍聲忽起，直向陳策射擊，陳策急閃避之，幸未命中，乃由騎樓跳下，傷足焉（騎樓在長堤二馬路，甚少人行）。胡氏則俯伏桌下幸免，後由黎樂思迅速護之下樓，覓乘來之車不得，乃倉卒乘劉玉山軍長之汽車回省署（按沈鴻英與劉玉山同屬桂軍，但其宗旨不同，沈是勾結北方反對大本營者，劉是擁護大本營者）。時張子丹以守待電報，尚未下班，見胡氏神色倉皇，返入辦公室，子丹詢之，胡氏云：「刻因要事赴香港。」語畢，乃匆匆檢密電碼數本，乘汽車趕往香港船碼頭，倉皇登輪，立返香港妙高台住宅。胡氏抵港後，即電國父辭省長職。此幕之目的，桂軍志在胡氏，以為在會議場擊不中時，胡氏必返長堤二沙頭寓所（時胡氏暫借陸孟飛住宅為寓所），乃架設機關槍於長堤官紙局中，俟胡氏汽車過，即亂槍射擊，必無倖免，其設計不可謂不周也。無何有汽車飛馳疾駛而過，駐官紙局軍隊，以為必係胡氏汽車，乃以機關槍掃射，車中彈如蜂房，坐車者與車夫均殪，車停不行，駐軍趨前往視之，車上中彈纍纍，死者非他，赫然為桂軍司令劉達慶及桂軍軍長黃鴻猷也。桂系當時，以餉項不均，疑係由胡氏擺佈，挾有嫌怨，故謀殺胡氏以為快，不知害人適以害己，死者乃屬自己人，徒為後人所竊笑耳。

首次召開代表大會

是年（民十二）八月二十三日，國父出發東江，率滇桂粵各軍，親征陳炯明，久不能克，各軍且敗退，陳軍進迫廣州，勢甚危急，卒賴湘軍來援，大敗之於廣州北郊。國父以此次敗挫，實因府庫空虛、給養不足所致，胡氏乃獻議，以粵海關所得關餘，撥歸粵政府以資應用，國父然之，乃令外交部長伍朝樞通告外使團，截留關稅。使團不允，反而聯合英艦四艘、日艦一艘、美法艦各二艘，及其他各艦，共二十餘艘，集中省河示威。國父不為動，且發表宣言，志在必行，其內容有云：

「直系利用北京政府關稅餘款，以武力禍吾鄉里，故令稅務司，於各關稅收，足敷償付所抵外債之時，所餘保留供本政府之用。」

此宣言實為胡氏所修改，始成定稿。後各國知武力不足以恐嚇，乃由美使出而調停。時葉恭綽氏方長財政，往返商榷，得獲和平解決。此次幸得胡氏之策劃，而軍民兩政費用得以支持。

民國十三年一月二十日，國民黨開全國代表大會於廣州，全部改組，容納共產黨，發佈中國國民黨第一次全國代表大會宣言，胡氏被選為第一屆中央執行委員，並任上海執行部長。

先是，國父以歷年來，內困於陳炯明之頑抗，外憤於各省軍閥之專橫，國民黨黨勢不振，久思設法改組。自民十二年與蘇俄越飛會議後，容共聯俄之政策，已有默契。及越飛赴日本養病，國父派廖仲愷與越飛同行，許多問題，經過與越飛互相辯論，徹底研究。廖仲愷歸國後，極力慫恿胡氏辦理聯俄工作。當時黨內許多同志，不免懷疑，而廖仲愷則極勇敢堅決，蘇俄亦亟思與中國聯絡。民十二年十月，國父因召集改組特別會議，討論改組問題，並派胡氏等九人為委員，組織臨時執行委員會，聘俄人鮑羅廷為顧問，籌備召集第一次全國代表大會。至民十三年一月二十日，大會開會於廣州，到各地代表百七十餘人，通過黨綱章程，由大會推選中央執行委員十二人，組織中央執行委員會。監察委員五人，組識監察委員會。經此次改組，黨之基礎鞏固、組織嚴密，黨務進行極速。國民黨之正式容納共產黨，亦由此次大會始。其第一次全國代表大會宣言，經胡氏等撰議後，呈由國父核定佈告，內容約分三綱：一為中國之現狀；二為國民黨之主義；三為國民黨之政綱。其言詳盡，歷年皆奉為國民黨重要之政策，故國父遺囑中，亦以此宣言應繼續努力，以求貫徹。

胡漢民先生外傳之七

國民黨內自陳炯明稱叛後，國父鑒於過去之失敗，一是由於黨內組織渙散；二是由於無紀律軍隊之不足恃。自重返廣州，除積極籌備黨之改組，同時復策劃軍校之設立，遂於第一次全國代表大會之後，正式籌辦軍校，定名為中國國民黨陸軍軍官學校，任蔣介石為校長，廖仲愷為黨代表，校址位於黃埔，故通稱為黃埔軍官學校。是年八月，廣東又設立中央銀行，發行鈔票。國父以曹錕毀法行賄，瀆亂選舉，僭竊名器，曾發出討曹通電，其末段有云：「凡我全國人民，應破除苟安姑息之見，激勵勇氣，為國犧牲，軍民同心，以當大敵，務使曹吳諸賊，次第伏法，盡摧軍閥，實現民治，十三年喪亂之局，於茲敉平，百年治安大計，從茲開始，永奠和平，力致富強，有厚望焉」等語。舉凡國父之計畫與通電，當時胡氏實為參贊其間之最重要人物，故國父倚之如手足也。

國父北上、發表宣言

當年國父左右，汪胡並稱，而汪胡二氏實各有專長。精衛善於演講，倉卒中如邀其登台發言，雖然毫無準備，然精衛娓娓說來，洋洋灑灑，真如一篇宿構文字，故黨中莫不推許之。胡氏則以文字見長，國父恆以宣言或佈告等，口授大意，囑其為文，胡氏思若泉湧，倚馬可待。足見汪胡二人均有特長，國父倚之如左右手，毋怪其然。

國父於民十三年十一月十三日離粵赴港，轉乘日本郵船「春洋丸」北上，行前即將與胡氏商定之宣言發表。該篇宣言之原文約如下述：

自北伐目的宣布以來，本黨旗幟下之軍隊，在廣東者，次第集中北江以入江西，而本黨復從種種方面，指示國民，以帝國主義所援助之軍閥，雖懷挾其武力統一之夢想，而其失敗終為不能免之事實。蓋帝國主義惟能乘吾國民之未覺悟以求逞，軍閥亦僅能乘吾國民之未覺悟以得志於一時，卒之未有不為國民覺悟所屈服者。吾人於此，更可得一證明，凡武力與帝國主義結合者無不敗，反之，武力與國民結合，以加速國民革命之進行者無不勝。今日以後，當劃一國民革命之新時代，使武力與帝國主義結合之現象，先絕跡於國內，其代之而興者，第一步為使武力與國民相結合；第二步使武力為國民之武力。國民革命，必於此時乃告厥成功。今日者，國民之武力，固尚無可言，而武力與國民相結合，則端倪已見。吾人於此，不得不努力以期此結合之確實而有進步。欲使武力與國民深相結合，其所由之途徑有二：其一，使時局之發展，能適應於國民之需要，蓋必如是，然後發展之利益，始能歸於國民，一掃從前各派勢力瓜分利益及壟斷權利之罪惡。其二，使國民能自選擇其需要，蓋必如是，然後國民之需要，乃得充分表見，一掃從前各派包攬把持隔絕群眾之罪惡。以上二者，為國民革命之新時代與舊時代之鴻溝，蓋舊時代之武力，為帝國主義所利用，而新時代之武力，則用以擁護國民利益而掃除其障礙者也。本黨根據以上理論，對於時局，主張召集國民會議，以謀中國之統一建設，而在國民會議召集以前，主張先召集一預備會議，決定國民會議之基礎條件以及召集日期、選舉方法等事。預備會議，以下列團體代表組織之：（一）現代實業團體；（二）商會；（三）教育會；（四）大學；（五）各學生聯合會；（六）工會；（七）農會；（八）共同反對曹吳各軍；（九）政黨。以上各團體之代表，由各團體之機關派出之，人數宜少，以期迅速召集。國民會議之組織，其團體代表，與預備會議同。惟其代表，須由各團體之團員，直接選舉，人數當較預備會為多，全國各軍，皆得以同一方法，選舉代表，以列席於國民會議。於會議以前，所有各省之政治犯，完全赦免，並保障地方之團體及人民，有選舉之自由，有提出議案及宣傳討論之自由。本黨致力國民革命於今三十餘年。以今日國內環境而論，本黨之主張，雖自信為救中國之良藥，然欲得國民之瞭解，亦大非易事。惟本黨深信國民自決，為國民革命之要道，本黨所主張國民會議實現之後，本黨將以第一次全國代表大會宣言所列舉之政綱，提出於國民會議，期得國民徹底之明瞭與贊助……。

此篇宣言，亦係由胡氏秉承國父之意旨所撰議者。

滇軍謀變、迅即敉平

國父一行抵達上海時，因津滬間陸路不通，海道船期，更多阻延，而北方歡迎代表則一再敦促提早北行，國父乃取道日本往天津，沿途勞頓，遂患感冒。途次日本時，又聞段祺瑞發表善後會議宣言，並於復各國公使書中有「外崇國信」之語，與國民黨所持廢除不平等條約之主張，適得其反，為之大憤，致原有之肝疾大發，迫得暫緩入京。民十三年十二月二十四日，段祺瑞復以臨時執政名義，發佈善後會議條例，與國父宣言大相逕庭。國父旋於十二月三十一日扶病入京，受民眾盛大歡迎。民十四年一月十七日國父要求段氏於召開善後會議時，應加入實業團體等。段覆電以「業已公佈，未便增加。」國父時病勢已深，遂決定國民黨不參加該項會議。旋入協和醫院施行手術，知為肝癌，勢所不治，乃遷回鐵獅子胡同，改用中醫，亦無效，終於三月十二日逝世。時胡氏主持粵政，正黨軍及粵軍東征軍克復潮汕時期也。

駐粵滇軍聞國父逝世於北京，乃謀變，其重兵皆駐屯廣州省垣附近，滇軍首領楊希閔，以所有軍隊，既不容於雲南，覬覦廣東之富庶，乃思據而有之，遂召集各滇軍長官會議，密謀佔據廣州市，再圖發展。楊希閔先據白雲山以威脅廣州，滇軍主力趙成樑，復設師部於廣九鐵路之石牌火車站，以為犄角，阻斷東江東征軍隊返援廣州，其計極工。變局既成，人心浮動，幸胡氏臨事鎮定，沉著應付，先移大本營於河南，並立即檄調粵軍李福林、廣州衛戍司令魏邦平及譚延闓、朱培德等商討平亂計畫。時魏邦平所部，正駐河南七星岡，魏氏在日本士官學校炮科畢業，當時以發炮極準著名，七星岡距石牌車站不遠，滇軍驍將趙成樑方在石牌指揮軍隊，魏氏竟在河南七星岡發炮中之，趙成樑立斃於砲彈之下。楊希閔時高踞白雲山督師，驚聞趙成樑中炮，猶未知其已死，下山往視之，楊氏方舉步下山，白雲山各滇軍咸譁然曰：「總司令退矣（時楊希閔為滇軍總司令）！」一經哄傳，無紀律之滇軍竟四散逃亡，楊希閔上山止之，已不及，滇軍遂潰散入廣州。當滇軍盛時，軍隊梟橫已極，坐人力車常不給車資，車夫恨之刺骨，今見滇軍潰退，各持巨石暗中襲擊，死傷極眾。滇軍既潰，我軍渡河乘勝追擊，廣州秩序立即恢復。此次滇軍謀變，得胡氏指揮若定，故能早日敉平，不致擴大，否則廣州不堪設想矣。

刺廖案發、捲入漩渦

國民黨自改組後，胡氏仍任國民黨中央常務委員，兼國民政府外交部長，代理中央政治會議主席。胡氏就任外交部長時，即以財政廳旁之廣東交涉員公署為辦公地點，就職時，汪精衛往監誓，發表演詞，有「此席非展堂先生莫屬」等語。

不久，廣州電聲援上海五卅慘案事件，亦發生沙基慘案。自滬案發生，廣州各界議決募捐援助，並舉行示威運動，各代表等行至沙基橋西口，與沙面英法軍隊衝突，而沙面英法葡各國軍艦突發炮轟擊，群眾死傷二百餘人。胡氏立即派員交涉，向英法代表提出要求條件，亦遭拒絕，胡氏乃召集緊急會議議決，採取封鎖香港政策。時省港罷工開始，而沙基事件復連續發生，胡氏迫得實行對香港及沙面經濟絕交，僑港工人，回粵者達九萬餘眾。屢經交涉，久無結果，延至民國十五年，省港交通始復。

是年八月二十三日，國民政府委員廖仲愷被刺身死，廖為國民黨之中堅份子，幹練有魄力，自與俄人越飛赴日本後，極力主張聯俄，因此招反對者之忌。遇刺之日，廖偕其夫人及監察委員陳秋霖乘車赴中央執行委員會開會（時中央黨部設在越華路惠州會館），車抵門前，突遭兇徒狙擊，遽卒，全黨震驚，由中央委員會、國府軍事委員會開聯席會議，推汪精衛、蔣中正等組織特別委員會，負責查辦此案。胡氏竟被捲入剌廖案之漩渦，被派出洋考察，許崇智亦辭職赴滬。國府人員，一時頗有變動。

是年九月，胡氏奉國民黨中央執行委員會命往訪蘇俄，是月二十二日，搭乘俄輪啟行，同行者有國府秘書長李文範、秘書朱龢中、副官杜承志等，其女公子木蘭女士亦偕行。船抵海參崴，蘇俄地方政府、黨部、軍隊、工人團體、學生團體等，均到碼頭歡迎，稍息一二日，即由海參崴乘火車赴莫斯科。蘇京各界亦熱烈歡迎，人數之多得未曾有。抵旅館後，各報館記者紛來訪問，胡氏不勝其繁，為節省時間及避囂計，悄然遷往其他旅館避之。蘇俄苦寒，有時低至攝氏零點三十度下，但蘇俄外交部早已為胡氏擬定參觀程序，逐日冒寒往各處參觀，並會晤蘇聯各要人。

訪問蘇俄、撰有自傳

某次，第三國際主席辛羅維耶夫，約胡氏晤談，欲中國國民黨加入第三國際，此點實與胡氏之主張完全相反，為敷衍計，乃答辛氏以歸國報告中央黨部，以待裁決。辛氏復云：「吾輩不知國民黨之黨史及其以前之革命工作，請先生作一報告，使吾輩得知內容如何？」胡氏允之，歸而窮日夜之力，書成革命前後經過之歷史，以送辛氏（即現今猶未印行之胡氏自傳），由秘書朱龢中譯成德文，送交第三國際，復由德文譯為他國文字（胡氏自傳早風行歐洲各國，惜中國未有印行，殊覺遺憾。）胡氏在蘇考察完畢，至民十六年四月杪，始回抵廣州，蓋行程經八閱月矣。其時國民黨第二次全國代表大會，開會於廣州，胡氏仍被選為第二屆中央執行委員會常務委員，兼政治會議委員。

先是國府以全粵既定，乃銳意整理軍事，由國民黨中央執行委員會議決，繼承國父遺志，組織國民革命軍，實行北伐。十五年六月五日，國民政府特任蔣中正為國民革命軍總司令，統師北伐，何應欽長第一軍，譚延闓長第二軍，朱培德長第三軍，李濟深長第四軍，李福林長第五軍，程潛長第六軍，李宗仁長第七軍，唐生智長第八軍，統歸蔣總司令節制。

蔣胡吳李、相繼下野

北伐大軍，勢如破竹，至民十六年一月一日，國民政府定都武漢，以武昌漢陽漢口三鎮為京兆區，蓋國民政府之定都武漢，實為蘇俄之政治顧問鮑羅廷及軍事顧問加倫將軍所暗中主持計畫，此舉胡氏始終未有參加。是年江蘇之無錫、蘇州、崑山均為革命軍次第克復，旋革命軍東路前敵總指揮，進駐上海龍華，收接上海各機關改為特別市。革命軍魯滌平、程潛等，復大敗張宗昌於金陵附近，直下南京。此時汪精衛突由歐返國（汪氏係民十五年稱病辭職赴歐者），與共黨領袖陳獨秀在上海發表共同宣言聲明國共合作，旋即離滬赴漢口。在南京之中央監察委員會召集全體會議檢討共黨陰謀，開始清黨。胡氏在南京被推為中央宣傳部長、政治會議主席、國民政府主席、軍事委員會常務委員。

自寧漢分裂後，蔣先生為促進寧漢合作，通電辭職，越兩日，胡氏及吳稚暉、李石曾等，繼蔣先生之後亦通電下野，北方軍閥，以為有機可乘，欲藉此時機，消滅國民黨軍隊勢力。孫傳芳部即向龍潭棲霞山地帶渡江，謀取南京鎮江，來勢極猛，卒賴白崇禧、何應欽各率精兵，東西夾擊，而海軍復助戰，孫軍以糧械不繼，終被擊潰，為海軍所俘者極多，而國民革命軍是役亦死傷萬餘人。

在蔣先生未通電辭職之頃，時陳群（別字人鶴，福建人）方為國民革命軍東路總指揮部政治部主任，駐於上海，知大局將有巨變，特囑筆者通知胡氏立即離開南京，時胡氏在京下榻於孔祥熙氏（庸之）寓邸，筆者是次於匆促中搭乘京滬快車趕往南京，逕叩孔氏之門探訪胡氏時，閽者云：胡先生早已離此間矣。來遲一步，不獲見面，筆者乃折返上海覆陳人鶴，蓋胡氏亦預知此次大局之演變也。

胡漢民先生外傳之八

民十七年胡氏與伍朝樞、孫科諸氏一度赴歐洲考察政治經濟。返國不久，即出任國民政府委員兼立法院院長。氏於就任之前，並擇定南京城內中正街之侯府為立法院院址，該處建築宏偉，佔地頗廣，中為住宅，東西擁有兩座花園。蓋為張佩綸之故居也。

立法院內、鬧狐鬧鬼

立法院正式成立後，胡氏復在院內設立五委員會：一為法制委員會，以焦易堂為委員長，一為經濟委員會，以邵元沖為委員長，一為財政委員會，以鄧召蔭為委員長，一為軍事委員會，以朱和中為委員長，一為外交委員會，以傅秉常為委員長。各委員長以下，復任五人為委員，所有委員長及委員，均係由立法委員內選派。

五委員會辦公室，均設在西花園內，其中座則闢為禮堂與會議室。此外復設秘書處、編譯處、統計處，以李文範為秘書處長，劉蘆隱為編譯處長，劉大鈞為統計處長。各處職員均在中座辦公。胡氏之辦公室，即在中座之後。東花園則較西花園面積略小，胡氏則用為住宅，與行政院政務處長陳融

（陳為胡氏之舅兄）同居樓上，其下即衛士與工役所住。

東花園一向傳有怪事，咸謂有狐仙滋鬧，遷入後不久，胡氏之衛士曾對筆者說，深夜門鈴忽響，往啟門視之，則闃無一人，屢次如是，使人不敢入夢等語。未幾，某衛士復無故吞槍自殺，死因離奇。怪事既不斷發生，胡不堪其擾，乃移居雙龍巷，從此該樓無人住宿。筆者愛其潔淨，恒在此辦公，一日，時當正午，樓門忽然自開，筆者以為有同事過訪，出外視之，不見人影，惟筆者素不信鬼，疑為風吹，不以為意，而翌日復然，第三日仍如是，縱不怕鬼，亦怕其煩，筆者乃復返原有辦公室矣。

胡氏被選任立法院長而未就職之前，寓南京鼓樓附近，當時立法委員尚未派定，有李某（現在南洋某埠任報館編輯，為一老黨員，曾任廣九鐵路總務處長，及各縣縣長）邀筆者同訪胡氏，欲謀一立法委員位置，李某直道來意，面懇裁成之，胡聆罷，正色告李某云：「立法院不是廣東會館！」蓋當時所選定之立法委員，廣東籍者已佔多數，不能再增加也。李某知事不諧，嗒然而退。又某省軍政要人某巨公來函介紹其同鄉張某，欲在院內任一小職，適該省未有立法委員人選，胡氏遂以張某充之。一以老資格黨員而不獲任，一以新進而獲充立決委員，是殆有幸有不幸歟！

胡氏初任立法院長及國民政府委員時，有隨從秘書任某、王某、馬某（馬某為前廣東警察廳長之誼子），任王二人，於立法院開會時並任速記之責，馬某到院見胡氏時，必牽一大洋狗逕入院長室，經過秘書室時，與職員亦不為禮，眾以為此必院長之快婿也，豈知不然，馬某此後亦少到立法院矣。

南京中央黨部紀念週開會時，一次輪值胡氏任主席，乃發為言論，題目是「黨員無自由。」最扼要的是：「我的性格不大願意管不當管的事，因而對當管的事，便不敢放鬆……」此語一經傳出，頗招時忌。

胡氏辦事，自律甚嚴，在立法委員開會時期，從無失時或缺席情形，一次胡因公赴浦口（在南京下關對江處），適為立法院院會時期，胡無法即時趕返，乃轉知副院長林森先生代庖。胡氏屢對人云：「到南京以來，對於公務，從無缺席，更未於星期日往上海作嬉遊。」故其在立法院長任內所訂之法規獨多，足見胡氏任事之負責。

胡氏長立法院時，所定立法委員為四十九人，嗣孫哲生繼長立法院，以委員人數過少，審訂法規太辛勞，乃增加為九十九人，因人數驟增一倍，議室不能容納，遂於西花園白皮松下另闢新議室，規模宏偉，美輪美奐。不料中日發生事變，日機迭來南京轟炸，竟將工程未竣之議室，炸毀無餘，筆者於事後往看，竟鞠為茂草矣。

精力過人、五官並用

民十八年三月十五日，國民黨第三次全國代表大會開會於南京，議決黨務要案，選舉中央執監委員，並通過關於訓政建設之議案多起，於二十七日閉幕。胡氏被選為第三屆中央執行委員、政治會議委員、國民政府委員，仍兼立法院長。

是年舊曆元旦，各機關多休息，惟立法院並未放假，各職員以在院內無事可辦，暗自返家，歡渡新歲。不料胡氏於是日忽來立法院各處巡視，僅得秘書處科員張某在辦公室內，張某見院長來，即起立致敬，胡自慰勉有加。越二日為紀念週，每逢舉行紀念週，胡均親自作長篇大論之演購，恐各委員、各職員站立過勞，乃置椅使各人坐息，惟胡仍站立發言，未演講之前，先行紀念週，司儀者為文書科員某君。某晨彼在匆忙間將禮節顛倒唸出。胡氏即時大加申飭，並引一段故事說：「某國有職員屢次遲到，其主管長官屢次告誡之，某職員說手錶行慢了，某長官即云，汝趕快換時計，否則我換人。」云云，蓋暗示元旦日立院各員不到或遲到也。其時立法院秘書長於元旦日亦未到院，聞之忐忑不安，乃引咎自請處分，此益足以表示胡氏律己律人之作風也。南京氣候，比較中國南部相差甚遠，在嚴寒時，雪花紛飛，華氏表低至十餘度，但夏天炎熱時，竟又達百度以上，為南方所少見者。某次，時值炎夏，揮汗如雨，有二秘書，方在辦公室內，埋頭草方案及議事日程，以天氣極熱，皆將上衣脫去，赤膊在辦公桌上苦幹。忽睹胡氏至，遂忙將衣服加在身上欲與為禮，詎知胡氏行近急止之云：「無須，無須，此父母清白之體，正宜相示。」胡待人之誠，有如此者。

胡氏精力過人，恆五官並用，在立法委員開會辯論激烈時，胡一面聽各委員發言，一面將便條隨手寫詩句或寫曹全碑字，隨寫隨棄，待各委員辯論終結，他再將討論法規條文分別加以處斷，有非一般人所能及者，筆者當年曾將所餘之便條，加以保存，積之成帙，惜遭變亂，致使此珍貴遺墨，已不知散失何處。胡氏曩年曾為筆者書聯二，中堂一，便面一；其聯一為在桂林所寫行書，一為在立法院所寫曹全碑，中堂則係在廣東省長任時所寫，便面則係在南京時所寫，所有聯及中堂，亦皆在廣州失去，僅存便面一件在港，惜已褪黃，未及製版刊出也。

胡詩汪詞、可以並傳

民十八初夏，胡氏曾偕古應芬及陸光宇、匡夕昆仲往鎮江，游焦山，並小憩枕江樓，曾賦有兩律，〈遊焦山得句〉云：

> 卅載知幽勝，躋攀此日緣。問奇周鼎重，招隱漢人先。山靜僧無語，江清客未眠。鐘聲似相近，歸櫂意悠然。

其〈憩枕江樓七律〉云：

> 坐對松寥鬢未斑，枕江樓上更憑欄。登臨前代多名士，砥柱中流是好山。人喜鶴銘猶有字，我疑龍隱本無丹。東坡不住君何住，合趁斜陽載酒還。

陳石遺（衍）論胡氏詩有云：

> 其以精悍之筆，達沈摯之思，不肯作一猶人語，蓋自成其為展堂之詩，豈屑屑然追摹唐宋諸大家，計較其似不似哉！

其論詩深得胡氏之心也。

普通一般人，均推胡氏為革命家，為政治家，而不知胡氏亦為詩家也。近世如散原老人陳三立及陳石遺諸人，均以詩鳴，然皆推許胡氏備至，散原老人曾云：「胡先生讀韓詩王詩各數十首，大抵就依故實而抒胸臆寓識解，蘊藉俶儻，別闢一境，於讀王尤多索隱表微之論，其得力於二家至深，故五七古皆近韓退之，七言絕皆肖王介甫，可謂佼佼拔流俗者矣。」陳石遺亦云：「展堂奔走國事，世所推豪傑巨子也，而所為詩乃讀書人本色，絕不作大言驚人，此其所以為詩人之詩也。」冒廣生亦云：「先生平日所為詩，多散失不自理，協之偶鈔存之，所鈔無大篇，故今集中所存者，多七律又或非其至者，至其病中讀昌黎、讀臨川諸絕句，及和昌黎臨川廣陵諸五七言古，使海內學者讀之而斂手咋舌，不必藉其平日之事功以傳，且即有旋乾轉坤之事功，而不能掩其詩之光芒於萬一耳。」世人每多抑胡氏之〈不匱室詩〉，而頌揚汪精衛氏之〈雙照樓詞〉，實則胡之詩與汪之詞，皆可並傳而不朽。

民十九年閻馮等在北平開黨務擴大會議，與南京相抗衡，汪精衛亦預焉。胡氏於立法院紀念週時，力詆汪氏之非，而胡汪之分裂，亦從此始。

與蔣失和、湯山休養

筆者在前節裡曾經指出，胡與汪在革命時期，同為國父屬下之錚錚者，二人誼同手足，精衛當年謀刺清攝政王戴灃，在北京獄中，於辛亥三月廿九之役，誤聞胡氏殉難，為詩三首哭之，有「卻憐二人血，不作一時流。」之句。至民國元年，精衛返粵，始出相示，胡氏依元韻和之，其一云：「博浪椎秦志，原知未易酬。可憐成獨往，只欲障狂流。日日中原事，沉沉大地憂。廣州三月暮，吾亦戴吾頭。」

其二云：「火盡薪仍在，行危道不移。心魂留共守，風雨恨相離。國士生還日，群黎望治時。當春繁萬木，彌重歲寒枝。」

其三云：「既定共和局，因之揖讓聞。我懷良未已，此日且無份。回雁知秋氣，飛鳥有舊群。徘徊不能去，應為故山雲。」

觀其詩，二人之情誼可以想見，乃晚年互相參商，惜哉。

胡氏於是年，對於黨政軍的言論，發表最多，其重要的有：〈為黨服務的人，絕不應有權利思想〉、〈同志們應有的反省〉、〈肅清黨治下一切腐化份子〉、〈同志們一切的檢查〉、〈對大局樂觀中之努力與奮鬥〉、〈官吏無自由〉等篇。並召集各立法委員，完成土地法、商法等，由國民政府公佈。

又於政務鞅掌中，廣搜國父遺著，編輯成書，定名為《總理全集》，而國父之著述始備。

民國二十年，胡氏仍長立法院，是年二月廿八日，胡氏接到蔣總司令請柬，邀往總司令部晚餐。二十八日適為星期六，立法院有例會，討論銀行法案，由上午八時起，到下午八時止，猶未完結，便宣告休會。休會後，胡氏回到辦公室，辦理主要公務後，即乘坐汽車赴總司令部，進門時戴季陶、朱益之、吳稚暉、王亮疇、何敬之、葉楚傖、劉蘆隱、陳果夫、陳立夫等已先在，旋由高凌百接過胡氏之呢帽及手杖，一面說，請胡先生過那邊坐，一入室，只有首都警察廳長吳思豫靜靜地坐在一隅，胡氏便向正中一坐，高凌百、吳思豫在兩旁站著。未幾，蔣總司令出來，與胡氏晤談許久。嗣以政見不合，鬧成無法下台之局。第二天，胡氏便寫出一信，只說因身體衰弱，所有黨務及政府職務概行辭去等語。另有一信云：「能往湯山休養亦好。」離開總部時亦係由吳思豫、邵元沖陪同胡氏往湯山，抵步不久，胡氏即感不適，旋即面告邵元沖，要求鄧真德醫生來，鄧醫生來後，胡氏之女公子木蘭，亦由上海趕到。三月一日，吳稚暉、戴季陶來視胡氏，鄧醫生亦每日來。過了七天，其女公子木蘭找到孫哲生聯同王亮疇諸人陳說，以胡氏病勢未減，不如回到雙龍巷住宅好些。三月八日，便由吳思豫、邵元沖諸人再陪同胡氏回雙龍巷寓所。這時可以見胡氏的只有孔祥熙、邵元沖二人。立法院秘書李曉生，則為辦理胡氏家務，由邵元沖特許出入，餘外諸人都不能來。

一次，王寵惠以司法院長的資格來視胡氏，為守衛者婉拒，亮疇以手杖鞭之，硬衝入，守衛亦無奈之何，坐談半小時始去。以後雙龍巷兩頭即被堵塞起來，交通斷絕了，除邵元沖外，可來的只有胡之詩友冒廣生等三人。（按一次易大廠（季復）亦效王亮疇故智，欲硬衝入來見胡氏，為守衛所拒，大廠大肆咆哮，然卒無可如何也。）

離滬南來，居妙高台

胡氏於三月八日返雙龍巷住宅養疴後，終日吟詩，是年大雪極冷，故先生有雪後寒甚，及次和大厂都門大雪詩，每錄以示筆者。其〈都門大雲詩〉云：

稍覺新年雪較遲，衝寒氣力未應微。故人盡道貧非病，天下從知瘦勝肥。纔是驚雷醒柳蟄，為誰翦水作花飛？煩君試譜幽蘭曲，閣苑春聞欲上畿。

筆者曾次韻和之云：

衝寒梅萼放偏遲，遠樹微茫冷翠微。笑我火罏添榾柮，有人裘馬自輕肥。簷棲瓦雀饑爭啄，風捲重簾冷欲飛。道是嶺南無此景，不妨長歲客京畿。

至是年七月十三日，胡氏又遷往香鋪營孔庸之氏住宅，光陰迅速，一瞬數月，直到十一月十一日，陳真如（銘樞）來告胡氏云：「中央監察委員古應芬、鄧澤如、林森等先後往粵，在廣州召開中央執監委員會非常會議，昭告中外，聲討政府，並要求先恢復先生之自由，再談和議，所以政府也有意送先生到上海去」云云。因此胡氏即決定於十四日搭上午九點的快車前往上海。

綜計是次蔣胡失和，胡氏從二月二十八晚起，到十一月十四日止，在南京足足養痾了八個月又十四天。胡氏旋即離滬赴港，因體弱多病，乃留港調治，寓半山區妙高台。

晤土肥原、話不投機

民國廿一年，胡氏返粵後，適中央黨部西南執行部暨國民政府西南政務委員會成立。推唐紹儀、蕭佛成、汪精衛、伍朝樞、孫科為西南政務委員會常務委員，所有西南黨國重要事務，均往商之胡氏，氏以身體不適，恆不參加意見。旋又創辦《三民主義月刊》，專以抗日剿共為目的。

當胡氏由上海取道返回廣州，抵步時，廣州曾舉行一極大歡迎會，時日本人土肥原在穗，亟欲一見胡氏。當有人告土肥原云：「展堂先生性情高傲，秉性剛直，此行未必收得良好效果，蓋先生對於日本事件，力言依賴國聯之非，主張對日直接交涉，交涉無效，繼以抵抗，且以抗日剿共推翻獨裁為目的。如欲見面，非受罵不可，不如不見之為佳。」土肥原云：「外要見胡先生方能完成任務，寧受罵亦任之。」介紹人允之，約定在廣州顒園會晤（按即陳協之住宅），由謝某作翻譯人，晤見時，土肥原首先發言云：「方今世界各國人士，均推許先生之學問道德及其他，均為世界所僅見，敝國民眾，每欲得見先生丰采以為榮。余謹代表敝國全體人士，敬祝先生貴體健康。」土肥原客套一番之後，接著又說道：「貴國現政府之行為多獨斷獨行，殊非共和政體之真諦，甚願先生出而組織健全政府，如需用敝國幫忙，亦願視敝國能力所及，以幫忙先生。」

土肥原此一段話，可謂極盡其對我內政挑撥離間之能事。土肥原講畢，即由謝某轉譯中國語，旋由胡氏答云：「本人謬承虛譽，乃蒙貴國人士仰重，煩代表本人向貴國人士致謝忱！」接著又云：「本人與蔣之意見參商，實為本國之內政問題，不容他國干涉，如謂本人欲組織政府，尤無此意，如出自貴國政府口胳，實所不解？」

言畢，由謝某譯為日本語致答。蓋日本政府，知蔣胡意見不合，故欲利用胡氏「倒蔣」，另組織傀儡政府，以遂其陰謀，密令土肥原遊說。土肥原亦明知會受胡氏挫折，亦必欲一見，以了此一段公案，密覆日本政府也，豈真有敬於胡氏而往見之耶？日本政府知胡氏不為利用，其後乃使他人代之，卒將中國分為「華北」、「華中」、「華南」三部，互相分離，以為如此詭謀，侵吞之計畫可達到，不料卒受原子彈之禍，徒見害人適足以自害耳。

胡漢民先生外傳之九

當閩變猝起，陳蔣蔡等組織所謂人民政府時，某要人曾間關南來向胡氏遊說，欲擁戴胡氏為全國之最尊者。惟胡氏為人一生服膺三民主義，素持黨外無黨觀念。對遊說某君，嚴詞拒之，某君抱慚而去。不旋踵間，閩變即告煙消雲散，於此益足見胡氏立論持身之正，非一般人所能及也。

蟄居香島、吟哦自遣

民廿二年，胡氏已五十五歲矣。是年胡氏仍寓香港，有時寄寓赤柱之何宅，有時寓香港半山之妙高台，僅其女公子木蘭及陳肇琪、王養沖、潘慧中諸人隨侍。西南政委會各委員，對於胡氏備極尊崇，所有西南重要事項，均托由委員李曉生報告胡氏。氏暇日輒為詩，或以文字發表意見，每口授陳肇琪筆錄，或在雜誌上發表。

胡氏當時所為詩，語多感慨，其悼譚組菴（延闓）先生云：「此身真付五禽師，達者何知識在詩。諸葛白稱仍謹慎，汾陽所得是聾痴。平生部曲應流涕，餘事文章亦映時。惟有典型隨處改，弓髯攀托慰無期。」

又哭古應芬（勷勤）詩云：「忽爾家居去高棟，豈徒吾黨失良朋。渡河未瞑宗留守，憂國終傷杜少陵。拯我於危知最苦，跡君行事概難能。結廬桐柏平生志，淚濕江雲痛不勝。」

胡氏向好為廣東白話滑稽詩，當晚清末年，負笈日本時，梁啟超亦以戊戌政變，逃往東瀛，辦理《新民叢報》，在該報曾登二詩，其一為〈賦得椎秦博浪沙〉，得秦字五言六韻，詩云：

話說椎皇帝，如何膽咁真？果然渠好漢，怕乜你強秦。幾十多斤鐵，孤單一個人。攞腰搬過去，錯眼打唔親。野仔真行運，衰君白替身！阿良真正笨，為咁散清銀。

其二為〈垓下弔古〉，七律一首，詩云：

又高又大又峨嵯，臨死唔知重唱歌。三尺多長鋒利劍，八千靚溜後生哥。既然廩泵爭皇帝，何必頻輪弒老婆？若使烏江唔鋸頸，漢兵追到屎難痾。

胡氏之兄清瑞，於是年（民廿二）由廣州來香港，往赤柱視胡氏疾，未幾清瑞先生竟在港逝世，氏以雁行遽折，哀毀逾恒，自此遂謝絕政治，日惟以賦詩自遣，或與詩友冒鶴亭、吳董卿等雅敘。氏體已弱，重以兄喪，尤感不支，除由醫生診治及其女公子木蘭親自在旁侍奉外，極少外出，蓋自經南京之感觸，而健康已日漸衰弱矣！

在穗創辦、仲元學校

越年（民廿三）氏以健康未復，仍養痾於香港之赤柱，春間，南京中央黨部黨史史料編纂委員會，編輯《總理年譜》一書，既經編竣，行將付梓，乃派員攜同初稿南來就正於胡氏，因氏從國父最久，對其一生詳細事蹟，知之較諗。年譜初稿送抵後，經胡氏披閱一過，以內容舛誤諸多，未能悉改，爰有徵集革命史料，手訂《總理年譜》之志。重以人事傚擾，健康又未恢復，卒未果行。筆者於民國十年奉總理諭隨同出發北伐，對於民國十年前後總理之規劃與設施，亦稍知一二，惜當時未在胡氏左右，故未及詳細貢獻也。

胡氏於是年秋間，復創辦仲元學校於廣州。蓋氏認為同志中之最熱心輔助總理者。厥有二人：一為朱執信，一則鄧仲元也。執信學校，在廣州已先期成立，學生眾多。惟仲元學校，尚付缺如。胡氏乃自任仲元學校董事長，規劃一切，期以仲元先生之革命人格，作育青年。

有一事最足怪異，說起來亦似迷信。胡氏雙掌如硃砂，鮮紅無比，由手心延至掌沿，此類硃砂掌為筆者從所未見，歷久如是。不料在湯山幽居之前三日，氏之雙掌黯然，其硃砂色亦褪，幾與普通人同，此豈掌紋學與命運有關乎？要詢之掌紋學專家，始明其故也。

是年一月，日軍攻陷榆關，國聯調停失敗，三月，日本軍分三路進攻熱河，華北局勢，日見危急，日本人更欲利用段祺瑞在華北組識偽機關，段嚴拒之，然蔣總司令恐段之左右，未嘗無意，因派員迎段祺瑞南下，卜居滬瀆。

政府以日本軍隊，迭犯我國內地，情勢嚴重，乃拋開私人恩怨，迭電胡氏晉京，商略大計，氏允之，然以身體健康未復，遲遲未能成行，繼而接納親友之勸告，出國療養，翌年遂有歐洲之行矣。

由歐返國、暈倒顯園

民廿四年六月胡氏出國療養，由香港搭意大利郵船「干德羅素」號，前往歐洲，隨行者有程天固、黃瑞華（即胡木蘭之丈夫）、潘慧中，暨其女公子木蘭，並有醫生劉平。先到意大利，稍事休息後，即同王寵惠氏往瑞士檢驗身體。胡氏以血壓高關係，醫生勸其應多休養，不可過勞，氏遵醫生囑，乃往德國佛蘭克福附近溫泉休養及治療，其後又取道荷蘭轉船到法國南部地中海君斯市附近，是時胡氏身體稍適，乃先遣王寵惠及魏道明兩氏返國，氏則仍留法國休養。至是年十一月，中國國民黨第五次全國代表大會開會於南京，舉胡氏為第五屆中央執行委員會常務委員並兼主席，中央電促胡氏返國就職，胡氏亦以在外國療養許久，亦欲返國就中央執行委員會常務委員兼主席職，蓋胡氏責任心甚重，既為中央推舉，亟欲返國視事，嗣以醫生堅囑，必須繼續調養，故延至翌年（民廿五）一月，始行離歐洲返國，乃偕程天固及其女公子木蘭等，乘郵船返香港。中央政府聞悉，即派居正、葉楚傖、陳策諸委員來港迎迓，氏以病後仍畏寒，面告各委員，云須待春暖方能北上。氏乃先住廣州，廣州開大會以歡迎。胡在大會上發表談話云：「使全國人民，協力一致，能集向三民主義救國之途，又復持以臥薪嘗膽之精神，百折不撓之志氣，則中國決無滅亡之理。」不意正在舉國切望胡氏早日蒞京匡救國難之際，氏忽於五月九日晚八時在廣州顯園寓所暈倒，時筆者方在上海，見上海新聞報紙所載，據謂：胡氏暈倒係在陳融家中，與其教書先生潘景夷下象棋，二人下至殘局。胡氏餘一車一馬一卒，潘景夷則餘一車一炮一兵，氏之帥已坐出，其馬同在一直線上，潘用車來食馬，同在直線上，馬不能走開，胡氏移車士角上看之，潘忽用炮移至士角上食馬，胡氏如輸一馬，則全盤必輸，遂凝思補救方法，乃猝然暈倒椅上，遂至不起云云。

及陳協之丈前十年由澳門遷居來港（即廣州顒園主人，胡氏當日在其寓所下棋），與筆者時相過從（陳丈寓北角繼園台），曾與談及此事，據云：胡氏與潘師爺弈棋誠有此事，但是日下圍棋而非象棋，弈至半局，胡氏如廁，即在小便所暈倒，並非如上海報章所載。以上兩說，當以協之丈所說為確。蓋胡氏一生好勝，恒與人博，都要操必勝之權。胡氏在協之丈家中暈倒後，由協之家人舁之入房間，旋召中西醫來診治，判為右側腦溢血。至十時，神志略清，氏似自知病將不起，遂即命召集蕭委員佛成、陳總司令濟棠、鄒委員魯、廣東省府主席林雲陔、楊委員熙績、陳耀垣、張任民、王季文、陳融、劉紀文、王季陸、陳嘉祐、及胡夫人、胡毅生暨其女公子木蘭等口授遺囑、使蕭委員筆記之。

發表遺囑、舉行國葬

遺囑云：「余以久病之軀，養痾海外，迭承五全大會敦促，力疾言旋，方期努力奮鬥，共紓國難，詎料歸國以來，外力日見伸張，抵抗仍無實際，事與願違，憂憤之餘，病益增劇，勢將不起，自維追隨總理從事革命三十餘年，確信三民主義，為唯一救國主義，而熟察目前形勢，非抗日不能實現民族主義，非推翻獨裁政治，不能實現民權主義，非肅清共匪，不能實現民生主義，尤盼吾黨忠實同志，切實奉行總理遺教，以完成本黨救國之使命，切囑。」

此遺囑由胡氏口述，蕭佛成等筆記後，胡氏復神志煩躁，不可名狀，遂用注射療法，即略安靜。十日晨，神志又陷昏迷，迫得注射壯心劑，至十一日下午，病勢漸趨嚴重，血壓及熱度驟高，十二日，病勢愈重，雖針射頻施，心力仍逐漸衰竭，延至七時四十分逝世！

時福建陳群（字人鶴）聞胡氏逝世噩耗，即嚎啕大哭，蓋人鶴視胡氏為唯一知己者，尊之有如慈父，胡氏對人鶴亦愛護備至。當胡氏出長立法院時，即欲以人鶴為立法院編譯處長，惟為中樞所反對，此事遂以擱淺。胡氏與孫哲生兩人均重視人鶴，哲生長行政院時，人鶴曾一度為內政部次長，並兼首都警察廳長。人鶴聞胡氏噩耗，即在上海法租界寶慶路成立胡先生治喪辦事處，並開追悼會，參加者者極眾，備極哀榮。

方先生之在廣州逝世也，各親友視疾人員均極哀悼，旋將遺體移廣州市中山紀念堂大殮，成立胡主席治喪委員會，通電全國，發表遺囑。中央政府接電後，召開臨時會議，並決定五項誌哀，推居正、許崇智、孫科、葉楚傖、李文範、傅秉常、褚民誼、朱家驊，代表中央致祭，並慰唁胡主席家屬，並舉行國葬。

輯四：粵事憶舊談

鷦鷯　著

粵事憶舊談之一：陳炯明、胡漢民、朱執信

陳炯明是廣東惠州府海豐縣人，他在同盟會的資格很淺，在國父領導下的革命同志中，他不過是一名「徒孫」而已。

前清光緒乙巳年，同盟會在日本東京成立，胡漢民、汪精衛、陳其美、朱執信、胡毅生、古應芬等，首先加入；隨後則粵人李文範、陳融、葉夏聲、金章、陳鴻慈、杜之杕等，相繼加入。汪胡二人周遊海外，大聲疾呼，鼓吹排滿。朱執信、陳融等則於畢業後回國，適其時廣東開辦法政學堂，以夏同龢為監督（即校長），聘請朱執信、陳融、古應芬、葉夏聲等一班革命黨為教員，因他們在日本留學時，均是學習法政的。

陳氏在黨內談不上資格

陳炯明的出身，在前清亦是一名秀才，他當時聞得廣東省城開辦法政學堂，特由海豐赴廣州應考，被錄取為學生，故以上所列一班人，自朱執信以下，皆是他的老師。陳炯明在法政學堂求學時代，已頗露頭角，為朱執信等所賞識，由朱氏介紹其祕密加入同盟會，所以陳炯明於廣東籍的同志，

自胡漢民以下，他都不甚畏懼，獨是對於朱執信，則畏懼三分。陳氏在法政學堂畢業後，被選舉為諮議局議員，提倡禁賭，大露鋒芒。又與同志開辦《可報》，鼓吹革新學說，是當時的一名「前進份子」。

宣統末年，胡漢民、朱執信等在廣肇一帶，運動綠林豪傑，組織民軍，因陳炯明是惠州人，使其潛返惠州，策動東江的綠林起義，組職有成，號稱循軍。辛亥九月，廣東光復，胡漢民就任廣東都督，陳炯明由惠州率兵來會，被推為副都督。辛亥十一月，中山先生由海外回國，道經香港，邀胡漢民隨同赴滬，籌劃組織中央政府大計，陳氏遂以副座代理都督。因其為人剛愎自用，凡事獨斷獨行，不恤人言，反對之者甚眾，並為廣東省議會全體議員所不滿。民元，陳氏乃向省議會辭職，省議會票選汪精衛為廣東都督，汪在滬電辭不就，適中山先生交卸臨時大總統，回粵巡視，曾親臨省議會，推薦胡漢民復任都督，省議會一致通過。陳炯明此時方由胡漢民、朱執信帶領其晉見中山先生。民元以前，陳炯明是未見過國父的，他在黨的資格，並不算深，筆者謂其不過是中山先生的徒孫，原因在此。

成立總綏靖處陳任經略

陳炯明在代理廣東都督期間，因民元前各路起義的所謂民軍，大抵皆是烏合之眾，徒然虛費軍餉，不肖者包庇煙賭私梟，遺害閭里。一般人對於民初的「民軍大叔」，皆極厭惡。陳炯明遂決定將各路民軍一律給資遣散，解甲歸田，他仗著曾經訓練有素，軍風紀較好之新軍的擁護，做他的後盾，各路民軍的頭目，懾於威勢，均不敢反抗，一律遵令領取遣散費，繳械歸農。那時李福林所部的福軍數千人，亦在奉令遣散之列，朱執信以福軍的軍風紀還不算太壞，協助革命亦甚力，又認為李福林之為人，忠貞可用，主張保留福軍，陳炯明頗有難色，在猶豫間，有拒絕意。朱氏為之勃然大怒，拔出手鎗，指著陳氏道：「倘若你不答允保留福軍，現在我立即鎗斃你，你死，我亦自殺，與你同歸於盡便是。」陳炯明慌忙答道：「朱先生，何必如此動怒，有事慢慢商量，不合談到合便是。」卒從朱之議，福軍得以保留。陳炯明之一生，不畏懼任何人，廣西諺謂之「冇有怕」，他之於胡漢民，不特藐視，並且仇視；他於中山先生亦不敬畏，後來開炮轟擊總統府，可謂膽大生毛，生平獨怕朱執信一人，可稱奇蹟。

筆者記得有一件故事，頗為有趣：民二，胡漢民復任都督，用本黨老同志陳鴻慈為都督府執法處長。陳鴻慈之為人，是鐵面無私的，遇事均依照正當的軌道執行，一般人皆不敢干以私，陳炯明交卸都督後，不甘寂寞，自告奮勇，情願負責肅清素為粵患的「賭、盜、會、鬥」四件事，賭是賭博，盜是強盜，會即會匪，鬥即指四鄉的械鬥，請求組織一個機構，由他負責肅清上列四大害；胡漢民看見自己回粵，取回都督的寶座，不欲陳炯明過於寂寞，讀書人究竟能以溫情為重，立即接納所請，公函聘任陳炯明為廣東全省總綏靖處經略，成立一個總綏靖處，這機構可獨立行事，與都督府平行。

有一晚，總綏靖處逮捕了一名開賭的人犯，因總綏靖處倉卒成立，未有直轄的看守所及監牢，陳炯明用手令將此賭犯發交都督府執法處長陳鴻慈，暫時代為收押，陳鴻慈以彼此不相統屬，不肯接收，將這賭犯璧回，陳炯明大怒，認為陳鴻慈太不賞臉，立即手持曲尺鎗，漏夜走到都督府，要找陳鴻慈理論（陳鴻慈是夜值宿守），大約因為陳的師尊朱執信曾持手鎗與陳理論公事，陳亦學乖了，照樣持手鎗來恐嚇陳鴻慈，此時剛剛朱執信回家去了，由胡漢民及旁人勸開，陳炯明仍用食指扳著鎗機，指住陳鴻慈大罵，鴻慈亦反唇相譏，謂請問你以什麼資格命令我。

朱執信可以控制陳炯明

當時陳炯明氣沖牛斗，陳鴻慈更是氣憤得直冒青筋，向胡漢民表示要辭職，謂環境如此，勢難工作下去。胡漢民即曰：「准你辭職便是。」陳炯明至此，乃悻悻然而去。胡漢民旋即下條諭，准陳鴻慈辭職，派都督府總參議朱執信兼充執法處長，一面用電話將此事通知朱執信。

執信在電話中，哈哈大笑，立即驅車到都督府，詢知經過情形，這位師尊，要和他的頑徒開玩笑了，他與都督府各同僚食過宵夜之後，待至四鼓時分，約在丑刻之初（午夜一時後），執信搖一電話至總綏靖處，謂請陳經略談話。接線者答道：「陳經略已安寢多時，請你明天再打電話來。」朱執信道：「不能，我有緊要說話對他講的，非叫他來談話不可。」接線者道：「先生是那一位？請示姓名。」朱執信道：「你不必問，別人打電話來，陳經略可以不聽，我打電話來，他是不能不接聽的，縱使他已睡著，也要他起身接聽。」接線者至此，知道此人來頭不小，即往喚醒陳炯明，據實報告。陳炯明在夢中驚醒，即起床接聽電話，帶著很猛的氣燄，大聲問道：「你是何人？」朱亦大聲答道：「我是朱執信。」陳方知是他的師尊，乃不敢再大聲，改為低聲回問道：「朱先生有何指示？」朱執信道：「頃間我到都督府，你已走了，今晚之事，我已知道清楚，其錯是在你，而不在和尚（陳鴻慈是光頭的，綽號和尚），你倘若用公函請他代你收押人犯，是可以的，你今乃用手令，難怪和尚不能接受，你未考慮到，和尚的執法處，不是隸屬於你的，展堂現已准和尚辭職，另有任用，要我兼任執法處長，我明天便接事了，特此漏夜通知，你倘若仍用命令式將人犯交來，請你不可怪我，我是與和尚取同一態度的。」說畢，拍的一聲，即將電話掛斷，陳炯明啼笑不得，只得歸寢。

即此一端，可知朱執信在世之時，其影響力足以控制陳炯明，倘若朱執信不死，陳炯明決不敢反動的。所以朱執信之殉國，在國民黨是無可補償的損失也。

胡都督漢民左右做人難

說話回頭，總綏靖處所逮捕之開賭犯人，都督府執法處既然不肯代為收押，陳炯明便要另想辦法了。他受過陳鴻慈、朱執信兩人的教訓，他學乖了，知道手令是不能任意亂發的，乃改用箋函，將犯人送交廣州地方檢察廳寄押（這機構後來改名地方法院檢察處），函中敘明此為開賭的人犯，是當場拿獲，證據確鑿，廣州地方檢察廳只得代為收押。

跟著第二個問題又發生出來了，陳炯明是恨極賭博之人，立心要雷厲風行，禁絕廣東的賭風，他以命令變更法律，用廣東全省總綏靖處的名義，發出報告，大意謂：嗣後拿獲開賭人犯，立即「殺無赦」云云。其時任職廣東司法司長的是羅文榦（字鈞任），副司長是汪祖澤（字通甫），司法是隸屬於廣東都督府的，羅汪二人認為陳炯明要將賭犯執行死刑，是與民國頒佈的刑法牴觸，具呈都督府，請求函請總綏靖處撤銷此項違法的行動。

都督胡漢民對於此事，感覺有左右做人難之概，乃召集陳炯明及羅汪二人，與都督府的幕僚，開一個審查會，討論此案。開會時，胡漢民為當然主席，陳炯明及羅汪均出席，此外則朱執信、古應芬、汪宗洙、李文範、杜之杕、金章、以及警察廳長陳景華等，均參與此會。首先，由胡漢民宣布開審查會之理由，請出席各人自由發表意見。陳炯明首先發言，謂：「賭為盜之媒，現在既然由總綏靖處負責，企圖肅清『賭盜會鬥』四大害，必須首先徹底禁絕賭風，剷去製造盜匪之源泉，賭能禁絕，則其餘『盜會鬥』三件，可望迎刃逐一解決，故本席認為懲治開賭人犯，非處以極刑不可」云云。

警察廳長陳景華，是著名的「殺人王」，可說是一位有殺人嗜好的，他前清時本在廣東省做知縣，於到任之初，將監獄內所有人犯，不論輕重罪名，於一天之內，全部牽出處斬（前清制度，死刑是殺頭的，民國改用鎗斃），美其名曰「洗監」，可稱為一位標準的「酷吏」。被處決的犯輕罪者之家屬，心懷不服，到廣西巡撫衙門控訴，巡撫派員查明屬實，以其草菅人命，下令革職拿辦，他預先此得情報，漏夜掛印逃走出洋，加入同盟會，奔走革命工作亦甚勇，辛亥廣東光復，他出任警察廳長，那時秩序相當亂，他殺人如痲，果然穗市秩序獲得安謐，此時他出席審查會議，首先贊成陳炯明之政策，認為事實上是須要如此。

議而不決胡漢民無辦法

司法司長羅文榦，是英國留學生，學習法律的。英國是世界上著名的法治國家。副司長汪祖澤，是日本留學生，亦是學習法律的，他倆卻表示反對。羅文榦道：「中華民國的刑法，剛剛由北京政府明令頒佈，頒行全國，是給全國官民共同遵守的，查刑法第×章、第×條、第×項之規定，犯賭博之罪者，輕者處以罰金，重者亦不過是處徒刑，今者處以死刑，不特是失當，且明明與國家頒佈之法律牴觸，本席既負司法行政之責任，是難安緘默的。聖人云：刑罰不中，則民無所措手足，此事非細，應請都督及陳經略慎重的考慮。」

陳炯明道：「羅司長之言，是經常的說話，本人之政策，是非常之設施，賭盜會鬥，是吾粵之大害，要清除此四害，必須自嚴厲禁賭始，鎗斃開賭之人，本人認為決不會冤枉他們的，況且此項措施，已由總綏靖處佈告施行，政府威信所在，本人言出法隨，此事似無商量之必要。」

陳炯明說畢，眾皆默然，都督胡漢民望了一下汪祖澤隨即說道：「汪副司長有何意見，可以發表？」汪祖澤，即道：「據陳經略所言，本省既有此特殊需要情形，則規定一個單行法，是單獨施行於廣東一省的，也是一個補救方法，但此項單行法，應由都督府提交廣東省議會，經過省議會議決，函覆都督府，經過都督府的公佈，送交總綏靖處執行，經過如此合法手續，乃為完備，今未經過立法機關通過，又未經過都督府正式公佈，僅由總綏靖處自行佈告，便要施行，不特是以命令變更法律，且將立法司法行政三大權，統由總綏靖處一手承辦，本席認為公事上是說不過去的。」

陳炯明又道：「本人所負之責，是特殊任務，與司法官所負之責，性質不同，有緩急之別。羅汪兩司長之意見，自然不無片面理由，本人以為不妨各行其是，由司法機關逮捕之賭犯，自可仍由司法機關依照刑法裁判，本人可不過問；倘由總綏靖處及所屬機構捕獲之賭犯，則由綏靖機關自行處分，司法機關與綏靖機關，互不干涉，本人以為如此折衷，便無礙於公事了。」

胡漢民請出席各人員，個別發表意見，於是，有部分是和議陳炯明的；也有部分是和議羅汪兩司長的。筆者記得朱執信竟是同情陳炯明，頗出眾人意料之外。討論結果，計出席者除主席外，共有十人，左袒者五人，右袒者亦五人，照民主方式，應該取決於為主席的胡漢民，胡氏那時頗畏陳炯明之剛愎，不欲過拂其意，乃宣布再待審查，遂散會，正所謂「議而不決」是也。

羅文幹筵前自比做媳婦

陳炯明的主觀，真強得厲害，他一意孤行，堅抉主張要將開賭人犯執行鎗斃。翌日，他為示威起見，派武裝軍隊到廣州地方檢察廳，提取日前寄押之開賭人犯，既然武力行事，安有不達目的之理，這個「命中該死」之犯人，便給陳炯明鎗斃於廣州之東郊外。

司法司長羅文幹、副司長汪祖澤，聞此消息，認為司法獨立之精神，被陳炯明剝奪殆盡，深致不滿，謂在此環境之下，礙難繼續執行職務，立即具呈都督府，呈請辭職。胡漢民自然批示慰留，剛於此時，北京的司法總長許世英，電調羅文幹、汪祖澤二人入京任用，呈薦於北京政府，簡任羅文幹為總檢察廳檢察長，汪祖澤為檢察官，羅汪二人因不願與陳炯明磨擦，遂雙雙掛冠離粵，赴北京去了。

胡漢民初聞北京司法部有調用羅文幹消息，曾致電許世英總長，大意謂：「羅文幹在粵擘劃全省司法行政事務，已漸上軌道，為異常得力人員，未使遞易生手，漢民謹代表廣東三千萬人民一致要求，請貴總長收回成命」云云。許世英的覆電，大意謂：「總檢察廳為全國最高檢察機關，職務有全國性，世英亦代表四萬萬同胞請命，應請貴都督代為敦促羅文幹剋日就道來京……」都督與總長，來往電文，一推一擁，針鋒相對，亦頗有趣，羅文幹的聲價，由是而更增重了。

回憶羅文幹及汪祖澤之離粵赴北京，大約係在民二之春，筆者曾與親友十餘人，在廣州之珠江，雇用紫洞艇，設筵為之餞別（紫洞艇為昔日粵省特產，陳設華美，為外省所無，近卅年來已絕跡了），筆者顧羅君道：「胡都督之於閣下，甚為推重，可稱難得之知己，語云『士為知己者用』，況且現在本省人可以做本省官（前清時代，外省人方能官於粵，制度是如此），閣下何必遠赴北京，離鄉別井呢？」

羅氏答筆者之言，頗為滑稽，他道：「胡都督之愛我，我深為感謝，但他象徵是一家的老爺，陳炯明象徵是一家握有權威的太太，老爺怕太太，不足為奇，弊在都督府又有一班高級幕僚，和都督最接近，又象徵是一班姨太太，姨太太的說話，足以左右老爺，姨太太不止一人，主張又不一，老爺既信姨太太的話，又怕太太的權威，於是老爺失去了主宰，有『無所適從』之勢，我們隸屬於都督府之下的一批司長，象徵一班媳婦，諺云『做人媳婦甚艱難』，此話的而且確，家中不論發生任何問題，太太出一個主張，眾姨太另一個主張，老爺尚且左右做人難，何況我們做媳婦的？與其順得翁情失姑意，何如早日下堂求去，改嫁別人之為愈呢？」語竟，全席人均為之捧腹大笑，此真趣極的掌故了。

粵事憶舊談之二：陳炯明討袁，江霞公受累！

民初，胡漢民雖是光復廣東的第一任都督，但實力皆握在副都督陳炯明之手。胡氏隨中山先生南下時，陳炯明又一度代理都督，且乘機將在粵之新軍，改編為兩師一旅，以鍾鼎荃、蘇慎初分任第一、第二師長，以張我權為混成旅長，此三人既與陳氏為惠州客籍同鄉，而且又是在日本士官的同學，都屬死黨。

陳炯明一身兼三要職

民元夏初，胡漢民隨中山先生返粵，又重登廣東都督的寶座，陳炯明雖讓出都督，但握有兵權，胡漢民只是一個光桿，事實上是「都」而不「督」。

那時的環境既如此，所以陳炯明交卸代理都督任務之後，自己表示要做廣東全省「總綏靖處」經略，胡漢民無法不賣他的帳，而且當時瀰漫於粵境的「賭盜會鬥」四件事，確足以貽害地方，陳炯明肯負責肅清此四害，胡漢民自亦樂得表示贊成了。

陳炯明就任廣東全省總綏靖處經略後，心猶未足，他還要直接掌握兵權。那時廣東的陸軍，兩師一旅的統兵官，都是他的私人，於是，鍾鼎基、蘇慎初、張我權這三位師旅長，在陳氏授意下，聯名發出通電，擁戴陳炯明為廣東陸軍第一軍軍長。陳炯明立即接受，設立軍司令部於粵秀山腳舊日的督練公所（即日後國父之總統府所在地），事在民元秋冬之間。此時之陳炯明，既握有綏靖全省之權，又握有指揮全部陸軍之實力，北京的總統袁世凱，亦對他另眼相看，民二之春，袁世凱又發表明令，特任陳炯明為廣東護軍使。

此時陳炯明在粵，同時有三個銜頭，即：廣東全省總綏靖處經略、廣東陸軍第一軍軍長、廣東護軍使。他於軍司令部之大門外，多掛一個招牌，大書「廣東護軍使署」字樣。民二的陳炯明，在粵可說是紅到發紫，氣燄逼人，不特目中瞧不起都督胡漢民，且隨時干預政事，推薦縣長。胡氏心中惡之而無如之何！陳炯明此時對於他的師尊朱執信，仍然是敬而遠之，朱執信發表主張時，陳炯明有時尚能接納，有時則陽奉陰違，在表面上猶存有一番客氣。

江太史第座上客常滿

那時廣東有一位南海江霞公太史（孔殷），廣東的正派紳士們，給他一個綽號為「斯文撈家」，普通社會人士，則呼之為「江蝦」，因他的行動舉止，有如蝦之跳動，江蝦的名，在粵早已不脛而走。他自己聞得社會人士如此稱呼他，乃自號霞公，取「霞」字與「蝦」字諧音之意。霞公的先世以業茶起家發財，其父綽號江百萬，霞公喜交遊，平日宴客幾無虛夕，粵人之喜食蛇羹，完全是由霞公開其風。筆者自少是其座上客，觀其奢豪闊綽，真不多見，直類似昔之「石崇」，可稱為吾粵特出之人傑！但用度太繁，難以為繼，其先世所遺百萬家財，給他一手散盡，乃不得不多方設法，圖謀富貴，計畫生財，所以霞公亦是一位「為利是視」之人。

霞公早年得意科場，清末為翰林院編修、二品銜、江蘇侯補道。迨辛亥革命，他便趁早見風駛舵，首先剪去辮髮，附和革命排滿，他不過是想做民國官，不意胡漢民接任廣東都督之後，對霞公一直不甚重視，倘若他有所請託，多為胡氏所拒。陳炯明是惠州客籍人，於廣州紳士的來龍去脈不甚清楚，眼見霞公才氣縱橫，似乎是能文能武，廣州河南同德里的太史第，常時都是「座上客常滿，樽中酒不空」的，因此陳炯明獨能給霞公以青眼，於是，陳炯明與江太史便深相結納起來。

袁世凱的總統府秘書長梁士詒，是前清光緒甲午年翰林，江霞公是光緒甲辰年翰林，在昔時同稱為金馬玉堂人客，又是廣東同鄉，前輩與後輩，前清時在北京聚首，自然是頗為親熱，有其傳統友誼。

自告奮勇北上作說客

霞公因不滿胡漢民未能與之合作，無利可圖，且窺知陳炯明的心事，未能忘情於廣東都督的寶座，乃於某夜，特以電話密約陳炯明到他的太史第作密談，向陳氏表示他與梁士詒有交誼，可以到北京一行，利用梁士詒作橋樑，代表陳炯明覲見袁氏，替他輸誠於袁，如此則待至有利時機，便可將胡漢民排除離粵，再由袁政府發表明令，特任陳炯明復任廣東都督。陳炯明聽畢，認為正合孤意，乃贈送程儀巨萬，作為霞公赴北京活動的旅費。

江太史做了陳炯明之代表，祕密到北京，由梁士詒帶領其覲見袁世凱，霞公向以長於交際與講話著名，又是老於世故之人，見了袁世凱，自然說得頭頭是道，他向袁氏報告胡漢民與陳炯明之同床異夢情形，又替陳炯明表示擁護袁政府之誠意。袁世凱自然十分高興，對霞公相當優容，面囑梁士詒妥為招待。梁士詒當時曾對霞公表示，北京政府對於全國各省之決策，必須軍民分治，都督只管軍政，另設民政長管理民政，謂霞公如能使陳炯明確實擁護北京政府，當內定以霞公為廣東省民政長，霞公亦喜不自勝，自以為這回可以達到升官發財的願望了，乃居留北京，靜候佳音。

其時宋教仁在滬被刺死一案，事態逐漸擴大，北京政府與國民黨，雙方劍拔弩張，戰事大有一觸即發之勢，東南四省都督，相繼發出通電，與國會議員相呼應，反對袁政府對外大借款，聲勢咄咄逼人。袁世凱惱羞成怒，於民二之夏秋間，先後下令免去東南四省都督之職，計江蘇都督程德全、安徽都督柏文蔚、江西都督李烈鈞、廣東都督胡漢民皆被免職，均以各該省之次要人物接任都督。胡漢民免職後被派為西藏安撫使，袁政府正式特任陳炯明為廣東都督。

袁政府發出這樣的命令，陳炯明自然喜出望外，胡漢民曾召集其幹部，祕密會商應付之方，有人主張反抗袁氏的命令，不予理會，朱執信卻不以為然。朱氏的意見是：「目前袁世凱與民黨雙方尚未對壘，若不接受袁氏的命令，反為容易使陳炯明及其所部，生反側之心。」故主張胡漢民姑且下野，讓都督位與陳炯明擔任，仍保持胡陳合作的精神，倘到了本黨與袁政府公開決裂，必須以兵戎相見之時，仍可望陳炯明站在本黨一方面，免得授人以隙，自己分裂。

胡漢民在廣東都督任內，無時不受陳炯明之壓力，心中常懷憤恨，本不願意將都督的寶座讓出，但那時朱執信在廣東的潛力特大，足以支配胡陳二人，朱氏既堅持其主張，復自信他確能控制著陳炯明，仍可為本黨之用，保證陳炯明不會投降袁氏。胡漢民一向以朱執信為靈魂的，終於接納朱氏的意見，實行交卸，陳炯明乃二次再任廣東都督，上次在辛亥之冬，不過是代理的，這回是真除了。

陽奉陰違氣走朱執信

陳炯明因緣時會，把胡漢民排擠而去，可謂如願以償，廣東都督府內，原日由胡漢民延攬之幕僚，及都督府所屬各單位之負責長官，陳炯明均一律照舊留用，並未更動一人，表示蕭規曹隨之意，這算是給回「面子」與胡漢民，亦是其師尊朱執信之影響力所致。

民國元二兩年內，朱執信在廣東政壇上握有無上權威，陳炯明始終對之敬而且畏，朱的頭銜是陸軍中將（袁政府所授），本職是都督府總參議，兼執法處長、廣陽綏靖處督辦、核計院長（即審計處），一身兼數要職。陳炯明接任粵督，朱氏的職務，當然照舊，但陳炯明之於朱，究竟不如胡朱關係之密切，胡朱二人，幾乎是同一鼻孔出氣，可稱心腹之交，陳炯明對朱氏不過是敷衍而已。

朱執信所兼數職之中，以廣陽綏靖處督辦一職為最吃重，主理廣州、陽江、陽春等屬的軍民兩政，勦匪清鄉是其專責。李福林所統帶的福軍，便直接受朱執信之指揮調遣。

那時在廣東的軍隊，除了陳炯明自己直接管轄的陸軍兩師一旅之外，尚有李福林的福軍，及駐守西江肇慶羅定一帶的巡防營，帶兵官為李耀漢、翟汪等。

朱執信以本身是廣陽綏靖處督辦，廣陽兩屬，是與肇羅兩屬相毗連的，駐在西江之肇軍，其統兵官李耀漢、翟汪，是得汪道源之力而保留的，若以汪道源駕馭之，當可駕輕就熟，朱氏乃建議於陳炯明，派委汪道源為肇羅綏靖處督辦，負責指揮李耀漢、翟汪等部肇軍，將可使廣陽肇羅打成一片，收通力合作之效。陳炯明當時亦能尊重師尊之言，即予照辦。

至於胡漢民之與朱執信，是在民國紀元前八年，同時往日本留學，翌年，同時加入同盟會，在中山先生領導之下，共同奔走革命工作，久共生死患難，有時是會「大被同眠」的。執信之為人，正直無私，其學問與魄力，都非常人所能及，漢民始終與之水乳交融，關係密切，與陳炯明之後來「半路出家」不同。陳氏不過是廣東法政學堂的學生，為朱執信所賞識，介紹其加入同盟會，雖然可稱同志，但陳朱之關係，決比不上胡朱關係之深。陳炯明真除廣東都督之初，對朱執信的態度尚能保持常態，不料過了一段短時期，陳炯明驕橫的神氣，剛愎的氣燄，便一一流露出來了。對於其師尊的說話，不一定接納，或者陽奉陰違，朱氏感覺不能忍受，乃將所有本兼各職，一律辭去，偕同胡漢民遠走香港作寓公。

汪朱合力說服陳炯明

陳炯明這個人也不是完全忘本，朱氏掛冠後，他曾數次派員到港懇請朱執信回穗，情詞懇切，雖然或者此不過是表面上的客氣，未必是他的真心，但總算是陳炯明尚肯對朱氏低首降心。但朱氏是一名硬漢，合則留，不合則去，不是模稜兩可之人，既然走了，不輕易能再請得動他回穗的。剛於此時，汪精衛由滬到香港，因為是時李烈鈞已經在湖口樹起討袁之旗，袁世凱及黎元洪合作，亦派兵入贛，戰事已告燃著，汪精衛受黃克強之委託，特由滬南下，要督促陳炯明在廣東獨立，加入討袁陣線，汪精衛雖然在黨有地位，但他與陳炯明交誼尚淺，以陳炯明昔日之入黨，是由朱執信所介紹，此次既然要勸其獨立討袁，非邀同朱氏共同進言不可。在汪精衛多方相請下，朱氏不得已，惟有隨同汪精衛重到廣州，訪晤陳炯明。（筆者按：汪精衛是朱執信之母舅。）

陳炯明根本上是一個充滿私心之人，他既然祕密委託江霞公太史代表他到北京，與袁世凱勾結而取得廣東都督的賓座，他的本心是想靠著袁世凱，做其南天王的。此時勸他獨立討袁，當然不是他所樂聞之事，且癸丑二次革命，黃克強之主張最力，中山先生當初亦不以為然的。陳炯明初聞汪朱二人勸他獨立，面有難色，表示應該慎重行事，以免失去廣東地盤為言。汪朱二人則以為全黨行動宜一致，廣東獨立，便足為長江各省之後盾，倘若廣東無所表示，長江各省便不易保，此舉實為國民黨之生死關頭，廣東非獨立不可。汪精衛是黨中的先進，朱執信又是陳的師尊，素為陳所敬畏的，汪朱二氏合力將陳炯明包圍，憑他倆三寸不爛之舌，一夜之間，卒將陳炯明說服。

當陳炯明尚在游移之際，朱執信頻頻從腰間取出左輪手鎗，放在手上玩弄，大有：「你不聽話，便不惜同歸於盡」之概。陳炯明鑒於上年要解散福軍時，朱氏拔出手鎗的強硬態度，深怕歷史重演，反為自己失威，面子更不好看，結果是陳氏完全接納汪朱二人之言，決計參加討袁。

廣東獨立苦了江霞公

那時廣東省議會已成立，陳炯明若要獨立，宣布討袁，須向省議會提案，請求通過的。現在筆者說一句公道話，國民黨之所謂「二次革命」，理由是脆弱的，武力尤為脆弱得可憐，輕舉妄動，實為不智之舉，當時有識者皆持反對態度，陳炯明將宣布獨立案提出於省議會，開會時，都督例應出席說明理由，筆者那時曾去旁聽，陳炯明是日戎服佩劍出席，他宣布獨立理由之後，各議員相繼發言，反對者比較贊成者為多，陳炯明不愧是獨裁的先進，他聞得有議員反對獨立，乃站立起來，拔出佩劍，擺在桌上，對議長道：「此事不必多所討論，本都督已決計執行，請議長即付表決，如有議員仍持反對，當以『通袁』論罪，以軍法從事！」各議員至此，面面相覷，不敢再出一聲，當議長付表決時，果然獲得全體通過。陳炯明真可說是獨裁的老祖宗，希特勒、史大林不過是陳炯明的後輩而已。

陳炯明發出通電討袁，此時最難堪的，是代表陳氏居留北京之江霞公太史了。袁世凱傳江霞公入總統府問話，聲色俱厲，此時霞公的前輩翰林梁士詒，對霞公亦愛莫能助了。幸而霞公究竟是聰明人，會講話，他辯道：「人人都能生兒子，但不能生兒子的心肝，陳炯明如此反覆，是意料所不及，孔殷不謹慎之罪，蓋無可辭。」袁世凱尚有怒及容，梁士詒代為緩頰，江霞公乃辭出；就此買棹南歸，他的廣東民政長之美夢，破碎無遺，這回陳炯明拖累了霞公不淺。

粵事憶舊談之三：龍濟光怎樣逼走陳炯明？

前清的廣西陸路提督龍濟光，原本駐兵廣西，到了辛亥三月廿九以後，五羊城風聲鶴唳，兩廣總督張鳴岐始調龍氏率兵來粵鎮壓革命黨。

清帝遜位、廣東光復之初，陳炯明手握兵權，目中無人，根本瞧不起龍濟光，既不給龍部餉糈，又未將龍部解散。龍氏不得已乃率兵回駐廣西梧州。不料這竟是「放龍入海，縱虎歸山」，不旋踵間，龍部捲土重來，陳炯明反被他搞垮了！

梁士詒攜銀彈南下圖粵

龍濟光是雲南的土司人，出身行伍，識字不多，為一個標準的舊式軍人。民元，龍濟光給陳炯明壓迫，退出廣東，回駐廣西之梧州。民二，他接納「紹興師爺」劉少弼所獻計策，派其胞兄龍覲光祕密到北京，覲見袁世凱，表示效忠。那時袁氏正以國民黨為唯一之敵人，得龍濟光表示肯替他出力，正合孤意，陳炯明雖曾派江霞公太史到京輸誠，但袁世凱的個性，是最怕聽聞「革命」兩個字的，不甚願意和革命黨人打交道，龍濟光是前清的廣西陸軍提督，與袁世凱都是戴過紅頂花翎之人，兩人的淵源又自不同。陳炯明則無論如何，總算是革命黨出身，比較之下，袁世凱心裡自然有分寸，對於龍濟光的信用，是百分之百，對陳炯明的信用，自然要打一個「七折八扣」，實為無可如何之事。

袁世凱的決策，要扶助龍濟光圖粵，袁之所以不肯相信陳炯明，除了憎厭他是革命黨出身之外，亦知道陳炯明之所以委託江霞公來通款，目的不過欲排擠胡漢民，料知其對於袁氏本身，未必有擁護之誠意，縱使有誠意，又因廣東是革命黨之發祥地，中山先生是粵人，黨徒眾多，不信陳炯明真能控制得住，袁氏為貫徹其排除異已的私心起見，於是，雙管齊下，一面要削弱國民黨在粵之兵力，俾便於一舉而傾覆之；一面全力支持龍濟光爭取廣東地盤。以為如此便可以達到一勞永逸的理想目的。乃派總統府秘書長梁士詒攜帶巨款南下，責令梁士詒負責圖粵。

梁士詒知道從前同盟會是在香港設立祕密機關，密謀光復廣東全省的，他學乖了，亦向同盟會看齊，南來後也照樣在港設立機關，由他主持大計，要將廣東收歸袁政府的版圖。

黃士龍不甘心做佈景板

有黃士龍者，為粵籍軍人，前清時受廣東督練公所之聘，擔任訓練新軍工作有年，其人亦頗有才幹，並有相當野心，但未有參加過同盟會，辛亥武昌首義之後，黃氏然後開始學習投機，貌充前進，廣東光復之初，胡漢民被推為大都督，陳炯明為副都督，黃士龍竟被推為參都督，因黃擁有新軍之淵源與潛力。三人同時宣布就職。談辛亥廣東光復時之掌故者，皆知有此事也。

筆者有一個甚有趣的譬喻：不論中外古今的大小事，均與在舞台上排演的戲劇，無大差別，我們在香港看粵劇，第一第二名的「文武生」，或第一第二名的「花旦」，當然是有吃重的戲劇給他或她演出，總有機會盡其所長，那最紅的主角，更必有機會高唱其主題曲。倘若是排名在第三位的「文武生」，或第三名的「幫花」，則注定是做劇中的配角而已，決不會有吃重的場面給他或她擔綱。劇團老倌在舞台上是如此，在政治舞台上的軍人政客，又何獨不然！本文所提到的那位軍界老前輩黃士龍，久在廣東的新軍內服務，與各師旅的團營長均有淵源，換言之，黃士龍之在廣東新軍陣營內，是有其潛勢力的。辛亥廣東光復之初，他反正了，僅給他一名參都督，這簡直是第三名的「幫花」，不特是絕無權力之人，又絕無展佈所長的機會，他與胡漢民、陳炯明二人，平日絕無淵源，只因臨時之靠攏，得擁參都督之虛名，等於一塊「佈景板」。黃士龍是不能甘心的，他乃離開廣東跑到北京去投靠袁世凱，恰巧袁世凱此時要計畫圖粵，派梁士詒南下主持大計，袁氏認為黃士龍是最好利用之人，乃命黃氏隨梁南下，在梁領導之下活動。

梁士詒於袁政府大借款成功後，攜巨欵到香港，設立活動的機關，展開「銀彈」攻勢，又有黃士龍做走狗，祕密到廣州，先後遊說那些團營長與師旅長，一排一排的「銀彈」放射出去，自然十分迷人。俗語說得好：「眼珠是黑的，銀子是白的。」鍾鼎基、蘇慎初兩師長、張我權旅長，以至各團營長，均由黃士龍經手，分別給以慰問金，各人皆大歡喜，袋袋平安，各皆答允擁護北京政府。當時賄賂數目的多少，筆者雖不知其數量，總之一定頗可觀。梁士詒、黃士龍在港粵的活動奔走，陳炯明完全朦在「鼓」裡，半點情報也沒有，那時的陳炯明，可謂「烏龍」到透了。

汪道源欣然赴肇任督辦

話說回頭，陳炯明真除廣東都督之初，朱執信曾建議，用汪道源（汪精衛之姪）為肇羅綏靖處督辦，陳炯明已發出委任，汪道源即電知肇軍首領李耀漢到穗，將此事告他知道。李耀漢聞得是自己的「老友記」來肇慶做他的長官，自然表示歡迎。接洽過後，李耀漢返回防地，靜待汪氏履任。不意旬日之後，朱執信因不願和陳炯明合作，忽然走出香港。汪道源亦因肇慶的任務是由執信所保薦，執信既然走了，恐怕陳炯明另有私人，因此延期赴任，既不辭職，亦暫不到差，靜觀其變。後來陳炯明終於宣布獨立對袁，不久，接獲情報，知道龍濟光在梧州招兵買馬，大有來粵問鼎之意。此時朱執信亦已回穗，陳朱乃共同敦促汪道源趕緊赴肇視事，督率李耀漢、翟汪、賀蘊珊等部巡防營，在封川江口警戒，另加派淺水兵艦十艘，交汪道源指揮調遣。道源看見陳炯明既以西江防務要他負責，執信亦如此催促，而且，駐西江的部隊，與自己有歷史關係，又有十艘淺水兵艦給他使用，乃欣然答允西行，乘艦赴肇。

汪道源臨起程之前，照例要向都督陳炯明告辭，並請示機宜，在進見時，道源曾向陳氏說：「龍濟光在梧州招兵買馬，蠢蠢欲動，都督府已接有情報，查駐西江的巡防營，只有李耀漢、翟汪所統的四營及賀蘊珊的三營，兵力共只七營，如此而已，龍濟光駐兵在粵之時，有兵十一營，返桂後，續有增編，侗西江方面，僅憑現在兵力佈防，深恐不敷分配，擬請都督加派陸軍兩團，開往西江協防，以策萬全，都督以為如何？」

陳炯明竟大言答道：「你怕龍濟光嗎？真笑話，此人有類於塚中枯骨，我決其必無能為，你不必畏懼，你倘若在梧州與封川界首之間，使人舉手持著『陳炯明』三個字的名片，給龍濟光一看，他自然會退避三舍的了，龍濟光有力量和膽量犯粵。太笑話了，請你即管安心去肇慶接事，我保證龍濟光一定不敢東下的。」

新官未上任變成階下囚

陳炯明這番說話，真是幼稚到極點，豈止如三國時馬謖之「言過其實」，宜乎陳炯明終歸要敗於龍濟光之手了。

陳炯明雖然滿懷自信，敦促汪道源赴肇就任，萬不料李耀漢此時已經和龍濟光暗中有了勾結，肇軍決定叛變，接引濟軍由梧州開拔至肇慶城。當汪道源矇查查乘淺水兵艦溯西江而上，經過羚羊峽時，尚無所覺，到了肇慶城河面，道源便被濟軍所俘獲，帶其晉見龍濟光。

道源是文縐縐的人，無權無勇，應該歸他指揮的部隊，已經變成了敵對，尚有何話可說。龍氏與道源，在辛亥未光復之前，已在水師提督李準處見過面，翌年，在都督府見面亦多，雖然說不上有交情，總算是相識，但在被俘時的場合，便算是龍濟光之階下囚了，龍氏命將道源交其炮兵營長馮寶璜看管（馮字璧卿，漢軍旗籍人，與筆者為稔交，十餘年前尚僑居本港，相見時猶能談舊事）。

少頃，李耀漢驚聞道源被俘，急來慰問，並表明他如此做法，是奉李軍門由北京發來的函令（指李準，前清稱提督為軍門），實出於不得已，萬望鑒諒云云。又將李準的親筆信呈閱，蓋李準此時在北京，投靠袁世凱，稱「直威將軍」，李準亦是奉袁世凱命，責其舊部幫助龍濟光也。

道源此時既為階下囚，對於李耀漢，不便苛責，只囑李耀漢為之疏通於龍，准其恢復自由。李耀漢亦一力擔承，代為說項，龍濟光的「紹興師爺」劉少弼，真是多計，他看見李耀漢來說情，不好推卻，乃教龍濟光聘任汪道源為參議，隨軍服務，使道源不能離開，直是強迫其從逆，陳炯明撥交道源指揮之淺水兵艦十艘，在這環境之下，亦被迫歸附龍氏了。

陳部師旅長皆按兵不動

龍濟光上年被迫離開廣東，率兵回駐梧州之時，原有軍隊十一營，每營兵員約三百人之譜，共約三千餘人。自從得到袁政府之接濟，準備圖粵，廣西都督陸榮廷幫助其擴編隊伍，兵員數量當然增加了不少，再加入李耀漢、翟汪等所部七營，總共兵力將及一萬人了。

不久，李耀漢部下的營長李華秋，又會同德慶縣長梁邁，用計奪得駐守封川江口的江大炮艦，再加上汪道源名下指揮的淺水兵艦十艘，龍濟光更如虎添翼，陳兵於西江沿岸，水陸聯防，情勢突告緊張。

此時之陳炯明，尚以為龍李兩人之部隊，皆是舊式巡防營，戰鬥力是微乎其微的，決非自己直轄之陸軍兩師一旅之敵，仍認龍李為不堪一擊。乃分別命令其師長鍾鼎基及蘇慎初，混成旅長張我權，著令於各師旅之中，抽調若干團營，剋日開往三水河口警戒，陳氏準備親自西征。鍾、蘇、張三人奉令後，到都督府請領開拔費及彈藥，偽為表示踴躍用命的神氣，待到餉械到手之後，他們卻皆按兵不動，因為他們早被黃士龍用「銀彈」收買了。

當時由香港去肇慶，是有外國輪船航行的，梁士詒、黃士龍的策反工作成熟後，自然與龍濟光有密切之連繫，龍氏知道陳炯明直轄的陸軍已有人代為買通，又探知廣州並無一兵一卒開到三水河口設防，乃命令全部濟軍與肇軍，會師東下，果然兵不血刃，不戰而佔據三水縣城，廣州立告震動。

當汪道源被俘消息傳到廣州時，道源的父親（即汪精衛之長兄，亦為朱執信之舅父）忽聞兒子被俘，未知安危如何，情急自是意中事，因為道源赴肇慶是由朱執信所推薦的，當即命人請其外甥朱執信到寓問話，不過欲略知究竟而已。執信平日是畏懼舅父之尊嚴的，忽聞舅父之召，害怕起來，恐防難逃老年舅父之斥責，竟不動聲色，再次跑到香港躲起來了。

陳炯明四面楚歌逃香港

此時陳炯明曾欲調李福林所統之福軍，出發禦敵。但上年陳氏曾下令解散福軍的，因得朱執信之力爭，始得保留。此時倘要使用福軍。非由執信傳達命令不可，執信既悄然去了香港，陳炯明便失去有力幫助之人，李福林看見大勢岌岌可危，亦決無「從井救人」之情理，於是福軍亦按兵不動（一說李耀漢與李福林有默契）。

陳炯明到此田地，方知情勢危急，不得已，再發出嚴厲的命令與鍾、蘇、張三人，限令於文到六小時內，各師旅各派出兵力一團，向石圍塘出發禦敵，倘再貽誤戎機，即以軍法從事。一面又用電話直接告知鍾、蘇、張三人，嚴辭責令立即出兵，聲色俱厲。

陳炯明這種做法，無異是催促他們快些作反而已。鍾、蘇、張三人至此，亦不能再事容忍，他們也要攤牌了，乃在電話中答覆陳炯明，大意謂：「所部各團營長，均認為此次出師無名，不願內戰，而自相殘殺，現在雖欲遵命出兵，無奈部下不從，惟有請都督暫時下野，等他日另圖報效便是」等語。說完即將電話掛斷，旋即發炮轟擊都督府，不過並非開花炮彈而已。

龍濟光及李耀漢之濟軍與肇軍，已經開到三水縣境，倘若從廣三鐵路東下，車行兩小時可達，徒步行軍，亦不過數小時即可抵石圍塘，渡江便是穗市。那時駐兵於省河之南的李福林，既然袖手旁觀，按兵不動。駐廣州東郊之陸軍，不特抗命不肯出發，且開炮示威，要求陳氏下野，陳炯明可說是到了山窮水盡之境！時屆秋令，四週皆是肅殺之氣，三十六著，走為上計，除了「逃走」之外，想不出別的方法了。陳氏在四面楚歌下，乃放棄廣東都督的寶座，乘搭省港輪船溜到香港作寓公，事在民國二年八月四目。

金章一念私吞沒三萬元

陳炯明既決計逃走，都督府諸幕僚及所屬各廳處局長，自然亦紛紛離職赴港，各僚友且有先已避地來港者（包括朱執信在內）。陳炯明知道諸幕僚多數都是寒士，臨行，特在金庫提支毫券三萬元，交與都督府參事金章（字浩亭），囑其攜來香港，分派與各同志，資助各人的生活費。金章領取了三萬元到手，他看見陳炯明之大勢已去，不知何時方能捲土重來，竟將此三萬元袋袋平安，留作個人享受，並未撥出分文分配與別人。後來此事給朱執信知道了，為之大光其火，認為金章此人太不義氣，決不與之再做朋友，從此不齒金章，大有擯於四夷，不與同中國之意。

金章是後來教唆陳炯明叛變總理的主要人物，現在敘寫故事至此，金章之為人如何，頗有順筆一述之必要。

金姓原是吾粵番禺縣捕屬人中之望族，世居廣州新城之賣麻街，原籍是浙江省之紹興，先世幕遊於粵，累世為「紹興師爺」，日子久了，佔籍為番禺人。前清嘉道年間，金姓人才輩出，科名甚盛。記得金芑堂翁有一聯，自誇其門楣之盛，有句云：「最難七子八登科。」蓋金翁生七子一女，女嫁名進士張維屏，女婿有半子之稱，其七子一婿，先後皆是兩榜進士出身，故云七子八登科，誠為昔日科名佳話。此與清初梁天來之七屍八命的冤案，適成為反比例。

金章於清末曾入邑庠，算是後起之秀，光緒甲辰年（民國紀元前八年）與汪精衛、胡漢民、朱執信等，同時東渡日本留學。金氏與執信同歲，翌年，同時加入同盟會，胡、汪、朱、金各皆以才略智謀，互相推重，友誼相當篤厚。記得他們尚在留學時期，適值某年暑假買棹回國省親，胡汪兩氏，特由東京親送金章乘火車到橫濱登輪，汪精衛在火車中被煤屑吹入眼內不能出，弄到眼球發炎，幾至失明，入橫濱醫院留醫，胡氏則急返東京，為之張羅醫藥費，調治月餘，始獲痊癒出院。他們數人昔日友誼之深而且厚，於此可以想見一班了。他們都是留日學法政的，畢業後，胡汪奉中山先生之命，赴南洋各埠宣傳革命，朱執信及金章則同返廣州，又同在廣東法政學堂當教員，祕密幹革命的地下工作，執信在法政學堂芸芸眾生之中，選拔出陳炯明，認為是可用之才，介紹其加入同盟會，上文已敘過，所以金章亦算是陳炯明之師輩也。

朱氏太嚴謹金章善逢迎

猶憶辛亥九月廣東光復，胡漢民為第一任廣東都督，陳炯明為副都督，都督府內的幕僚，以朱執信居首位，稱總參議，其餘則「杜、古、金、張」四人，稱參事。外間對此四人，錫有「四大金剛」之綽號。杜是杜之杕，古是古應芬，金即金章，張是張樹棠。汪道源初稱參軍，後來與李文範、陳鴻慈等，一律皆稱參事。上列數人，民初在廣東都督府內，皆屬第一流人物，其總力量足以左右胡漢民的。胡氏亦能庶政公諸輿論，不像陳炯明之事事獨裁，剛愎自用。

朱執信之為人，最為「剛大嚴正」，絲毫不肯苟且，是宋之包文拯，明之海瑞那一類人物。胡漢民視為諍友，對之敬而且畏。胡氏無他嗜好，間中或打四圈「衛生麻將」，偶為執信所聞，立即用電話警告道：「我們此時宜效法昔賢之『惜分陰』，不宜將有用之精神，投於無用之地，玩物足以喪志，深願我公杜漸防微」云云。胡氏接過電話，亦能立即將組成的『牌局』中途解散。朱執信的脾氣，就是這樣的。

金章則不然了，他在旁聞得朱執信如此這般，便在胡漢民面前譏笑執信太過迂腐，謂其如此做法，是有意煞風景，借此機會取悅於胡氏，故金章是一個善於逢迎投機、陰謀取巧之人，因此亦為胡氏所心悅。在眾謀士之中，金章可說是胡漢民最得寵之一人，此為民國元二兩年間，廣東都督府內之情形，為筆者所親身目擊的。

民初的廣東都督府，不論任何政事與軍事，始終是朱執信的意見最吃香而有力，固然是胡漢民能虛左以聽，陳炯明之於師尊，亦能相當禮重之故。但金章則是一位自以為是的「紹興師爺」，看見朱執信如此威風，不無妬忌，故在往藉著小小題目，便想設法中傷執信，惟執信確是一位「光明正大」、「正直無私」之人，金章到底無法陷害之。日子久了，金氏的行為，漸為執信所發覺，執信又能以「君子愛人以德」之義，常會直言規諫，甚或直斥其非，金章敢怒而不敢辯，故執信始終居於上風。

家用五十元難為朱三嫂

記得民初廣東政府規定的俸給表，都督是月支毫劵五百元，副都督月支四百元，參都督黃士龍及總參議朱執信，各月支三百元，眾參事是一律月支二百元。那時的生活程度甚低廉，每毫券一元，可以買白米二十斤以上，與現在米價，相差遠甚。當時月薪二百元者，可以比得現在港幣二三千元。民初筆者年輕，擔當第三四流的職務，月薪一百二十元，已經感覺相當舒適寬裕的了。執信真是廉節可風，他每月薪俸三百元，規定以五十元交朱三嫂作家用，據三嫂對筆者言：執信之一生，每月給她的家用，未嘗超過五十元以上者，倘因不敷而請益，必受執信之呵斥。三嫂因此亦不敢向他多索，惟有安於勤儉。執信自身留下之二百五十元，他絕不會作無益的消耗，購買書籍是他唯一的自私，倘遇著某同志患病，或其他不可少的開支，如婚喪等事，執信必定解囊相助，每月盡將此二百五十元幫助朋友，使其精光為止。有時且預支下月俸給以助同志之急，執信之所以得人心，為眾同志所心悅誠服，確有他的一套，非別人所能及的。記得民國四年，筆者由肇慶祕密到澳門的機關部，訪謁執信，在機關內遇張發奎將軍，那時張氏僅年逾弱冠，為執信擔任奔走事務，張氏現仍居港，雖年逾七旬，康矍如常，提起舊事，亦必能為執信的高尚人格作證明的。

話說回頭，朱執信於癸丑二次革命失敗後，避地到香港，眾同志皆已先後齊集，汪道源亦已逃脫了龍濟光的魔掌來會，單獨不見金章，原來他攜帶陳炯明所發給的三萬元，藏身在濠江，不敢到香港見人，他立心吞沒這筆款了。

迨中山先生及胡漢民到了日本東京，電召朱執信前往，汪道源遂隨同朱執信全家赴日本報到，中山先生改組國民黨為中華革命黨，此時陳炯明則遠走南洋各埠，未有到日本，故陳炯明及金章，均未有參加中華革命黨。

粵事憶舊談之四：民九年前光怪陸離的粵局

民國三、四兩年，中山先生均旅居日本東京，主持再革命的大業，胡漢民、陳其美、居正、于右任、朱執信、鄧鏗等，均追隨中山先生之左右，設立中華革命黨總部於東京，計畫組織中華革命軍，企圖再接再厲，打倒袁世凱。

朱執信為廣東司令長官

民國四年八月十四日，北京出現了所謂「籌安會」，由當時的「名流」楊度、孫毓筠、嚴復、劉師培、李燮和、胡瑛六人為首，時人稱之為「六君子」。他們發出宣言，提倡變更國體，鼓吹改行帝制。此時羅文榦為總檢察長，在報上看見「籌安會」宣言，大起反感，認為此六人觸犯了叛國罪名，應受刑事處分，乃發出傳票，要傳「六君子」到廳訊問。「六君子」將總檢察廳的傳票，呈遞與袁「太子」核閱，袁克定一見之下，勃然大怒，立即命左右的特工，打電話給羅文榦，其時大約是在晚飯之後。

羅文榦在家中忽接電話，不知打來者是何人？但聞厲聲云：「請羅檢察長知照，限於即夜搭火車離京赴天津，倘仍戀棧在寓，軍警皆不負保護之責」云云。說畢，即將電話掛斷。羅文榦此時心裡有數，知道這電話是有非常之來頭的，家人亦敦促其暫避，羅不得已，便連夜出京避禍去了。當日袁克定之威風，有如此者。

民國四年十二月廿五日，蔡鍔首先在雲南起義，稱護國軍，傳檄遠近討袁，反對帝制，全國從此震動。

中山先生在日本東京，亦計畫在南北各省，分別組織中華革命軍，響應雲南的義舉，以陳其美為江浙兩省司令長官，以居正為山東司令長官；以于右任為陝西司令長官；以譚延闓為湖南司令長官；以朱執信為廣東司令長官。胡漢民仍在國父左右，翊贊一切，但中山先生此時並未有任用及陳烱明。

朱執信既奉命總粵事，以鄧鏗為副司令長官，中山先生並派古應芬、陳鴻慈、汪道源、杜之杕等，隨同朱執信赴香港，分別在港澳設立祕密機關，活動一切。

陳烱明因未有奉委任務，他自動在惠州祕密召集民軍，與朱執信分道揚鑣，朱氏組織的民軍，號稱中華革命軍；陳氏組織的民軍，則稱護國軍。番號雖然不同，但槍頭則同是指向踞粵的龍濟光的。

督軍與省長水火不相容

龍濟光於民二之秋，驅逐了陳烱明離粵，據有廣東，筆者在《春秋》上期的憶舊談中已詳其經過。至民五，龍濟光又被人驅逐離粵，此役主要的力量是桂軍統帥陸榮廷、滇軍統帥李烈均、肇軍統帥李耀漢三人精誠合作的果實。筆者也是身歷其境之一人。至於朱執信的中華革命軍，及陳烱明的護國軍，那時實力尚極微薄，只能發生牽制的作用而已。鄧鏗將軍是惠州客籍人，與陳炯明有同鄉的淵源，民國元二年間，亦嘗共事，此時他倆在廣州之東路活動，尚能收聲應氣求之效。滇、桂、肇三軍未發動屠龍之前，鄧鏗將軍首先率部佔據石龍，威脅廣州，先使龍濟光吃一大驚，滇軍繼之由北江南下，桂肇兩軍由西江東下，毒龍遂逃赴海南。粵事既定，朱執信、陳炯明兩人所搞的民軍，亦自動結束，解甲歸田。

袁世凱死後，北京政府初任陸榮廷為廣東督軍，督軍之名自此始。不久，陸氏升任兩廣巡閱使，以陸之嫡系人物陳炳焜為廣東督軍，以朱慶瀾為廣東省長，省長之名亦自此始。當時督軍與省長權限之分別，自然是一人管軍政，一人管民政，陸軍當然隸屬於督軍，警衛軍則隸屬於省長的。北京政府既有硬性的規定，所以督軍與省長必有磨擦，這又是傳統的習慣。古諺有「共結朱陳之好」一句成語，此時廣東的督軍姓陳，省長姓朱，他倆偏偏不然，暗中互相水火。陳炳焜蓄謀企圖兼任省長，事事與朱慶瀾為難，此事姑且暫時擱下，留待下文再詳。

胡漢民陳炯明受封將軍

卻說自袁世凱死後，北京政府因環境的關係，接受海軍及各方面之督促，勉強發出明令，恢復舊國會，及各省的省議會。民國五年八月一日，參議院及眾議院繼續開會於北京，參議院的議員，是由各省的省議會議員投票選舉的，依法經過兩年之後，每省應改選參議員三名。民六之春，廣東籍的參議員有三名須改選了，廣東省議會開選舉會的結果，是胡漢民、陳炯明、黃金聲三人當選。胡陳二人均是曾任廣東都督的，黃金聲則是美洲華僑。

胡、陳接受當選證書後，即聯袂同赴北京報到，此時胡、陳二人之友誼，最為融洽，他倆在北京出雙入對，同行訪謁大總統黎元洪與國務總理段祺瑞。

胡、陳見過黎、段兩巨頭之後，此時北洋派之與國民黨，事實上是同床異夢，面子上則不能不略為敷衍。黎段發表明令，特任胡漢民為智威將軍，陳炯明為定威將軍，封號胡漢民曰「智」，並不錯；陳炯明平時的態度沉著，封之曰「定」，亦頗相宜，黎段給他倆的封號，算是頗有分寸的。

明令見政府公報之日，那時筆者與汪道源亦寓北京，特走訪胡漢民，適遇王寵惠、鄒魯、陳炯明、汪精衛、王正廷諸人均在座。道源向胡陳道賀，胡氏笑曰：「我自問，『智』不敢當，何『威』之有？」隨即指著陳炯明曰：「他受定威之封，當之可以無愧。」陳曰：「定遠固然未嘗，威霸更談不到。」彼此一笑而罷。據筆者的回憶，胡陳兩人之友誼，以此時為最敦睦，蓋此時絕無權利上之磨擦，政見上亦無從歧異也。

孫總理率海軍返粵護法

民六，第一次世界大戰尚未終結，國務總理段祺瑞欲在國內外樹立權威，企圖擴充其武力，鞏固其未來的政治資本，向參眾兩院提案，要對德國宣戰。此時中山先生居留上游，認為中國對德宣戰，或有此需要，但不贊成由段祺瑞內閣參戰，以免徒然增長軍閥的氣燄。故國民黨的決策，反對段氏的參戰案，參眾兩院議員，是國民黨為多數黨，段氏的參戰案，不能在國會通過，段氏終於老羞成怒，唆使督軍團在天津開會，耀武揚威，對大總統黎元洪施壓力，要求解散國會。

黎元洪的綽號是「黎菩薩」，是可以給人牽鼻的好好先生，他無法應付諸督軍，乃電召辮帥張勳率兵入京，意欲張勳為之調停，不意張勳到京，與諸督軍同一鼻孔出氣。一樣督促黎元洪解散國會。黎被迫從命。越數日，張勳復排演一齣溥儀皇帝復辟的怪劇，不旋踵即被段祺瑞在馬廠起兵討平之，號稱再造共和。惟段祺瑞毀法亂紀如故，中山先生乃與海軍部總長程璧光、海軍總司令林葆懌，率海軍艦隊南下，國會議員亦陸續到粵，中山先生乃以護法號召天下，稱海陸軍大元帥於廣州之河南，歷史上稱為「護法之役」。此時胡漢民、陳炯明亦皆隨同中山先生返粵。

陳炳焜發惡逼走朱慶瀾

當時的廣東督軍陳炳焜，心裡不以護法為然，但中山先生以開國大總統之聲威，率同海軍艦隊南來，又有國會議員數百人擁戴，陳炳焜不敢反抗，面子上表示歡迎。記得大元帥府成立之日，在河南士敏土廠高懸大元帥之匾額，由朱執信通知李福林，派出大隊福軍守護，河面則有海軍艦艇拱衛，是有相當威儀的。不料是日曾發生一件趣聞：事緣廣州市水上警察區署長某君，居然膽敢具文呈報於廣東警察廳，大意謂：「職今日乘巡艇巡視省河治安，巡至河南士敏土廠門外，發現懸掛出一張大招牌，大書『大元帥府』四字，職本應率同武裝警察登岸干涉，追問其由來，惟門外有大隊福軍守衛，故未敢造次，致生誤會。究應如何處置之處？理合據情呈報察核，伏乞指令遵照辦理，實為公便」云云。此亦一件滑稽之珍貴掌故也。

中山先生既在粵號召護法，省長朱慶瀾自從到任以來，事事受督軍陳炳焜的壓迫，透不過氣，此時眼見國民黨勢力南移，乃思依附國民黨，以助其反抗陳炳焜。上文曾經敘過，省長職權內，是有警衛軍管轄的，朱慶瀾乃指撥警衛軍二十營，改編為廣東省長親軍，派陳炯明為省長親軍司令。

陳炯明當過兩任廣東都督的，要他降為親軍司令，本來是屈就，但他此時手無寸鐵，徒然當一名參議院議員，是不能發生若何作用的，今忽然可以統率二十營軍隊，乃是求之不得的事，陳炯明竟欣然接受委任，佈告就職。但朱慶瀾派陳炯明為廣東省長親軍司令，事前並未徵求督軍陳炳焜之同意，陳炳焜看見中山先生統率海軍艦隊南來，又有李福林的福軍擁護，倘再加上陳炯明若統帶警衛軍二十營，那麼，國民黨便如虎添翼了。他恐防舊桂系在粵之勢力會被逐漸排斥，認為這是舊桂系在粵之生死關頭，不能放鬆。結果他竟憑著督軍的權威，下令撤銷陳炯明之司令職，收回警衛軍二十營，仍歸督軍直轄，一面對朱慶瀾再施壓力，使之難堪。朱慶瀾到此田地，威信掃地，面子上無法下台，只得發出通電，辭職離粵，掛印出走。

莫榮新李耀漢廣州碰頭

陳炳焜本來想自己兼任省長的，但那時中山先生業已佈告中外，就任海陸軍大元帥職，憑這名義，當然可以任命省長。經過朱執信之連絡，中山先生特任肇軍統帥李耀漢繼任廣東省長。李耀漢是有兵力駐粵之人，非朱慶瀾之比，陳炳焜不特無法擋駕，且因他撤銷陳炯明的司令之職，事為全體國會議員所反對，中山先生對之更不滿，致電兩廣巡閱使陸榮廷，指責陳炳焜不洽輿情，非撤換不可。

陸榮廷恐怕鬧出亂子，乃命陳炳焜回桂，以舊桂系坐第三把交椅之莫榮新繼任為廣東督軍（陸榮廷是舊桂系頭目，其手下以陳炳焜居第一；譚浩明居第二，時任廣西督軍；莫榮新屬於第三位）

莫氏為廣西桂平人，袁世凱時代，任梧州鎮守使。民四，反袁最力的岑春煊，使人策動廣西響應雲南的討袁義舉，廣西將軍陸榮廷意為之動，派其親信人員邱渭南為代表，到肇慶徵求肇陽羅鎮守使李耀漢之同意。那時筆者正在李耀漢幕府任事，聞此消息，認為非把握這機會不可，運用傳統的「紹興師爺」手法，出盡渾身解數，促其合作，幸而如願以償。李耀漢既表同意，陸榮廷大喜，遂再派莫榮新到肇慶，與李耀漢會商合作討袁討龍的步驟。經決議先擁戴岑春煊為兩廣都司令，在肇慶揭竿討袁。故筆者那時與莫榮新是常有把晤的。他是一名老實頭子，面面俱圓，不比陳炳焜之緊張辛辣。屠龍之役，莫榮新與李耀漢是老搭檔，此時莫為督軍，李為省長，兩人表面上可以暫時減少磨擦，莫榮新當時且委任筆者為廣東督軍署××課長，以資連絡。

當時莫榮新任用國會議員廣西人郭某為督軍署參謀長；以楊永泰（字暢卿）為高等顧問。郭楊二人，在當時是莫榮新的哼哈二將，力量足以左右莫氏的，莫氏之延攬筆者，亦為楊永泰所推介也。

陳炯明獲任粵軍總司令

陳炯明因上月間差不多可以接統警衛軍二十營，滿心歡喜，初以為前途似錦，大有發展之希望，不意忽被陳炳焜打消，得而復失，心情可知。此事不特陳炯明本人不肯干休，即南來的國會議員及全體的國民黨同志，尤其是孫大元帥，均對此事一致表示不滿。中山先生乃命胡漢民、汪精衛兩人出馬，向莫榮新交涉，要求仍在粵撥出軍隊二十營，交陳炯明統率，命名為粵軍，使其東向出兵援閩，俾得增強護法的聲威。莫榮新鑒於陳炳焜為受輿論攻擊，不能安於位而去職，他對於汪胡的要求，心裡實在不願意。於是依然拖得一時是一時，徒聞雷聲而不見下雨。朱執信看到此種情形，為之怒不可遏，認為非口舌所能收效，乃請中山先生命海軍發砲，轟擊越秀山（督軍署在山腳），經過如此示威，莫榮新始有允意，再經來粵之國會議員，向其國會的老搭檔楊永泰敦促，莫榮新不得已而接受，撥給雜牌軍隊二十營，交陳炯明接統，中山先生亦同時發表明令，特任陳炯明為粵軍總司令，並令其部署就緒，即統率全軍出發援閩，不許在粵駐屯，致令舊桂系軍閥歧視。

由是觀之，陳炯明之得任粵軍統帥，絕不是他本耕耘得來的，乃是國民黨上下全體幹部，以及海軍將士，乃至全體國會議員，群策群力為之支撐，出盡九牛二虎之力，「玉汝於成」的。以上所列舉者，倘若稍微減少了「一的」力量，陳炯明之粵軍總司令，都未必做得成，此是鐵一般的事實，留心黨史者所宜知也。

陳炯明得任粵軍總司令一職之由來，既如上述，換言之，他是國民黨總理以下，全體同志共同產生出來的兒子，譬之母親十月懷胎，已經相當吃苦，產生出來之後，撫養之、栽培之，尤為劬勞備至，自中山先生以下，全黨每一個同志，各皆竭其所能，有錢者出錢，有力者出力，使陳炯明所統之粵軍，逐漸壯大起來，因粵軍初成立時，莫榮新所撥給他的隊伍，多數是老弱殘兵，戰鬥力微乎其微，中山先生慎選本黨優秀人才，為之羽翼，招兵買馬，汰弱留強，擴充實力，陳炯明仗著全黨同志的支撐，居然出師有功，由粵東入閩，佔據漳州以為地盤，是為國民黨再次抬頭之開始。

孫大元帥憤然辭職赴滬

中山先生之號召護法，始於民六，其時國民黨之政敵，原是段祺瑞，因段氏為主張解散國會之主動人，福建督軍李厚基，是段氏嫡系人物，陳炯明率粵軍佔據漳州後，與李厚基的部隊，互相警戒，各不侵犯者有年。

民國七年五月，領導「政學會」之岑春煊，與舊桂系勾結合作，策動留粵的國會議員，建議改組大元帥制為軍政府制，國民黨之忠實議員反對無效，遂被通過，推選中山先生、岑春煊、唐繼堯、陸榮廷、林葆懌、伍廷芳、唐紹儀等七人為軍政府總裁，改用「七總裁制」，此事明明是舊桂系要拆中山先生的台，中山先生乃憤然辭職，又離粵赴滬。

寫至此，有一件小掌故，值得一敘的：廣州有一間大酒家，名為「南園」，頗有園林之勝，地點是在市區之南。小北門之外，另有一間酒家，名為「北園」，園林深處有一廳，題額曰「聽泉山館」，園在山腳，有泉水可供欣賞。當國會議員接受舊桂系之運動，通過取銷大元帥制之時，國民黨諸要人，準備離粵，有人為之餞別，設席於北園之聽泉山館，酒至半酣，在座群公不滿意舊桂系之不願與中山先生合作，汪精衛即席感賦七律一首，此詩在汪氏所著的〈雙照樓〉詩詞稿未載，筆者僅記憶有兩句云：「園林亦解分南北，泉水何勞問濁清。」蓋指當時南北兩政府的當權者而言也。

陳炯明認賊作父太不該

上文敘述過，段祺瑞主動解散國會，原是毀法亂紀的罪魁，中山先生號召天下護法，原以打倒段祺端為鵠的。那時北方的代總統馮國璋，心裡不喜段氏專權，兩人同床異夢，暗鬥甚劇，馮氏因此與南方有若干默契。段祺瑞則憑著國務總理之職權，極力主張以武力平南，他想做袁世凱第二，揮北軍入湘，兩廣亦因湘軍有內應，也出兵北伐，南北兩軍在湘省作拉鋸戰，互有勝負。北軍師長吳佩孚，隸屬於北洋之直系，他接受馮國璋的暗示，忽然退出戰區，率兵北歸，發出主和通電。這樣一來，段祺瑞所受之打擊太大了。有一說謂吳佩孚那次撤兵是接受南方的賄賂四十萬元，乃有此異動，是否屬實，只有「天曉得」了。

馮國璋死後，直系軍閥，由曹錕繼為首領，從此直系軍閥與皖系軍閥的鬥爭，由暗鬥演變至互以兵戎相見，結果是皖系戰敗，段祺瑞引咎辭職而下野，暫時隱匿於天津。天下無巧不成書，剛巧中山先生在華南領導之護法大業，亦被舊桂系所排擠，退居滬濱，北段南孫，先後為環境所迫而下野。段居天津租界，孫居上海租界。以上是民九之前，國內政局的形勢，大致是這樣。

國內環境既如此，終於迫使孫、段兩巨頭，要化敵為友，以謀政治的出路了，不久之後的「孫、段、張三角同盟」，共同合力打倒賄選總統曹錕，雖然算是已結成功之果實，但若不是陳炯明認賊作父，勾結吳佩孚，幹出梟境之行，則中山先生生前的成就，必定相當燦爛美滿的。胡漢民曾指斥陳炯明為本黨之敗類，乃是的論。陳變生肘腋，固為中山先生始料所不及，即國民黨之容共，結果使中共坐大，釀成今日之巨變，又豈中山先生始料之所及哉！

Do人物64　PC0627

孫中山的左右手：
朱執信與胡漢民

原　　著／汪希文、張叔儔
主　　編／蔡登山
責任編輯／洪仕翰
圖文排版／楊家齊
封面設計／葉力安

出版策劃／獨立作家
發 行 人／宋政坤
法律顧問／毛國樑　律師
製作發行／秀威資訊科技股份有限公司
地址：114 台北市內湖區瑞光路76巷65號1樓
電話：+886-2-2796-3638　傳真：+886-2-2796-1377
服務信箱：service@showwe.com.tw
展售門市／國家書店【松江門市】
地址：104 台北市中山區松江路209號1樓
電話：+886-2-2518-0207　傳真：+886-2-2518-0778
網路訂購／秀威網路書店：https://store.showwe.tw
國家網路書店：https://www.govbooks.com.tw

出版日期／2016年11月　BOD一版　定價／340元

獨立作家
Independent Author
寫自己的故事，唱自己的歌

孫中山的左右手：朱執信與胡漢民 / 汪希文, 張叔儔原著；蔡登山主編. -- 一版. -- 臺北市：獨立作家, 2016.11
面； 公分. -- (Do人物；64)
BOD版
ISBN 978-986-93630-8-2(平裝)

1. 朱執信 2. 胡漢民 3. 中國國民黨 4. 傳記

782.18 105019341

國家圖書館出版品預行編目

讀者回函卡

感謝您購買本書，為提升服務品質，請填妥以下資料，將讀者回函卡直接寄回或傳真本公司，收到您的寶貴意見後，我們會收藏記錄及檢討，謝謝！

如您需要了解本公司最新出版書目、購書優惠或企劃活動，歡迎您上網查詢或下載相關資料：http:// www.showwe.com.tw

您購買的書名：______________________________

出生日期：________年________月________日

學歷：□高中（含）以下　□大專　□研究所（含）以上

職業：□製造業　□金融業　□資訊業　□軍警　□傳播業　□自由業

□服務業　□公務員　□教職　□學生　□家管　□其它_____

購書地點：□網路書店　□實體書店　□書展　□郵購　□贈閱　□其他

您從何得知本書的消息？

□網路書店　□實體書店　□網路搜尋　□電子報　□書訊　□雜誌

□傳播媒體　□親友推薦　□網站推薦　□部落格　□其他__________

您對本書的評價：（請填代號　1.非常滿意　2.滿意　3.尚可　4.再改進）

封面設計____　版面編排____　內容____　文／譯筆____　價格____

讀完書後您覺得：

□很有收穫　□有收穫　□收穫不多　□沒收穫

對我們的建議：______________________________

____

____

____

請貼
郵票

11466
台北市內湖區瑞光路 76 巷 65 號 1 樓
獨立作家讀者服務部　　收

（請沿線對折寄回，謝謝！）

姓　　名：________________　年齡：________　性別：□女　□男

郵遞區號：□□□□□

地　　址：________________________________

聯絡電話：(日) ________________ (夜) ________________

E-mail：________________________________